다문화교육과 협동학습 경험

김영순(金永洵) kimysoon@inha.ac.kr

독일 베를린자유대학교에서 문화학, 교육학, 언어학 등을 수학하고 철학박사(문화학 전공) 학위를 받았다. 이후 경북대학교 중등교육연구소 연구교수를 거쳐 인하대학교 사범대학 사회교육과와 동 대학원 다문화학과에서 다문화교육에 관한 연구와 강의를 수행하고 있다. 인하대학교 부설 다문화융합연구소 소장, 전국 대학원생 질적연구방법론 캠프 촌장, BK21 글로컬다문화교육연구단 단장, 탈북다문화멘토링사업단 단장을 맡고 있다. 학회 활동으로는 한국언어문화교육학회 회장직을 수행하고 있다.

대표 저서로서는 『다문화교육의 이론과 이론가들』, 『다문화 사회와 공존의 인문학』, 『다문화교육용어사전』, 『처음 만나는 다문화교육』, 『질적연구의 즐거움』 등이 있으며, 공동 번역서로는 『다문화교육과 인간관계』, 『민주주의와 다문화교육』, 『교사를 위한 다문화교육』, 『언어, 문화 그리고 비판적 다문화교육』, 『상호문화교육의 이해』 등이 있다.

다문화교육과 협동학습 경험

초판 인쇄 2019년 9월 25일
초판 발행 2019년 9월 30일

지은이	김영순
펴낸이	이찬규
펴낸곳	북코리아
등록번호	제03-01240호
주소	13209 경기도 성남시 중원구 사기막골로 45번길 14 우림2차 A동 1007호
전화	02-704-7840
팩스	02-704-7848
이메일	sunhaksa@korea.com
홈페이지	www.북코리아.kr
ISBN	978-89-6324-672-7 93370

값 20,000원

* 이 저서는 인하대학교의 지원에 의하여 연구되었습니다.

다문화교육과
협동학습 경험

김영순 지음

북코리아

서문: 다문화 사회의 시민윤리로서 협동의 기술

누군가 필자에게 다문화 사회에서 '시민'이 지녀야 할 가장 필요한 윤리가 무엇인지를 묻는다면 곧바로 '협동'이라고 감히 답하고 싶다.

필자는 오랫동안 다문화교육 분야에서 이론과 실천을 아우르는 연구를 수행해 왔기에 경험에서 우러나는 진솔한 답을 제시한 것이다. 시민은 민주주의를 이루고 살아가는 존재들의 아름다운 훈장과 같은 칭호이다. 그래서 시민을 길러내는 것이 지속가능한 민주주의를 위해 양보할 수 없는 미덕이다.

우리가 민주주의를 논할 때 학문적 영역에 따라 정의가 다를 수 있다. 정치학에서는 아마 권력의 공정한 분할 혹은 민주적인 정치 참여라고 할 것이고, 법학에서는 인권의 보장 혹은 법 앞에 모든 사람이 평등해야 함을 강조할 수 있겠다. 경제학에서는 부의 공정한 분배를 의미할 것이다. 필자의 학문적 연구영역을 구태여 언급하면 민족학·인류학인데, 이 학문에서 바라보는 민주주의는 다양성의 존중이다. 다시 말해 민족학·인류학에서 정의하는 민주주의는 다양성이 존중되는 사회를 의미한다.

다양성이 존중되려면 학교의 영역, 교육의 실천에서 어떻게 할 것인가? 바로 이 질문에 대한 대답을 이 책에서는 협동학습이라고 강조한다. 다문화 사회의 시민윤리로서 협동의 기술이 필요한 때다. 그래서 이 책은 필자가 수행해 온 세 가지 협동학습 수업(역할놀이, 현지조사, 열린 수업)에 참여한 대학생 학습자들의 경험을 기술하였다.

이 책은 2부로 구분된다. 1부 '다문화교육과 협동학습'에서는 본 저술의 두 중심 키워드에 관한 개념적 논의는 물론 다문화 사회의 시민윤리로서 다문화교육과 협동학습의 연관 관계에 대해 논의한다. 2부 '협동학습의 경험과 의미'에서는 협동학습에 참여한 대학생들의 경험을 기술하고 이들이 다문화 사회에서 시민으로 살아갈 수 있는 의미를 탐색하였다.

1부 '다문화교육과 협동학습'은 3개의 장으로 구성되는데 내용을 요약하면 다음과 같다. 제1장 '다문화교육과 협동학습'에서는 문화, 다문화 등의 중요한 개념들을 정의하고 최근 국내에서 수행한 협동학습에 관한 연구 경향을 살펴보았다. 특히 대학생의 협동학습에 관한 연구, 다문화교육과 협동학습을 다룬 최근의 연구 경향과 내용을 두루 기술하였다. 이 두 가지 유형의 연구들은 협동학습 수행이 학습목표를 달성하고 학업성취에 기여할 뿐만 아니라 자기만족감, 개인적 책무감, 긍정적인 상호의존성을 높이는 역할을 하고 있음을 알 수 있었다. 아울러 다문화 사회에서 가장 유익하고 중요한 교수학습 방법이 협동학습임을 강조하였다.

제2장 '협동학습의 운영과 조직'에서는 다문화 사회에서 존재할 수 있는 구성원들 간의 소통 장애를 극복하기 위해 협동학습을 교육현장에 활용해야 함을 제시하였다. 무엇보다 협동학습을 수행하는 교수

자 입장에서 알아야 할 협동학습 활용의 의미, 협동학습 운영의 실제, 협동학습과 교수자의 역할, 협동학습의 평가와 협동학습에 대한 믿음에 대해 기술하였다. 이 장에서 주목해야 할 것은 협동학습이 학습자들에게 교실에서 민주주의를 경험할 수 있는 계기를 갖게 하고, 실제 수업을 통해 민주화를 실천하는 방식이라는 점이다. 또한 협동학습 자체가 학습공동체로서 학습자 주체가 동료의 학습에 대한 사회적 책임을 갖게 한다는 점에서 상호의존성을 강조하였다.

제3장 '협동의 기술: 갈등학습과 논쟁학습'에서는 갈등을 바라보는 관점과 아울러 갈등을 긍정적으로 관리하는 교수방법인 갈등학습과 논쟁학습을 소개하였다. 이 두 가지 협동학습을 통해 학습자들은 긍정적으로 갈등을 관리하는 방법을 경험하게 된다. 나아가 교수자는 학생들 스스로 갈등을 긍정적으로 관리하는 연습을 시켜야 할 책무가 있음을 주장하였다. 이 장을 통해 얻을 수 있는 교훈은 다문화 사회에서 학습자들은 긍정적인 학교 분위기를 경험해야 타자 이해의 역량이 확보된다는 사실이다. 이를 위해 학교는 학습자들에게 협동학습 경험이 확장될 수 있는 체제를 갖추어야 하며, 모든 학생들에게 갈등을 긍정적으로 해결하기 위한 과정을 배우도록 조치해야 한다.

2부 '협동학습의 경험과 의미' 역시 3개의 장으로 구성된다. 제4장 '역할놀이와 협동학습 경험'에서는 교양과목을 수강한 대학생을 대상으로 역할놀이에 참여한 경험에 대해 기술하였다. 특히, 역할놀이를 통한 협동학습 경험의 의미를 분석하였다. 역할놀이 협동학습에 참여한 대학생들은 수업과정을 통해 다문화 관련 지식을 상호공유함으로써 다문화에 대한 이해가 증진되었다. 또한 자신과 다른 역할을 수행하면서 역지사지의 마음가짐과 행동을 통해 다문화 사회의 다양성 존중의 가치를 체험할 수 있었다.

제5장 '현지조사와 협동학습 경험'에서는 상호문화적인 관점을 교육학적으로 실천할 수 있는 유일한 학습방법이 협동학습이라는 전제하에 현지조사를 협동 모둠으로 진행하였다. 모둠별 현지조사에 참여한 대학생 학습자들은 상호 간 조화와 협동이 전제되어야 모둠의 과업이 성공한다는 점을 경험할 수 있었다. 무엇보다 협동학습을 통해 지식의 공유 및 확장, 공동의 학습 목표 달성, 학습자 역량 확보, 예비 사회교사의 전문성 확보를 할 수 있었음을 확인할 수 있다. 아울러 학습자들은 협동학습을 통해 동료를 상호 동등한 객체로 인식했을 때 비로소 친밀감이 형성됨을 경험하였다.

제6장 '열린 수업과 협동학습 경험'에서는 예비교사들이 교사양성기관에서 수강한 전공과목에서 나타난 협동학습의 특징을 분석하였다. 학습자들의 협동학습 경험은 협동학습 조직, 구성원, 수업운영, 평가의 인식, 배려와 존중, 상호작용, 수업준비, 의사소통, 상호 교수, 역할분담, 협동학습을 통한 변화와 효과 등의 9가지 주제로 구분하여 기술하였다. 또한 학습자들의 경험은 협동학습의 특성이라고 할 수 있는 긍정적 상호의존성, 개별적 책무성, 대면적 상호작용, 사회적 기술, 성찰의 인식들로 기술될 수 있었다.

이 책을 통해 지속가능한 다문화 사회와 다양성을 존중하는 민주주의가 발전하는 데 기여하고자 한다. 그래서 서문의 제목을 '다문화 사회의 시민윤리로서 협동의 기술'로 정한 것이다. 협동은 어느 날 하늘에서 뚝 떨어져 우리의 삶을 조화롭게 만들지 않는다. 협동은 학습되어야 할 대상이며, 교육현장에서 실천되어야 할 윤리이다. 무엇보다 협동학습은 학습자들에게 교수자와 학습자, 학습자 상호 간의 민주주의를 직접 경험할 수 있는 계기를 갖게 한다. 그 이유는 협동학습을 통해 학습자들이 바로 모둠 내 구성원들 간, 나아가 교실의 구성원들 간의 다양성을 존중할 수 있기 때문이다. 이런 점에서 협동학습은 민주주의를 실천하는 데 위력이 크다.

이 책의 집필에 있어서 필자는 몇 가지 점을 밝히고자 한다. 학술저술이 지니는 특성 중 하나는 특정 연구자가 그간의 연구물을 정리하여 체계를 세우는 장으로 저술을 택했다는 점이다. 이 책 역시 본 연구자가 다년간 수행해 온 다문화교육에 관한 단위 연구들에 대해 체계를 세우고 순서를 정해 재정리한 것이다. 이 책의 1부는 본인이 책임 번역을 맡았던 미국 미네소타대학교 교사교육센터의 두 분 Johnson 교수님들의 저서 『Multicultural Education and Human Relation』에 나온 협동학습의 개념과 방법에 기대고 있다. 또한, 2부는 필자가 진행한 다양한 협동학습 수업에 참여한 대학생들의 경험을 기술하고 분석한 것이다. 따라서 이 책은 협동학습에 관한 이론과 실천을 보여주기에 소홀함이 없을 듯하다.

이 책은 다문화교육을 실천하는 현장의 교수자들에게 협동학습 경험의 모범을 보여주고자 했다. 아울러 다문화교육에 입문하는 초보 다문화교육자들에게도 질적연구방법의 활용 사례 학습의 측면에서 도움이 될 것이라고 생각한다. 경험이 의미를 만들고, 이러한 의미들이 경험한 주체들에게 타자를 어떤 시각으로 보아야 할지 교훈을 줄 것이다. 그러기에 교육현장에서 다문화교육을 실천하는 독자들에게 이 책의 일독을 권하고자 한다.

이 책을 만드는 데 있어 도움을 주신 기관과 여러 조력자들이 있었다. 무엇보다 필자가 협동학습을 적용하여 진행한 강의에 대해 연구할 수 있게 지원한 인하대 교수학습지원센터, 그 간의 다문화교육과 협동학습에 관한 연구물들을 엮는 데 연구비를 지원한 인하대에 감사함을 표한다. 또한 이 책을 출간하는 데 있어 영감을 주고 협력해 주신 분들은 다름 아닌 협동학습연구팀의 공동연구자인 인하대 교육대학원의 김기화 교수님과 인하대 다문화융합연구소 오영섭 박사이다. 특히 제5장의 경우 이 두 분들과 협동으로 완성한 연구보고서의 일부 내용들을 인용하였다. 이에 성실한 두 분의 공동연구자께 특별한 감사를 드린다. 제4장과 제6장은 필자가 진행한 협동수업 적용 강좌에서 당시 대학원생 TA였던 최희 박사생과 윤현희 박사생이 수업관찰에 일지와 학습자 성찰일지에 기초를 두고 있다. 이들 박사 제자 두 분께도 감사하고 싶다. 아울러 이 책의 초고 작성에 참고문헌을 정리하고 꼼꼼하게 교정을 맡아 준 김수민 박사생과 이현주 석사생에게도 무어라 감사함을 전할지 모르겠다. 끝으로 짧은 시간에 아름다운 책을 만들어주신 북코리아 편집진들께도 특히 고마움을 전한다.

우리의 협동은 언제 어디서나 이렇게 아름답게 빛난다.

"나무가 나무에게 말했다. 더불어 숲이 되자고….”

2019년 가을의 문턱에서 협동을 생각하며

김영순 삼가 씀

차례

2부 협동학습의 경험과 의미

1부
다문화교육과 협동학습

1장 다문화 사회와 협동학습

1. 다문화와 다문화 사회

1) 문화와 다문화

(1) 다문화의 개념

최근 10년간 우리의 일상에서 가장 많이 접하는 단어들 중 하나가 '다문화 사회'이다. 당연히 다문화 사회를 거론할 때 나오는 이야기는 국내 거주 외국인 체류자의 수를 비롯하여 결혼이주여성과 다문화 가정 자녀의 증가, 북한 이탈주민과 난민들의 문화적응을 비롯한 사회 통합 등에 관한 것이다. 이와 더불어 우리와 문화적 배경이 다른 외국인들의 출 · 입국 통계, 결혼이주여성의 증가 등의 구체적인 숫자들이 등장한다. 이런 정보나 현황보다 다문화 사회에서 정작 중요한 것은 문화적으로 다양해진 사회 구성원들 간의 상호문화 이해의 방법과 이를 실천할 수 있는 개인의 역량이라고 본다.

우선 이 저술에서 가장 기본적인 개념인 다문화와 다문화 사회라는 용어에 대해 이해할 필요가 있다. 필자는 다문화 사회에서 '사회' 앞에 붙는 '다문화'라는 용어에 대해 불만이 많다. 그 이유는 다문화가 문화의 복수적 개념으로 사용되며 기회와 도전을 상징하고 화합과 협력을 요구하는 개념임에도 불구하고 한국 사회에서는 다문화라는 용어가 부정적이고 차별적인 의미를 내포하고 있기 때문이다. 이런 맥락에서 이번 절은 다문화에 관한 개념을 설명하고자 하는데, 이를 위해 우선 문화의 일반적인 내용을 살펴볼 것이다.

우리는 일상에서 자주 문화라는 말을 사용하고 있지만 문화는 경우에 따라 다른 의미를 가진다. 좁은 의미에서 볼 때 문화는 문화인, 문화재, 문화공연 등과 같이 정신적 혹은 물질적으로 우수하거나 세련된 것 또는 예술적인 것을 의미한다. 이에 비해 넓은 의미의 문화는 '청소년 문화', '민족 문화'와 같이 한 사회의 구성원이 공유하는 의식주, 가치 및 규범 등에 관련한 행동 양식이나 사고방식 등 인간의 모든 생활양식을 의미한다고 볼 수 있다. 이런 맥락에서 다문화가 지니는 의미는 어떤 사회의 구성원들이 단일 문화 환경에 있지 않고 두 개 이상의 문화 환경을 접하고 있는 경우에서 이해될 것이다.

우리는 어떻게 문화의 복수적인 개념인 다문화가 형성되는지 알기 위해서 우선 문화의 보편성과 특수성을 이해해야 한다. 모든 사회에는 언어, 결혼, 가족, 주거 형태, 음식, 의복 등과 같은 생활양식이 공통적으로 존재하는데, 이를 문화의 보편성이라 한다. 동시에 각 사회는 독특한 자연 환경과 역사적 경험 속에서 다른 사회와 구분되는 고유한 문화를 발전시키는데, 이를 문화의 특수성이라 한다. 이러한 특수성으로 인해 문화의 다양성이 형성된다. 따라서 다문화는 바로 문화의 다양성을 배경으로 형성되고 확대된다.

(2) 문화의 본질

문화의 본질을 이해하는 것은 다문화 이해를 위한 첫걸음이다. 문화는 인간이 태어날 때부터 습득하는 것이 아니라 출생 후 사회화 과정을 거치면서 후천적으로 형성되고 학습되는 것이다. 한 사회의 구성원은 이전 세대로부터 내려온 생활양식이나 지식, 경험, 가치, 규범 등을 익히고 이를 내면화하는 과정을 통해 자기가 속한 사회의 문화를 학습한다. 이와 같은 과정은 다른 사람과의 상호작용을 통해 이루어진다. 문화는 한 사회의 구성원이 공통으로 가지는 생활양식이므로 같은 문화 안에서 살아가는 사람들은 그러한 생활양식 안에 담긴 의미를 이해할 수 있으며, 구체적인 상황에서 그 사회의 구성원들이 무엇을 기대하고 어떻게 행동할지를 예측하고 판단할 수 있다. 이와 같은 상호 간 예측과 판단을 기초로 사회가 지속 가능하게 유지된다.

문화는 한 세대에서 다음 세대로 전승되고 전통을 만들어 내며 더욱 문화가 풍부해진다. 이 과정에서 문화를 구성하는 요소들이 추가되거나 소멸되기도 하면서 변화를 갖게 된다. 이렇게 문화를 구성하는 각각의 요소들은 각기 떨어져 존재하고 작동하는 것이 아니라 서로 긴밀하게 연결되어 있다. 따라서 한 부분의 문화 요소와 문화의 전체 문화 변화에 영향을 미친다. 이해가 빠른 독자들은 이미 이 글에서 필자가 문화와 다문화에 관한 차이를 보여주기 위해 문화요소들 간 긴밀성을 거론하고 있음을 알 수 있을 것이다.

다문화는 문화와 문화 간 경계를 이루고 있어서 단일 문화 내부에서 일어나는 문화요소 간 긴밀한 연계성이 다소 미흡하게 드러난다. 좀 더 다문화에 대해 알아보기 위해 일상의 실례를 들어 보자. 세계 여러 나라의 인사법을 살펴보면, 우리나라처럼 절을 하며 인사하는 풍습이 있는가 하면 다른 나라에서는 악수나 합장을 통해 인사하기도 하고, 코를 비비거나 포옹을 하는 경우도 있다. 인사법은 대부분 여러 문화권과 민족, 나라에서 오랜 시간에 걸쳐 수행해온 생활양식이다. 서로 다른 문화권에서 온 사람들은 자기 문화식으로 인사를 하기 때문에 문화 요소 간 연계성이 확보되지 않아 상호 간 오해를 사거나 부정적인 고정관념을 갖게 할 수 있다.

문화는 한 사회에서 특징적으로 나타나는 생활양식이라고 할 수 있다. 생활양식의 총체로서 문화는 눈에 보이지 않는 사회제도, 이데올로기 등과 눈에 보이는 의식주, 풍습, 풍물 등의 구체적인 형태들을 모두 포함한다. 따라서 한국의 문화나 사회문화 현상이라는 말 속의 문화는 한 사회 구성원들의 공통된 생활양식으로 넓은 의미의 문화로 이해할 수 있다. 또한 이런 넓은 의미의 문화와 문화 간의 차이가 바로 다문화를 형성하는 요인으로 작동한다. 앞에서 문화의 개념을 일상생활의 차원으로 설명하면서 다문화를 이해했다면, 이제 학문적으로 문화를 어떻게 정의하고 있는지를 알아보자.

불행인지 다행인지 문화에 대한 정의는 다양하며 수많은 학자들이 완전히 동의할 만한 하나의 통일된 정의는 없다. 그럼에도 문화에 대한 대표적인 몇 가지 정의를 알아 볼 필요가 있다. 우선 문화는 인간과 인간을 둘러싼 환경과 결부되어 있다는 점이다. 이를테면 인간에게 주어진 자연환경을 변화시키고 본능을 적절히 조절하여 만들어낸 생활양식과 그에 따른 산물들을 모두 문화라고 일컫는다. 여기서 문화는 인간의 삶과 밀접하게 관련이 되어 있다고 볼 수 있다.

Hall(1977)은 문화의 숙명성과 같은 절대 가치를 논하였다. 그는 문화에 대해 인간을 매개로 한다는 전제하에 문화에 의해 변화되지 않는, 문화와 관련되어 있지 않은 인간 삶의 어떠한 부분도 존재하지 않는다고 할 정도로 중요하다고 했다. 이런 맥락에서 문화는 사람들이 자신을 표현하는 방법과 행동하는 방법, 사고하는 방식, 문제 해결 방식을 의미한다. 그러므로 문화는 한 사회집단의 생활양식, 즉 인간이 만든 총체적 환경이라고 정의할 수 있다(Geertz, 1995; Levinson & Ember, 1996).

문화에 대한 정의를 좀 더 거슬러 올라가서 살펴보면 1950년대 후반 이전에는 문화가 행동과 풍습의 양식을 의미하는 용어였다. 이를테면 Taylor(1871)는 문화를 지식, 신앙, 예술, 도덕, 법률, 관습 등 인간이 사회의 구성원으로서 획득한 능력 또는 습관의 총체라고 정의했다. 이 정의는 습관이나 행동보다 공유된 지식과 신념체계 혹은 상징이나 의미에 초점을 맞춘 최근의 문화에 관한 정의와 구별된다. 문화는 사람이 반드시 학습을 해야 하는 것으로서 습득된 지식의 결과물로 구성되어 있다고 보는 경향이 있다. 이러한 정의는 문화가 단순히 사물, 인간, 행동, 감정과 같은 구체적인 현상이 아니라는 점을 강조한다.

오히려 문화는 이러한 것들의 조직체이며, 사람들의 내면에 정착되어 인식하고 관계를 짓거나 해석하기 위한 모델의 형태로 존재한다. 다시 말해 사람들의 말과 행동, 사회적 배치와 사건은 사회제도적 환경을 지각하고 다루기 위해 문화를 적용한다. 이 점에서 사람들의 행위들은 모두 문화의 생산품 혹은 부산물로 간주될 수 있다. 그뿐만 아니라 문화는 역사적으로 전달된 상징에 의해 채택된 의미의 형태, 사람들의 소통과 교류의 도구로 쓰인 상징의 형태 안에 표현되어 계승된 개념, 영속되고 발전된 그들의 삶에 대한 지식과 태도이며(Geertz, 1973), 사람들이 경험을 해석하거나 사회적 행동을 수행하고 예측하기 위해서 사용한 습득된 지식이기도 하다(Spradley & McCurdy, 1975).

다문화 사회의 구성원들은 다른 문화적 배경을 지닌 구성원들과의 이해와 소통을 도모하기 위해서는 습득된 지식의 결과로서 문화를 활용해야 한다. 다시 말해 다른 문화권으로부터 온 타자를 이해하기 위해 학습을 해야 하고 타자의 존재가 자신으로부터 평가받는 존재가 아니라 자신과 협업할 줄 아는 동료로 인정해 주어야 한다. 다문화와 관련해서 우리는 주목할 만한 문화에 관한 정의를 만날 수 있다.

Goodenough(1976)의 경우 문화는 그 사회 구성원들에게서 기인한 생각, 신념, 행동원리, 조직의 원칙으로 이루어져 있다. 다시 말해 문화는 행동을 지배하고 지역사회의 구성원들이 공유하는 모든 지식과 원칙을 말한다. 그리고 문화는 사회 구성원들의 지식으로 구성되어 있으며 이러한 지식은 사람들이 참여하는 다양한 사회적 상황에서 어떻게 행동해야 하는지를 안내한다. 이에 따르면 우리가 자신의 문화 이외에 다양한 문화에 관한 지식과 이해가 필요하고 다른 문화적 배경을 지닌 타자에게 어떻게 대할 것인가를 학습해야 한다는 당위성을 갖게 한다.

이와 같이 문화는 학자들에 따라 자신의 학문적 입장에 의거하여 다양한 정의를 갖고 있다. 그렇지만 공통적인 것은 문화가 외적으로는 인간과 인간을 둘러싼 인문 및 자연적 환경을 포함한다는 것이다. 내적으로는 인간의 신념, 가치, 행동 등의 공유된 집단 관념과 행위의 총체라고 볼 수 있다. 그렇기 때문에 문화는 특정 이데올로기의 개입에 따라 사회적으로 달리 발현될 수 있다는 것이다. 이렇게 보면 문화는 우리가 늘 생각했던 우아함이나 미학적이거나 교양적인 측면을 넘어서 인간 삶과 직접 결부되는 인류학적 측면의 정의가 타당한 것으로 볼 수 있다.

위에서 우리는 문화에 대해 어떤 특정 사회, 즉 사회적으로 상호작용하는 사람들에 의해 구성된 한 집단의 공유된 삶의 방법으로 규정하였다. 이렇게 최근에는 문화에 관한 정의가 공유된 지식, 신앙 체계, 상징 그리고 의미와 같은 것들로 바뀌게 되었다. 문화는 눈에 보이는 요소들, 즉 사람들이 만든 인공물, 그들이 먹는 음식, 그들이 입는 의복, 그들이 말하는 언어 등과 같은 것들과 눈에 보이지 않는 요소들, 이를테면 가치, 태도, 행동규범, 구성원들에게 적용되는 사회적 역할과 같은 것들로 이루어진다고 이야기할 수 있다.

그렇다면 문화의 복수적 개념이 작동하는 다문화 사회에서는 공유된 삶이나 관념 등이 다원적으로 존재하기 때문에 더욱 사회 구성원들 간에 상호문화 이해가 더욱 중요하다. 그럼에도 우리 사회에서는, 우리의 학교 현장에서는 이주민인 그들에게만 정주국의 문화를 이해하고 적응하도록 강요하고 우리는 그들의 문화에 대해 최소한의 이해도 하지 않으려는 태도를 보인다. 이것은 타자에 대한 예의도 아니며 민주주의를 실천하는 시민도 아닌 것이다.

다문화교육의 개념도 2000년 초반에 이주민인 '그들의' 한국 사회 문화적응교육에 초점을 맞추었다가 2010년을 기점으로 제대로 된 다문화교육의 개념인 '다양성 존중'의 차원으로 전환되었다. 이에 따라 모든 학습자에게 문화다양성교육이나 다문화감수성교육이 실행되어야 한다. 그러나 현재는 다문화교육 교사 연수나 공무원, 경찰, 군인 등 공적 영역에 종사하는 인력과 유 · 초 · 중등학교 교원들에 대한 교육에 한정하고 있다. 다문화 사회의 시민이 된다는 것은 문화다양성을 존중하는 시민의 자질을 갖추어야 함을 인식해야 한다.

(3) 문화의 요소와 기능

우리는 눈에 보이는 요소들을 물질문화라고 하며, 눈에 보이지 않는 요소들을 비물질문화로 분류하기도 한다. 문화는 마치 물위에 나와 있는 빙산과 같이 눈에 보이는 요소들이 10%이고 나머지 90%가 눈에 보이지 않는 요소로 나타나는 경향이 있다. 문화는 사회화와 문화화 과정을 통해 세대에서 세대로 전승되며, 구성원들이 그것의 사용을 지속적으로 허용하는 만큼 오래 존재한다. 이제 우리 사회에는 접두사 '다(multi-)'를 포함하지 않은 문화라는 용어를 들어보기 어렵게 되었다. 이제 문화와 다문화를 구태여 구별하여 사용할 필요가 없는 세계가 도래했고, 다문화 현상은 현실이 되었다.

현실화된 다문화 사회에서 구성원으로서 개인이 어떻게 살아갈 것인가는 중요한 문제이다. 이에 대한 대답 역시 문화를 근거로 제시될 수 있다. 문화의 기능 중에서 문화를 통해 타자를 이해하는 인식을 넓히는 측면이 있다. 이는 물론 문화가 학습된다는 것을 전제해야 한다. 예를 들어 우리가 미술품을 진지하게 감상하는 이유는 무엇인가를 생각해보자. 대략 다음과 같은 답이 가능하다.

첫째, 작품의 이해 차원이다. 우선 작품에 나타난 원래 풍경이나 사건을 주목한다. 둘째, 작가에 관한 이해일 것이다. 왜 이 그림을 그렸는가? 작가는 어떻게 세상의 사물과 사건을 표현했는가? 셋째, 작품과 작가를 둘러싼 사회문화적 맥락이다. 작품이 만들어지는 특정 시대에 작가는 어떤 사회문화적 맥락에 놓여있을까? 넷째, 작품의 감상자인 관람객의 성찰행위이다. 문화를 통해 타자를 인식한다는 것은 우리가 앞에서 예를 들었던 미술품을 감상하는 과정과 유사하다. 문화를 작품으로 간주하고 이를 미술품 감상의 과정에 대입해 보자. 그렇다면 문화를 통한 타자 이해를 쉽게 이해할 수 있을 것이다.

문화는 사람들이 학습을 함으로써 전달되며, 개인의 행동과 경험, 사건을 인식하는 데 지침을 주는 복잡한 정보의 망이다. 인간은 문화의 학습을 통해 다른 환경 속의 사람과 세상에 대한 폭넓은 가설을 배운다. 그리고 이러한 가설의 시각을 통해 새로운 사건과 새로운 사람들을 인식한다(Hansen, 1979). 문화는 사람들 사이에서 세상을 설명하고 사회적으로 행동하기 위해 사용해 온 지식을 포함하기 때문이다(Spradley & McCurdy, 1994). 문화는 지각 안에서 공유되는 믿음과 상징으로 구성되어 있다. 그것은 가치이자 상징이고 인간에 대한 해석이다. 문화는 집단 구성원들의 삶의 방식이자, 그들이 자신의 경험을 인식하는 방식이다. 문화를 학습한다는 것은 공동체 안에서 예측하고 이해할 수 있는 방식으로 인식하고, 판단하고, 행동하는 방법을 배운다는 것을 뜻한다. 이런 이유로 해서 다문화 사회에서는 다양한 문화에 대한 학습을 게을리해서는 안 된다. 학교 기관에서는 문화다양성 교육과 같은 다문화감수성을 높이는 교육은 물론 상호문화 이해를 위한 교수학습 방법을 도입하고 이를 실천해야 한다.

모든 사람들은 문화를 학습할 수 있는 천부적인 능력을 가지고 있다. 모든 부모들은 자녀에게 문화를 의도적이든 비의도적이든 일상에서 가르친다. 많은 문화적 지식은 언어를 통해 암호화되고 기록되어 다음 세대에게 전승된다. 또한 문화는 가정과 학교 등 사회의 조직과 기관을 통해 학습되고 전수된다. 즉, 문화는 개별적인 것이 아니다. 각 개인들은 문화를 일상생활에서 독특하게 경험하고 전승하지만, 문화 그 자체는 개인들의 경험을 초월한다. 개인들은 문화 안에서 '적절한' 사회적 행동에 대한 상호적이고 학습된 시각을 공유한다. 또한 문화는 우리가 행동하는 것, 행동하는 방법, 생각하는 것을 어떤 방법으로든 형성하게 하며, 복잡하며 다층적으로 실현된다(Campbell, 2010).

그러므로 문화는 다양한 문화, 즉 다문화와 다문화교육을 이해하는 데 중심이 되는 복합적인 개념이다. 문화는 학습된 행동과 태도를 포함하고 있으며 다양한 행동과 가치는 문화 속에 그리고 그 사이에 존재하기 때문에 다문화 사회에서 어떻게 무엇을 학습하느냐는 중요한 의미를 지닌다.

2) 다문화 사회의 시민 윤리

(1) 다문화와 다문화시민

Nussbaum(1997), Gollnick & Chinn(2009)가 제안한 문화의 개념은 다른 세상과 타자 이해를 위해 유효한 구상이다. 인간의 삶의 많은 한계 가운데서 인간으로 살아갈 수 있는 존재로 만들기 위한 지적인 시도가 바로 문화라고 볼 수 있다. 문화를 통해, 문화라는 테두리에 우리가 참여하고 동일시하는 복잡한 인간관계의 맥락 속에서 행동양식, 신념, 언어 그리고 세계를 이해하는 방법을 배운다고 했다.

20세기 초반까지 '문화(culture)'라는 용어는 엘리트와 권력자의 세련된 행동 방식을 일컬었다. 당시 대부분 사람들은 역사, 문화, 예술에 대해 알고 있는 상류사회의 구성원들만이 문화를 공유했다고 생각했다. 이제 더 이상 문화를 그렇게 제한된 의미로 여기지 않는다. 문화는 우리가 누구인지를 설명하는 데 도움을 주고, 지식, 신념, 가치에 영향을 주며, 생각하고 느끼고 행동하는 방식을 설명하기도 한다. 다른 사람의 문화를 이해하고 그들과 상호 교류하는 방식은 우리의 문화에 의해 결정된다. 일반적으로 수용적이고 유형화된 행동 방식은 인간집단이 함께 사는 데 필요한데, 문화는 우리의 경험에 질서와 의미를 부여하며, 타자가 특정 환경에서 어떻게 행동할 것인지를 예측하게 한다.

문화 이해를 시작으로 해서 다문화를 이해할 수 있는 지점에서 우리는 몇몇 흥미로운 논의를 만날 수 있다. Banks(2008)에 따르면, 지금까지 대부분의 학자들에 의해서 형성된 문화의 개념은 국가를 범주로 그 해당 국가의 문화 내에 존재하거나 국가 문화 내 하위문화 속에서 존재하는 변인은 고려하지 않는다. 그러나 다문화교육에 대한 논의에서는 어떤 특정 국가 내의 문화적 변인들을 반드시 설명해야 할 필요가 있다. 왜냐하면 다문화교육은 한 국가 내의 다양한 문화집단을 위해 교육의 기회 평등에 중점을 두고 있기 때문이다. 두 가지의 상호 연계된 개념이 우리가 국가 문화 내 존재하는 문화적 변인을 이해하는 데 도움이 될 것이다.

우리는 어떤 국가의 전체 문화 혹은 공유된 문화를 거시문화(macroculture)라고 칭한다. 그리고 이 거시문화를 구성하는 보다 작은 문화를 미시문화(microculture)라고 한다. 모든 국민 국가는 미시문화들이 존재하며 이를 공유하는 보편적인 가치, 상징, 사상을 지닌다. 그러나 국가 내 다양한 미시문화 집단들은 지배적인 국가적 가치관과 이상을 상이하게 전달하고, 해석하고 재해석하며, 인식하고, 경험할 수 있을 것이다. 이런 문제들은 다양한 민족으로 구성된 다민족 국가에서 폭넓게 나타나며 이를 관리하는 것이 사회통합의 핵심이 된다.

우리 사회에 통용되는 규범은 문화적으로 결정되며, 그 규범은 우리의 언어 · 행동 · 감정 · 사고에 깊은 영향을 주게 된다. 그러므로 규범은 해당 문화 내의 구성원들이 지녀야 할 적절한 행동의 준수사항과 금지사항으로 작동한다. 대부분 비슷한 문화를 공유하는 사람들과는 그들의 말과 행동을 이해하기 수월해서 편안함을 느끼지만, 다른 문화권에서 온 사람들의 문화와 그들이 사용하는 상징에 대해서는 간혹 오해를 하기도 한다. 우리는 모든 사람이 우리의 사고 및 행동 방식을 공유하지 않는다는 것을 알지 못한다. 이것은 어느 정도 우리가 우리 자신과 다른 문화적 배경에 놓여 있지 않았기 때문이다. 이런 지식의 결핍 때문에 가끔 우리는 단순한 문화 차이를 개인에 대한 모욕으로 받아들인다. 또한 문화는 우리가 생각하고, 느끼고, 행동하는 방식을 결정하는 것을 돕기 때문에 자신이 접한 세상을 판단하는 렌즈가 된다. 따라서 문화는 생각하고, 느끼고, 행동하는 다른 방식에 무의식적인 장애물이 될 수 있다(Gollnick & Chinn, 2009). 이를 해결하는 방식은 학습을 통해서 문화다양성을 습득하는 것 이외에 방법이 없다.

문화적 양식과 문화적 차이점을 이해하는 것은 교사가 학생의 행동, 학생의 동기를 유발하는 것, 학교 안에서 갈등을 해결하는 데에 도움을 준다. 따라서 바람직한 교육은 문화적 다원주의를 위해 학생들을 준비시키는 데 중요한 역할을 한다(Campbell, 2010). 그뿐만 아니라 문화적 인식을 발달시킬 수 있는 방법 중 하나는 다른 문화권에서 온 사람이 우리를 어떻게 이해하는지 혹은 오해하는지 보는 것이다(Bennett, 2007). 문화는 끊임없이 변동하기 때문에 문화집단에 관련한 모든 일반화에 대해 주의를 기울일 필요가 있다. 대부분의 일반화는 특정한 구성원에게만 해당되고 대다수가 과장되어 있다. 우리는 문화에 대해 일반화하지 말아야 하며 관찰하고 듣고 학습해야 한다. 우리는 문화에 대한 이상과 현실 사이의 차이점에 대해 알 필요가 있다. 그리고 교실 안에서 상호 간의 존중하는 방법을 배워야 하며, 상호이해를 발전시켜야 한다(Campbell, 2010: 90).

우리는 이제 다양한 문화가 존재한다는 것을 인식하고 다름과 타자에 대한 이해가 필요한 것이다. 그 이유는 앞에서 설명한 문화의 특성과 관련이 있다. 모든 문화는 보편적인 요소와 특수한 요소가 있을 수 있다. 따라서 그중 어느 하나를 무시하고는 올바르게 문화를 평가할 수 없다. 양면을 모두 존중하는 방법을 찾는 것이 바람직하다. 특히 문화가 지니는 특수성을 무시하거나 간과하지 않기 위해서는 다른 문화를 특정 기준을 적용하여 평가하지 말아야 하며 그 해당 문화가 형성된 사회적 맥락을 이해하고 이를 존중할 수 있는 자세를 가져야 한다. 이것이 다문화 사회의 구성원이 가져야 할 민주시민적 생활 윤리인 것이다.

앞서 문화는 보편성과 특수성을 갖는다고 하였다. 문화가 지니는 특수성으로 인해 문화다양성이 발생한다. 바로 이 특수성을 이해하는 방법과 실천이 우리에게 중요하다. 물론 이 책에서 제안하는 가장 좋은 방법은 바로 협동학습이다. 구성원들 간 협력을 통해 협업을 이루는 것은 해당 구성원들 간 상호문화 이해에 중요한 역할을 한다고 본다.

미국의 경우, 1960년대의 교육자들은 가난한 학생이나 유색인종 학생들에게 '문화적으로 혜택을 받지 못한' 또는 '문화적 혜택이 결핍된(culturally deficient)'이라는 용어를 사용했다. 1970년대에는 '도심 속 빈민가'나 '문화적으로 다른'이라는 용어를, 1980년대에는 '도시 학생', 1990년대에는 '문화적으로 다양한'이나 '위기에 처한(at-risk)' 학생들이라는 용어를 사용했다. 2000년대에 이르자 교육자들은 '위기에 처한'이라는 용어를 '한부모가정' 같은 용어와 함께 계속 사용하고 있다. '문화적으로 다양한' 것이 '문화적 혜택이 결핍된' 것보다 좋게 들릴지는 모르지만, 이와 상관없이 교육자들은 똑같은 학생을 일컫는 용어로 사용하였다. 단지 용어만 달라진 것뿐 결과적으로 보아 학생들을 공평하게 보는 것이 아니다(Grant & Sleeter, 2011: 76). 이런 미국의 상황이나 현재 우리나라 학계의 상황이나 그들을 차이가 있는 집단으로 간주하거나 시혜적 시각을 가지고 접근하는 시선은 별반 다름없다.

문화적 다양성 관점에 있어서 중심이 되는 생각은 바로 문화적 연속성이다. 인류학자들은 하나의 문화와 또 다른 문화 간에 비연속성이 존재할 때, 이 두 문화 사이에서 신속하게 전환을 실행해야 하는 개인은 매우 혼란스러울 수 있다고 논의한다(Sleeter & Grant, 2009). 이를 정체성 협상으로 칭하고 개인의 고유한 정체성이 이민국가의 새로운 문화적 맥락에서 어떤 변화를 겪고 정체성을 유지 혹은 변화시키려는 과정이 다문화교육의 중요한 관건으로 부각되었다(김영순 · 임지혜 외, 2014).

다문화 사회에서 다양한 문화적 내용을 학습하는 것에 관한 연구들은 신비고츠키이론(neo-Vygotskian theory)에 기반을 두고 있다. 이 이론은 아동과 성인의 자연적인 상호작용 과정에서 발생하는 지적 발달을 주장하고 있다. 아동은 자신의 발달 수준인 근접발달 영역(zone of proximal development) 내에서 새로운 내용을 배우는 것에 대한 도움을 받을 수 있다. 그러므로 효과적인 학습은 아동과 성인이 문화적인 가치와 양식을 나누는 것이다. 어떻게 보면 공유된 경험과 가치에 관한 전통의 학습이라고도 볼 수 있다. 이를 매개로 하는 효과적인 의사소통이 다문화 사회의 계층 간, 세대 간 차이를 좁혀 준다. 다문화 사회에서 의사소통과 인지적 양식은 문화 차이에 관한 연구의 중요한 두 개의 키워드이다.

아동은 이미 경험을 축적하고 가치를 내면화한 성인과의 접촉과 교류, 즉 소통을 통해 세상을 보는 눈을 만들어 간다. 우리 사회의 성인 세대들이 다양한 문화적 배경을 지닌 그들에 대해 함께 더불어 사는 '우리'라는 의식을 갖는 것은 다음 세대를 위해 중요하다는 것이다. 다음 세대가 접하게 될 세상은 더욱 다문화 사회로 발전될 수 있기 때문이다. 이와 더불어 도래한 다문화 사회에서 해당 사회의 구성원 모두가 상호문화 이해를 바탕으로 행복할 권리가 있기 때문이다.

(2) 문화다양성과 타자 이해

세계는 바야흐로 이주의 시대라고 불릴 만큼 다양성은 피할 수 없는 것이며 보편적이고 증가하는 특성을 갖는다. 우리는 다양한 개인들과 학교, 직장, 그리고 사회에서 상호 교류하는 것을 피할 수 없다. 한편 다양성은 잠재적인 위험성을 가지고 있다. 그것은 긍정적인 결과를 초래할 수도, 부정적인 결과를 초래할 수도 있다. 다양성은 생산성, 창의적인 문제 해결, 긍정적인 관계, 그리고 다양한 문화와 인종적 배경에서 온 개인들과 함께 일하고 교류하는 데서 오는 보편적인 복잡화를 증가시킬 수 있다. 또한 생산성을 낮출 수 있고, 새로운 정보와 자기중심의 거부로 마음의 문을 닫아버리는 것을 증가시킬 수도 있고, 적대행위, 고정관념, 편견과 같은 부정적인 관계를 형성할 수도 있다. 다원적 공존의 위험이나 약속은 상황의 구조나 개인이 가지고 있는 능력에 따라 실현될 수 있을 것이다(Johnson & Johnson, 2002b: 42).

우리는 레비-스트로스의 저서 『슬픈 열대(Tristes tropiques)』에 나타난 다문화주의적 사상을 생각해 볼 필요가 있다. 그의 저서에서는 원주민 사회를 침탈하고 파괴하는 서구 문명에 대해 분노를 나타내고 있다. 그는 이제 사라져버린 것을 탐구할 수밖에 없는 학문적 현실에 대해 비통해 한다. '슬픈 열대'라는 제목에서 서양 문명에 의해 황폐화된 열대를 조사하는 인류학자의 비애가 담겨져 있다. 그가 비애감을 느낀 것은 서양의 선교사, 농장주, 식민주의자, 관리들이 나름 균형과 조화를 유지하고 있던 열대 원주민 사회에 들어 와 그들의 정신세계를 상업주의로 만들었기 때문이다. 이와 더불어 그는 서양인들 스스로 문명인임을 자부하며 자신들과 다른 삶의 방식을 지닌 이들을 멋대로 '야만', '미개' 등으로 낙인찍는 오만함에 대해서도 비판을 가하고 있다. 그는 나무뿌리나 거미 또는 유충들을 먹기도 하고, 벌거벗은 채로 생활하는 부족이라 할지라도 오히려 현대 서구 사회보다 훨씬 합리적으로, 그리고 만족스럽게 해당 사회의 복잡한 문제들을 해결하기도 한다는 사실을 기술한다.

레비-스트로스는 서구인들이 문화적 다양성을 인정하지 않으려는 편협성, 자신들처럼 행동하지 않으려는 사회를 야만적이라고 경멸하는 태도, 이런 것은 모두 서구 사회 자체가 부족적인 편견 또는 민족적인 우월감에 사로잡혀 있음을 보여준다고 지적한다. 위의 이야기는 결코 서구의 이야기만이 아니다. 이런 레비-스트로스의 비애감은 우리 사회가 지금 우리와 다른 타자에 대해 어떻게 대하고 있는지에서도 느낄 수 있다. 레비-스트로스의 '문명적 서양인'이 지금의 이 땅 여기 우리의 모습은 아닌지 성찰해 볼 만하다.

또한 우리는 "모든 것이 윤리적 문제이다."라고 설파한 레비나스의 타자 철학을 주목해 볼 만하다. 레비나스는 실제로 한곳이 아니라 여러 곳을 이주하면서 살았던 디아스포라 유대인으로 세계 도처에서 차이와 차별을 경험했다. 이런 본인의 경험을 바탕으로 구체적인 삶에서 존재와 윤리의 하나 됨을 주장하면서 윤리를 제1의 철학으로 무한 윤리론을 펼쳤다. 그를 이해하는 것 역시 오늘날 결혼이주여성, 이주노동자, 북한이탈주민, 난민들과 더불어 새로운 공동체를 만들어 가는 오늘날 한국의 사회 현실 앞에서 우리에게 주어진 과제라고 본다.

레비나스는 참으로 존재하는 것은 막연하게 있는 존재가 아니라 실제로 무엇으로 있는 개별적 존재라고 한다. 그동안 철학은 실제로 존재하는 존재자가 아닌 실제로 존재하지도 않는 존재를 사유했다. 그럼으로써 실제로 존재하는 다양한 존재자들이 오히려 소외되고 배제되고 있는 어리석음을 범하고 말았다고 비판한다. 레비나스의 논리는 기존 철학의 존재에 관한 논의들에 대해 확실한 비판을 제기하는 모양새를 띤다. 구체적인 현실을 제대로 인지하지 못하고 단순한 관념 놀이에 빠진 철학은 자신이 자신이게 하는 행위에 아무런 책임을 지지 않는 사람만을 양산해 낸다. 그래서 사회는 무자비한 폭력을 양산하고 이를 허용하기에 이르렀다고 하며, 이것의 전형적인 예가 바로 1 · 2차 세계대전과 같은 전쟁이라고 한다.

이런 배경으로 하여 레비나스는 제한된 시간과 공간 안에서 살아가는 유한한 존재자는 혼자가 아니라 다른 존재자들과 더불어 살아가기 마련이다. 존재자는 그때만이 새로워질 수 있기에 존재자는 다른 존재자들과의 관계 속에 살아가기 마련이다. 우리는 다른 사람과 어떻게 관계하는가 하는 문제는 곧 내가 어떻게 살아가는가 하는 문제로, 존재자의 존재성은 다른 존재자와 관계로 드러난다. 레비나스는 관계 속에서 자유와 책임을 묻는다. 자유는 남만이 가지는 것이 아니라 모든 존재 역시 자유를 추구한다고 한다. 나의 자유는 다른 존재자에 대한 책무를 수반할 때 비로소 작동된다. 다시 말해 다른 존재자의 자유를 지켜줄 수 있어야 나의 자유를 지킬 수 있다. 이런 의미에서 그는 나의 자유는 다른 사람의 자유를 지켜줄 때만 가능하다고 하며 이를 윤리적 문제로 귀결시킨다. 레비나스는 나와 다른 사람에 대해 자유를 지키고 책임을 다하는 삶을 윤리적 삶이라 하며 윤리야말로 사람을 사람답게 한다고 하면서 윤리 부재는 사람의 부재, 곧 죽음을 의미하는 것이라고 말한다.

우리는 다문화 사회에서 구성원으로서 살아갈 수밖에 없는 세상에 대해 거부할 수 없는 숙명을 받아들여야 한다. 언제까지 우리는 우리로 살 수는 없다. 다양한 문화적 배경을 가진 타자를 우리 공동체로 여기며 그들을 존중하는 삶을 살아가야 할 것이다. 그러려면 레비-스트로스가 지적한 식민주의적 갑질이나 문명적 자부심과 같은 버려야 할 것들을 과감히 내려놓아야 한다. 이는 레비나스가 강조한 타자에 대한 윤리적 실천과 일맥상통한다. 타자를 주체와 동일시하는 한 다문화 사회는 지속 가능할 것이다. 이를 위해 학교는 타자 이해를 위한 교수학습 방법으로서 협동학습을 적극 권장해야 하고 이를 수업 현장에 적용해야 한다. 이 책에서 제안하고 있는 협동학습은 그리 어려운 것이 아니다. 이미 많은 학교와 교사들에 의해 실천되고 있다.

2. 협동학습의 개념과 내용

1) 협동학습의 개념

(1) 협동학습과 상호의존

협동 조직의 역사는 인간이 지구상에 태동하여 살아 온 역사만큼이나 길고, 이와 관련된 연구와 저서도 수없이 많다. 인간들이 이루어 온 모든 사회의 많은 곳에서 협동 조직을 통하여 조직의 목표를 달성하려고 하였다. 그리고 그 결과가 성공적일 때 사람들은 부러워하면서 많은 칭찬을 아끼지 않았으며 교훈으로 삼으려 했다. 아직까지 역사적으로 설명은 미흡하지만 피라미드를 세운 것이나 바빌론의 정원을 만든 것도 모두 협동 조직의 힘이다. 협동 조직은 다양한 기술과 판단 그리고 경험을 요구하며, 때로는 개인의 힘과는 비교할 수 없는 강한 능력을 발휘한다. 협동 조직을 활용하는 것은 이렇게 많은 이점이 있음에도 불구하고 교육자들은 교육 현장을 성공적으로 만들기 위해 협동 조직을 이용하려는 노력을 크게 기울이지 않는 경향이 있다.

학생 개개인의 학습 효과를 극대화하기 위해 모둠의 힘을 사용하려면 교사들은 모둠학습의 원리를 적용할 수 있도록 훈련과 노력을 병행하도록 요구받는다. 비록 협동학습의 힘을 많은 교사들이 명백히 알고 있긴 하지만 교사가 협동학습을 효과적으로 사용하기 위해 필요한 훈련에 대해서는 확실히 알고 있지는 못하다. 협동학습의 기본적인 요소는 가볍게 이해할 문제가 아니다. 협동을 효과적으로 사용하는 방법을 아는 것은 협동적인, 경쟁적인, 그리고 개인적인 노력의 차이를 아는 것에서 시작되어야 한다. 학생들의 학습 목표는 협동적인,

경쟁적인, 혹은 개인적인 노력을 촉진하도록 구조화하는 것이 일반적이다.

교사들은 다음과 같은 세 가지 전제를 고려하면서 자신이 운영하는 수업을 구조화한다. 첫째, 모든 모둠원들이 주어진 임무를 책임 있게 완수하도록 학습자들은 작은 모둠 안에서 함께 일할 수 있다. 둘째, 학생들 중에 누가 그 임무를 완수하는 데 최선을 다했는지 보기 위해 승자와 패자가 있는 대결을 할 수 있다. 셋째, 학습자들은 임무를 완수하기 위해 독립적으로 일할 수 있다.

모든 교실에서 교수자는 교수학습 활동의 목표를 달성하기 위해 노력하고 그 목표하에서 학생을 지도하는 임무를 수행한다. 학습 목표는 학생이 학습한 분야에서 시범을 보이거나 설명할 수 있는 능력을 갖거나 또는 학습한 분야에 익숙해지는 것이다. 학습 목표의 구조는 교사와 학생, 학생들 간에 상호작용하는 방법을 세분화하여 가르치는 것이다. 각각의 목표 구조는 그에 적합한 학습을 위한 장소를 요구한다(Johnson & Johnson, 1989; 1994). 이상적인 교실에서는 모든 학습자들이 어떻게 다른 이와 협동적으로 공부하는지, 어떻게 재미있게 경쟁하고, 자율적으로 공부하는지를 배우게 된다. 교사는 각 수업을 실행하기 위한 목표 구조를 결정하게 된다. 이때 협동은 가장 중요한 목표 구조이며, 이 협동을 위해 대부분의 학습 시간이 사용되어야 한다.

협동학습의 특징을 이해하기 위해서는 반드시 사회적 상호작용(갈등, 경쟁, 교환, 협동)뿐만 아니라, 보다 더 넓은 사회적인 상호의존의 상황을 이해해야만 한다. 사회적인 상호의존은 각 개인들이 수행한 학습 결과가 다른 사람들의 행동에 의해 영향을 받을 때 나타난다. 사회적인 상호의존은 경우에 따라 긍정적일 수도 있고 부정적일 수도 있다. 이를테면, 긍정적인 상호의존의 경우 협동의 형태를 띠며 개인들이 공동의 목표를 성취하기 위해 함께 일할 때 존재한다. 부정적인 상호의존의 경우는 경쟁으로 나타나며 개인이 단지 몇 명만이 도달하게 되는 목표를 성취하기 위해 서로 대립하여 공부할 때 존재한다. 각 개인의 학습 결과물이 다른 사람의 행동에 의해 영향을 받지 않는 사회적인 상호의존은 개인행동에 의해 사회적으로 나타난다.

협동은 학습자들이 공유된 목표를 성취하기 위해 함께 일하는 것이다. 협동 상황 안에서 개인은 그들 자신과 다른 모든 모둠원들에게도 이익이 되는 결과를 추구한다. 협동학습에서 학습자들은 서로의 학습 효과를 최대화하기 위해 함께 일하는 작은 모둠을 교육적으로 구성한다. 이에 반해 경쟁학습은 오직 몇 명의 학생만이 도달할 수 있는 최고 점수인 A+를 성취하기 위해 학생들이 서로 경쟁할 때 이루어지고, 개별학습은 학생들이 다른 학생들과 관련되지 않는 학습 목표를 성취하기 위해 그들 스스로 공부할 때 이루어진다. 협동학습이나 개별학습에서 교사는 절대적인 기준에 근거한다는 기본 원칙을 가지고 학생들의 노력들을 평가하게 된다. 반면에 경쟁학습에서 교사는 학생들을 상대적인 준거에 근거한다는 원칙을 가지고 학생들의 등급을 매기게 된다. 경쟁학습과 개별학습의 적절한 사용이 제한적인 반면에 교수자들은 어떤 과목, 어떤 교육과정에서든 협동적으로 학습 과제를 구조화할 수 있을 것이다(Johnson & Johnson, 2002a).

▶ 경쟁의 노력: 목표 달성에 부정적인 상호의존성이 존재한다. 학습자들은 자신의 해당 반의 다른 학생들이 목표달성에 실패를 해야만 자신이 목표를 획득할 수 있다고 인식한다.

▶ 개인의 노력: 목표 달성에 대한 상호의존성이 존재하지 않는다. 학습자들은 그들의 목표달성에 다른 학생들의 활동이 관계없다고 인식한다.

▶ 협동의 노력: 학습자들의 목표 달성에 긍정적인 상호의존성이 존재한다. 학습자들은 그룹의 다른 학습자가 목표에 도달해야만 그들의 목표를 달성할 수 있다고 생각한다.

공동의 목표를 달성하기 위해 협동하여 임무에 참여하는 것은 그 일에 참가한 개인 각각에게 깊은 영향을 줄 수 있다. 개인들 사이에 구성된 상호의존의 유형은 그들이 어떻게 의사소통을 해왔는지에 따라 결정되고 성취의 결과 여부도 결정된다. 협동적인 상황을 구성한 결과는 각자의 노력에 용기를 주고 서로를 지지하고 보조하고 도와줌으로써 다른 사람의 성공을 증진시키고자 하는 개인의 노력을 만들어 낸다. 이런 협동의 과정, 상호의존적인 관계에서 서로가 처한 사정과 환경을 이해한다. 이것이 사회 구성원들 간 상호 문화를 인정하고 존중하는 계기를 마련할 것이다.

그러나 경쟁적인 상황을 구성하는 것은 다른 사람의 노력을 막고 방해함으로써 다른 사람의 성공을 막는 결과를 가져온다. 개인적인 노력 모델의 환경은 개인들이 다른 사람을 배제하고 혼자 일을 해야 하기 때문에 개인 간에 상호접촉이 없는 상황을 만드는 결과를 가져온다(Johnson & Johnson, 2002a).

▶ 성취를 위한 노력: 이것은 높은 성취를 포함하며, 더 훌륭한 결과물을 포함한다. 지속성, 내재적 동기, 성취 의욕, 과제에 대한 시간 투자, 높은 수준의 논리력, 그리고 비판적 사고력도 포함한다.

▶ 긍정적인 관계: 협동 정신, 관심, 도움을 주는 관계, 개인적인 사교성 및 학문

적 교제, 다양성 가치와 결속력을 포함한다.

▶ 심리적인 건강: 심리적 적응, 자아 존중감, 사교적 기술, 사교 능력, 자아 정체성, 어려운 난관에 대처하는 능력을 포함한다.

협동학습을 지속적으로 실행하기 위해서는 구성주의에 기반을 둔 학습 환경을 마련하는 것이 중요하다(Johnson & Johnson, 1989; 임한나 2016).

첫째, 협동학습에서 모든 학습자는 수업에 의미를 두고 역동적으로 참여한다. 또한 적극적인 참여자로서의 학습자는 과제를 성실하게 수행하고 협력하여 과제에 몰입한다.

둘째, 협동학습은 학습자로 하여금 자신의 잠재력을 성취하고 심리적 성취감을 경험하게 한다. 그리고 학습자는 끊임없이 동기가 부여되어 학습을 위한 노력과 열정을 쏟게 된다. 이에 반해 실패를 경험한 학습자들은 과제를 성취하고 실행하는 데 어려움을 겪게 된다. 이것이 학습자에게 심리적이거나 언어적인 공격성을 일으키기도 한다.

셋째, 협동학습을 체계적으로 활용함으로써 학습자들은 수업과 협업에 관심을 갖고 노력을 할 수 있고 참여 학습자 상호 간 관계성을 발전시킨다. 소외된 학습자들과 동료가 없는 학습자는 사교성과 소속감이 있는 학습자에 비해 폭력성과 부정적인 성향을 보인다.

넷째, 협동적인 모둠을 구성함으로써 학습자들 간 공동으로 효과적인 과제 수행에 필요한 상호작용과 모둠 활동 기술을 발전시킬 수 있는 장을 마련해 준다.

다섯째, 협동적인 모둠은 문제를 공유하고 해결함에 있어 토론의 장을 마련해 준다. 그 결과 학습자들이 쾌활한 성격을 형성하며, 어려움에 대처하는 능력이 신장된다. 문제를 공유하지 못한 학습자와 관심을 받지 못하거나 도움을 받지 못하는 학습자들은 부정적인 성향을 가질 가능성이 높다.

여섯째, 협동적인 모둠은 높은 자존감, 의미를 찾는 감각을 촉진함으로써 학습을 위한 도움을 주고받거나 질적인 삶이 되도록 기여한다.

일곱째, 협동은 교사들 간 협동, 교사와 행정가들 간 협동, 학교행정가들 간 협동이 있어야 가능하다.

여덟째, 협동학습을 체계적으로 활용하는 것은 구성주의 방법과 관련이 있으며, 갈등을 해결할 수 있도록 실마리를 제공해 준다. 이렇게 갈등을 해결하기 위해서는 학생과 교사에게 일련의 절차가 필요하다. 이런 절차는 학교단위의 갈등 해결 및 조정 프로그램으로써 수행된다. 이 프로그램은 협동학습의 효과를 의미 있는 결과로 보여줄 것이다. 그래서 협동학습은 교수학습 방법이라기보다는 오히려 교육 현장에서 가장 중요한 교수학습 도구의 하나로 여겨진다.

(2) 협동학습의 특성

기존의 전통적인 교수학습 이론들은 학습구조이론의 관점에서 파악하자면, 대부분 경쟁학습 구조의 특징을 가지고 있다. 전통적인 교수학습 이론들에 대한 한계는 50년대부터 지적되어 왔다. 이를 넘어서는 대안적인 교수 · 학습 이론이 본격적으로 거론된 것은 1970년대 후반부터이다(정문성, 2002). 이 시기에 등장하는 새로운 교수 · 학습 이론들은 세 가지 전통으로 구분된다(문용린, 1988). 첫째는 낭만적 이데올로기에 포함될 수 있는 인간주의적 관점의 전통으로 볼 수 있는 수업이론들(Patterson, 1973; Miller, 1976; Weller, 1976), 둘째로 철학적, 발달론적 이데올로기에 포함될 수 있는 도덕 교육의 맥락에서 만들어진 수업이론(Galbraith & Jones, 1975; Hawley & Hawley, 1975), 그리고 셋째로 학급 내에 존재하는 집단 역학을 구체적으로 파악하여 학습 이론으로 전개한 사회심리학자들의 교수·학습 이론(Johnson & Johnson, 1975; Glasser, 1986) 등이다.

이 책에서 협동학습의 이론과 실행의 전형으로 삼고 있는 Johnson과 Johnson(1975)은 사회심리학적 측면의 교수학습이론을 개발하였다. 특히 '협동과 인간'에 대한 관계를 '물과 물고기'의 관계로 비유한 바 있으며, '경쟁'과 '개별' 행동은 '협동'의 틀 안에서 발생하는 것으로 보고 있다. 협동이 '숲'이라면 경쟁과 개별은 '나무'일 뿐이라고 주장하였다. 이처럼 그는 인간 상호작용의 90% 이상이 협동적인데도 불구하고 협동이 교수·학습에서 무시되고 있는 사실을 지적하고, 수업 목표 달성을 위한 적절한 목표 구조의 필요성에 주시하는 현대 교육의 네 가지 경향을 제시하면서 협동학습의 필요성을 다음과 같이 주장하였다(정문성, 2002).

첫째, 과거의 교육자들은 당시의 교수학습방법의 경향에 따라 수업 방법을 선택했으나, 최근에는 사회과학이론과 경험적 연구에 기초한 수업 방법을 사용하게 되었다. 협동학습은 사회심리학이론과 경험적 연구 결과를 교육 현장에 수업 방법으로 적용한 것이다.

둘째, 협동학습으로 인하여 인간주의 교육운동이 일어나게 되었다. Johnson과 Johnson(2002b)은 인간주의 교육을 '생물이나 무생물이나 인간과의 관계에서 이성의 동정적 사용을 증진시키는 것'으로 정의하였다. 또한 학교 교실을 비인간적으로 만드는 것은 관료적 조직 구조와 경쟁학습 구조에서 기인한다고 주장하였다. 학교의 관료적 조직 구조는 탈인간적인 관계를 만들어 냄으로써 학습자들을 비인간화시킨다. 또한 경쟁학습 구조는 학습자 간에 부정적이고 비신뢰적인 인간관계를 구성한다. 그러나 협동학습은 인간적인 관계를 증진시킨다는 것이다.

셋째, 정보나 사실을 가르치는 것보다 문제 해결에 필요한 기능을 가르칠 것을 강조하는 경향이다. 정보화에 따른 지식의 급증과 고급사고력을 강조하는 교육이론이 사실과 정보에 관한 학습보다는 문제 해결 학습을 중시하게 하였다. 우리 사회에서 발생하는 대부분의 문제는 혼자 해결할 수 있는 것이 아니라 직장, 가정, 친구 등 집단 속에서 타인과 함께 해결을 위해 타협점을 찾거나 협동을 해야만 한다. 그러므로 문제 해결은 본질적으로 협동적인 과정이다.

넷째, 열린 교육이 널리 보급되고 있다는 점에 주목할 수 있다. 열린 교육에 있어 가장 중요한 초점은 전통적인 경쟁학습 구조의 포기를 의미한다. 교육이 개별학습 구조를 기반으로 하는 것은 사실이지만, 경쟁학습 구조를 비판하고 있다는 점에서 주목할 필요가 있다.

위에서 논의한 바와 같이 협동학습이 지닌 장점은 학습자들의 주체적 인식활동을 조장하고, 학습자 간 신뢰를 구축하여 긍정적인 상황 이해를 바탕으로 문제해결을 모색하는 것이다. 국가 수준의 7차 교육과정이 구성될 무렵에 한국의 교육학계에서는 열린교육이 주목받게 되고 구성주의 교수법들이 도입되면서 학습자 위주의 교수법으로서 협동학습이 등장하였다. 특히 이와 같은 학습자 중심의 교육학을 연구하는 연구자들의 모임인 열린교육학회가 창설되고 현장 교육자들과 교육학자들이 이 학회에서 활동을 하고 있다. 현재는 『열린교육연구』라는 학술지를 발간하고 있으며, 열린교육의 현장 적용이 척박한 한국의 교육 현실을 극복하려는 노력이 지속적으로 시도되고 있다.

(3) 협동학습과 놀이

놀이에서 홍미는 중요한 요소이다. 학습을 놀이처럼 실행한다면 의외로 탁월한 학습효과를 기대할 수 있다는 놀이, 홍미, 학습에 관한 연구들이 존재한다. 특히 홍미는 학습자가 교육활동을 하는 데 있어서 어떠한 행동을 촉발하는 역할을 한다. 이는 홍미가 교육적 발달에서 학습자의 특성이나 요구 및 기호라는 정서적 측면과 관련됨을 시사한다. 협동학습은 모둠구성원들 사이의 놀이를 통한 홍미의 요소가 존재해야 한다.

전통적으로 학습자의 홍미는 교육에 방해되는 행위로 간주해 왔다. 이분법적 관점에서 Peters(1966)는 홍미를 심리적 측면과 규범적 측면으로 분류하였다. Peters의 심리적 홍미 개념은 개인이 느끼는 재미와 관련되며, 규범적 홍미는 개인의 이익과 관련된다(김무길, 2008). 그러나 기존의 홍미 개념은 학습자의 측면을 고려하지 않은 채 쾌락이나 권위 혹은 이익과 관련하여 설명함으로써 교육의 내용과 방법을 분리하여 제시하였다는 한계가 있다(양은주 · 임황룡, 2010).

Dewey(1995: 143)는 전통적인 교육에서 홍미를 일상적인 용어로 사용하며 부적절한 것으로 여기는 것은 단지 관심사로서의 홍미 또는 이해로서의 홍미를 강조했기 때문이라고 한다. 그는 홍미를 관심사, 이해관계, 정서적 경향으로 구분하였으며, 홍미는 구체적인 상황 속에서 역동적으로 일어난다(양은주 · 임황룡, 2010). 따라서 Dewey의 홍미개념은 분절적이거나 단순히 개인의 쾌락 혹은 이익추구에 머물지 않는다(김창아, 2016).

첫째, 관심사로서의 홍미이다. 일종의 욕구로부터 시작되지만 즉각적인 실현이 저해될 때 나타난다. 관심사로서의 홍미는 인지적 차원에서 자신과 관련된 것에 대해 느끼거나 행위의 원천이 되는 것으로 자아실현을 가능하게 하는 동기 유발과 관련된다. 이는 홍미의 가장 기본적인 것으로서 행동의 원천이 된다(Dewey, 1995: 98). 또한 관심사는 어떤 대상이 어떤 사람에게 관련되거나 영향을 미치는 것을 포함한다.

둘째, 이해관계로서의 홍미이다. 이는 관심사로서의 홍미가 보다 명확해진 상태를 말한다. 또한 이해관계는 개인이 기대하는 것을 포함하는 여러 정황에 대한 고려와 객관적인 결과를 나타내는 것이다. 그러나 이해관계로서의 홍미에 대한 강조는 개인의 이익과 불이익, 성공과 실패 자체에 대해 주목하도록 한다. 이해관계로서의 홍미를 강조함에 따라 개인은 성공과 실패의 여부에 따라서 쾌락 혹은 고통을 느끼게 된다. 또한 이해관계로서의 홍미는 지적 과정을 통해 실현된다는 것을 알 수 있다. 즉, 이해관계로서의 홍미는 계산적이고 목적 지향성을 가지며, 행위의 방법을 결정하는 것과 관련된다.

셋째, 정서적 경향으로서의 홍미이다. 이 홍미는 관심사로부터 비롯된 홍미가 이익여부를 중시하는 이해관계를 넘어 학습자가 일에 전념하고 몰입하는 태도를 가질 때 나타난다. 몰입은 어떤 과제나 활동에 집중할 때 나타난다. 몰입은 삶이 고조되는 순간에 자연스럽게 행동이 이루어지는 느낌으로, 동기가 일관적이고 지속적으로 유지되는 것과 관련 깊다(Csikszentmihalyi, 1990: 36). Jackson과 March(1996)는 몰입을 최고수준의 수행과 유사한 개념이라고 말하며 '수행자와 수행하는 과제가 완전히 연계된 상태'로 정의한다. 즉, 정서적 경향으로서의 홍미는 개인이 과제나 활동에 일관적이고 지속적으로 연결된 상태로, 외부에서 부여된 어려움이나 이익의 유무가 활동의 지속에 영향을 주지 못하는 상태라고 할 수 있다.

이와 같이 흥미는 관심사, 이해관계, 정서적 경향으로 수준을 달리하여 나타난다. 흥미는 개인의 경험에 근거하며 학습자가 자신의 행위 결과를 예상하고 행위를 조정하지만 결과보다는 행위 자체에 전념하도록 함으로써 현재의 상황맥락에서 능동적으로 활동하도록 한다. 따라서 흥미로부터 시작된 교육을 통해 학습자는 개인적인 관심으로부터 자신의 활동에 몰입할 수 있다. 그뿐만 아니라 결과의 예상, 수단과 장애 요인에 대한 검토와 같은 인지적 활동을 통하여 학습자는 자신의 활동에 대해 의미를 부여한다. 이처럼 흥미는 학습자의 활동 상황·맥락에 맞게 조정하고 맞닥뜨린 어려움을 극복하는 추진력을 제공함으로써 결과적으로 학습자의 발달을 이끈다(김창아, 2016).

놀이와 학습에 관한 관계에 대해 우리는 Vygotsky(2009)를 언급해야 한다. 학습자들에게 학교의 놀이는 그들의 체험에서 사라지는 것이 아니라 현실을 접하는 태도에 스며든다. 놀이는 학교 수업과 공부, 즉 규칙에 기초한 의무적 활동 속에서 내적 연속성을 가지게 된다. 의미의 영역과 시각의 영역 사이의 새로운 관계, 즉 생각 속의 상황과 실제 상황 사이의 새로운 관계를 창조하는 것이 놀이의 핵심이다. Vygotsky는 특히 놀이를 발달의 근원으로 보았다. 근접발달영역을 창조하는 것은 놀이이며, 아동의 놀이에는 의미가 부여된 행동이 나타난다. Vygotsky는 놀이라는 행위가 정신을 변화시키며 내면화를 통해 발달이 이루어진다고 말하였다. 또한 그는 놀이의 핵심적 특성을 '욕망이 되어버린 규칙'으로 보았다(Vygotsky, 2009: 155). Vygotsky가 말한 놀이의 특징은 재현성, 목적성, 규칙성으로 볼 수 있으며 이를 Dewey 식의 흥미 개념과 더불어 생각하면 다음과 같다(김창아, 2016).

첫째, 재현성은 현실과의 밀접한 상상을 통해 모방의 형태로 시작된다. 이때 상상을 통한 재현성이 나타나기 위해서는 활동 이전의 경험이 필요하다. 이는 Courtney(2007; 2010)가 말한 '마치 ~인 것처럼'으로 표현하는, 실제 상황에 대한 재생산을 위해서는 그 이전에 유사한 실제 경험이 요구된다는 것이다. 이때 학습자는 여러 가지 가능성을 갖는 재생산 중에서 특정한 것을 선택하고 특정한 방법을 통해 표현한다. 예를 들어, 어떤 학습자는 소꿉놀이를 하는 반면, 다른 학습자는 병원놀이를 할 수 있는데, 이것은 그들의 경험과 관심사를 반영한 것이라 할 수 있다. 이때, 학습자의 관심사에 따른 선택에서는 학습자 스스로 활동을 선택하는 자기주도성이 나타난다.

둘째, 목적성은 놀이 행위자의 흥미가 의식적으로 목적지향성을 가짐에 따라 나타난다. 이 경우 놀이 행위자가 갖는 놀이에 대한 목적은 놀이의 내용과 방법을 정당화한다. 놀이 행위자는 현재의 상황과 맥락을 고려하여 어떠한 내용과 어떠한 방식의 놀이가 보다 흥미로울 것인지를 고려한다. 이러한 특징은 놀이의 흐름을 예상하고 기대하는 결과를 객관적으로 나타내는 것으로 이해관계와 관련된다.

셋째, 규칙성은 내적 통제를 의미하는 것으로 흥미 있는 활동에 대한 욕구가 정서적 경향에 의해 규칙을 만들고 준수하는 행위이다. 규칙성이란 꾸준히 발전하는 흥미를 유지하기 위해 구성원 간의 관계에서 자신의 행동을 암묵적 혹은 명시적으로 조절하는 것이다. 이때의 규칙은 더 재미있게 활동을 하고 싶다는 욕구와 관련되며, 과정을 통해 만들어진다는 개방성을 갖는다.

이와 같이 놀이는 정서적 차원의 흥미가 행동적 차원으로 발현된다. 이와 더불어 개인의 흥미에 따른 재현적 놀이는 목적성을 갖는 활동으로, 그리고 형식성이 높은 학습활동으로 변화되는 과정이다. 즉,

협동학습과 협력학습의 근간이라 할 수 있는 흥미와 놀이는 학습의 정의적 차원과 행동적 차원을 나타낸다고 할 수 있다. 이때 정서적 차원의 흥미는 개인의 내적 작용이라는 특징이 있다. 또한 놀이는 행동적 차원에서 발현되며 동료 혹은 교사와의 활동이라는 사회적 상호작용에 의해 이루어진다. 즉, 흥미와 놀이의 관계는 개인적 특성이 사회적 상호작용에 의해 발전적으로 이루어지는 학습의 과정을 나타낸다(김창아, 2016).

한편, Vygotsky는 행동이 사고를 결정한다고 하였다(Tomas, 2000). 정의적 차원인 흥미는 행동적 차원으로 나타나는 놀이에 비해 범위가 넓다고 할 수 있지만 결국 행동적 차원으로 발현될 때 객관화되고 이를 통해 자신에게 의미화가 되기 때문이다. 또한 전인교육이라는 교육의 궁극적 목표를 고려할 때 앎이란 실천을 통해 완성된다. 실천이 없는 앎은 죽은 지식이며, 지식은 실천을 통해서만 비로소 명확해지고 성찰과 발달이 가능하다. 따라서 협동학습과 협력학습이라는 용어는 학습자에게 의미가 있을 뿐만 아니라 교육 행위의 실천적 측면을 고려하여 사용여부를 판단하는 것이 타당하다고 본다(김창아, 2016).

협동학습은 학습자에게 잠재된 특성을 발현시켜 사회적 상호작용을 통하여 발달을 촉진하는 학습방식으로 정의할 수 있다. 왜냐하면 앞서 살펴본 바와 같이 협동학습이라는 용어의 사용은 이 용어가 '실천'이라는 교육적 변화를 나타내며, 이는 교육의 궁극적 목표이기 때문이다.

2) 협동학습의 모형

협동학습에 관한 다양한 논의가 있어왔듯이 협동학습의 모형 역시 수많은 유형이 있으며 기본모형의 변형모형도 이루어져 다양한 형태를 보인다. 이들 학습 모형 중에서도 학교 현장에서 자주 활용되고 있는 일곱 가지 모형의 개요와 내용을 정리하고자 한다.

(1) STAD(Student Team Achievement Division: 성취과제분담학습)

이 모형은 공동학습구조인 동시에 개인의 성취에 대한 개별적 보상이 이루어지는 개별보상구조를 가진 학습모형이다. 이 모형은 Slavin과 그의 동료들이 개발하였는데, 모든 과목에 효과적이나 특히 주로 수학과목에 이용된다. STAD 모형에서는 개인의 성취에 따라 모둠의 점수가 가산되고, 모둠에게는 집단보상이 추가되는 구조이다. 따라서 STAD에서는 개별적 책무성이 명확하게 제시되어 모든 구성원들이 함께 노력해서 좋은 개별 점수를 받아야 집단 보상을 받을 수 있는 구조이기 때문에 협동학습모형의 단점 중 하나인 '무임승차'현상이 나타나기 어렵다. 또한 개인적 능력이 높은 학생들도 모둠 전체에 기여하기 위해 만점을 받거나 자신의 평균보다 높은 점수를 얻어야 하기 때문에 도전적이 된다.

STAD 모형의 장점은 첫째, 다른 모형에 비해 학습활동에 적용하기가 간편하고, 특히 많은 수의 학급에서 적용하기가 쉽다. 둘째, 향상점수를 부여하기 때문에 성적이 낮은 학생도 노력 여하에 따라서 팀에 기여를 할 수 있다. 셋째, 향상점수는 개인의 동기유발과 참여의식을 높여 줄 수 있다. 그러나 단점으로는 학습과제를 개별화하기에는 무리일 수 있어서 팀 리더가 팀 활동을 주도하기가 용이하다는 점을 들 수 있다.

(2) TGT(Team Games Tournaments: 팀 경쟁학습 모형)

이 모형은 1973년에 Devices와 Edward가 개발한 모형이다. 팀 구성, 수업방법, 연습문제지 등을 이용한 학습방법이며, 우수한 팀의 인정 등을 포함한 것으로 STAD모형과 유사하다. 그러나 STAD모형에서는 매 시간마다 집단 보상을 위해 시험을 진행하지만, TGT모형은 시험을 실시하지 않고 게임을 이용해서 각 팀 간의 경쟁을 유도한다는 특징을 가지고 있다. TGT는 STAD와 마찬가지로 공동작업 구조이며 보상구조는 집단 내 협동, 집단 외 경쟁구조이다. 또한 이 모형의 적용은 특히 초등학교부터 고등학교 수학과목에 적용되어 높은 효과를 거두었다.

(3) TAI(Team Assisted Individualization: 팀 보조 개별학습)

TAI는 미국의 존스홉킨스 대학에서 개발된 것으로 개별학습과 협동학습이 결합된 형태이다. 이 모형은 소집단을 구성 후 구성원들이 자신의 수준에 맞는 개별화 프로그램을 통해 독자적으로 학습하게 한다. 이후 평가 문제를 푼 후에 함께 다시 모여 답안지를 교환하고 서로 틀린 것을 점검하고 교정을 도와준 후 교사에게 제출하는 방식이다. 이러한 개별 시험 점수를 합산하여 평균을 내서 그 점수를 팀 점수로 규정하고, 미리 설정해 놓은 팀 목표점수를 초과했을 경우 팀이 보상을 받게 되는 구조이다. 이 TAI은 대부분의 협동학습 모형이 정해진 학습 진도에 따라 이루어지는 것과는 달리, 학습자 개개인이 각자의 학습속도에 따라 학습을 진행해 나가는 특성이 있다. 이렇듯 TAI가 개별학습을 이용한다는 점에서 독특하다고 할 수 있다.

(4) Jigsaw I(과제분담학습 I)

1978년 미국 텍사스 대학의 Aronson과 그의 동료들에 의해 개발된 모형이다. Aronson은 다민족으로 구성된 미국 학교에서 민족 간의 갈등과 학교교육의 문제들을 해결하기 위한 방안으로 Jigsaw 모형을 시행하였다. 이 모형의 도입으로 경쟁적 학습 분위기를 협동적으로 전환시킬 수 있었으며, 인종문제 해결에 도움을 준 것으로 기록되고 평가되었다. Jigsaw I 모형은 5~6개로 구성된 이질적인 집단에서 동일한 부분을 맡은 학생들이 전문가 집단으로 따로 모여 분담된 내용을 토의하면서 학습 활동을 한다. 전문가 집단 토의 후에는 각 소속 집단으로 돌아가서 학습한 내용을 집단 구성원들에게 가르치는 구조이다. Jigsaw I 모형의 의의는 모둠 내의 구성원으로부터 배우고 해당 반의 학습자 동료를 가르치는 모형으로 모둠 구성원 간의 상호의존성과 협동성을 강조한다는 점에 있다. 하지만 단원학습이 끝난 후 개별 시험을 보고 개인의 성적대로 보상을 받는 구조이기 때문에 집단 내에서의 보상 의존성은 낮은 모형이다(황정혜, 2009).

(5) Jigsaw II(과제분담학습 II)

이 모형은 Slavin이 Jigsaw I 모형을 개량한 것으로 기본적으로 개념을 가르치는 데 이용되며, 특히 학습자들이 교재를 완전 습득하도록 함을 목적으로 하였다. 모둠은 5~6명으로 구성되며, 학습과제는 몇 개의 소주제로 나눈 후에 각각의 구성원에게 하나의 소주제를 맡도록 한다. 그리고 각 팀에서 동일한 주제를 맡은 학습자들이 따로 모여 전문가 집단을 구성한다. 이어 30여분 정도 공동으로 토론하고, 다시 소속팀으로 돌아와 학습한 내용을 동료에게 가르쳐 준다. 개인별로 평가를 받은 후 개인별 향상 점수와 팀 점수를 산출하여 그 결과에 따라 보상을 받는 형태이므로 Jigsaw I(과제분담학습 I)보다는 보상에 대한 상호의존성이 높다.

(6) Co-op Co-op(자율적 협동학습)

이 모형은 Kagan과 Amalya에 의해 고안되어 주로 미국의 캘리포니아주에서 시작되었다. 이 모형의 특징은 학생들로 하여금 그들 자신이 학습과제를 선택하도록 하고 자신과 동료의 평가에 참여하는 것을 허용하는 것이다. 이 모형은 기본적으로 고차적 인지과정의 학습을 위해 고안되었으나, 학습의 기본 기능을 위해서도 적용이 가능하다. Co-op Co-op 모형의 장점은 개인의 성적에 따라 변화되므로 학습동기가 유발될 수 있고, 능력별 모둠 학습에 비해 평가의 방법이 보다 공정하다는 점이다. 이에 반해 이 모형의 단점은 다수 학습자로 구성된 학급일 경우 구성원이 많아지고, 학생들의 성적과 학습능력이 지나치게 공개된다는 점이다. 아울러 문항 제작에 시간이 많이 소요된다는 점이다.

(7) GI(Group Investigation: 집단조사)

이 모형은 이스라엘의 텔아비브 대학의 Sharnon, Hertz-Lazaowwi와 그의 동료에 의해서 고안되었다. 학습자들을 4~6명 정도의 소집단으로 나누고, 전체에서 학습해야 할 과제를 집단 수에 맞춰 작은 단원으로 세분하여 단원의 집단 보고서를 준비하는 데 유용하도록 개발되었다. 이를 위하여 토의를 거쳐 각 개인의 작업이나 역할을 정해 활동을 수행한다. 각 집단별 조사 학습 후 집단은 전체 학급을 대상으로 보고하게 되고, 교사와 학생은 각 집단의 전체 학급에 대한 기여도를 평가하는 데, 최종 학업성취에 대한 평가는 개별적인 평가나 집단평가를 한다. 이 GI 모형은 팀 조직으로 이루어지는 성취과제나 분담학습 혹은 팀 경쟁학습과는 달리 학습과제 선정으로부터 학습계획 수립, 집단의 조직, 집단 과제의 분담, 집단 보고에 이르기까지 학생들 스스로 자발적인 협동과 논의로 학습이 진행된다. 이런 점을 들어 이 모형은 개방적인 협동학습 모형이다.

Slavin(1989)은 이러한 협동학습모형을 일곱 가지 중요한 협동학습의 특징을 기준으로 〈표 1-1〉과 같이 분류하였다(황정혜, 2009).

〈표 1-1〉에서와 같이 일곱 가지 협동학습 모형의 유일한 공통점은 개별적 책무성이다. 협동학습은 팀을 기본으로 하기 때문에 당연히 팀에 참여하는 개인들이 자신의 책임을 다해야 팀 목표가 완수된다. 이런 맥락에서 다양한 구성원들 간 팀 목표 수행을 위한 활동을 통해 상호 문화를 이해하는 계기가 마련된다. 그럼으로써 다양한 개인들 간의 이해와 소통이 자연스러워질 것이며, 이는 학습자들이 학습을 하는 동안 자연스럽게 다문화교육을 수행하게 할 것이다.

〈표 1-1〉 협동학습 모형별 특성

특징 / 유형	모둠 목표	개별적 책무성	성공 기회의 균등	모둠 경쟁	전문화	개별화와 통합
STAD	○	○	○	△	×	×
TGT	○	○	○	○	×	×
TAI	○	○	○	×	×	○
Jigsaw Ⅰ	×	○	×	×	○	×
Jigsaw Ⅱ	○	○	○	×	○	×
Co-op Co-op	○	○	○	○	○	○
GI	×	○	×	×	○	×

출처 : 정문성(2002), 김현서(2003)

3) 협동학습의 효과

(1) 인지적 효과 영역

Johnson과 Johnson(1984)은 협동학습이 구성원 간의 협력을 강조하는 교육적 관점에서 볼 때 주로 정의적 효과에 치중한다고 보는 견해에 대해 그것은 오해임을 분명하게 밝힌다. 오히려 협동학습의 주요 목적은 학업성취의 향상에 있다고 주장한다. 미국의 경우 지난 반세기 동안 경쟁 학습과 개별 학습이 교실 수업의 지배적인 수업 방식이 되었다고 한다. 그럼으로써 학습자들의 학업성취가 오히려 저하되는 결과를 가져왔다고 보았다. 그들은 미국 학생의 학업성취 위기를 각종 지표를 통해서 다음의 네 가지로 요약하였다.

첫째, 학습자들이 학교에서 교육을 받는 기간이 연장되고 있으며 대학에 진학하려는 학생은 많지만 학생들의 수준은 점점 낮아지는 경향이 있다는 점, 둘째, 노동력의 질이 다른 나라에 비해 상대적으로 낮다는 점, 셋째, 학생들의 과학과 수학 능력이 다른 국가에 비해 상대적으로 낮다는 점, 넷째, 엄청난 교육 투자에도 불구하고 기능적 문맹(functional illiteracy)의 규모는 줄지 않고 있는 점 등이다. 따라서 이러한 학업성취의 위기를 극복하기 위해서는 새로운 교실 수업의 개혁이 필요하며 그 대안이 협동학습이라고 주장하고 있다.

협동학습의 학업성취 효과를 주장하는 이론적 근거는 크게 네 가지로 나누어 볼 수 있는데, 그것은 동기론, 사회적 응집 이론, 인지론 그리고 연습이론이다(손병노, 1996). 첫째, 동기론은 협동학습의 효과를 설명하기 위해 목표 구조와 보상에 초점을 맞춘다. Deutch(1949)에 의하면 집단의 목표 구조는 협동, 경쟁, 개별적 목표 구조로 구분된다고 주장한다. 여기서 협동적 목표 구조는 소규모 집단에 공통의 목표가 주어지고 이것을 달성하기 위해 구성원이 서로 협력하면서 긍정적인 상호의존성을 갖게 한다. 이때 이 집단의 구성원은 집단 동료가 성공해야 자신도 성공할 수 있으므로 자신들 모두에게 이익이 되는 결과를 얻으려고 노력하게 된다(손병노, 1996).

경쟁적 목표 구조에서는 한 명 또는 소수만이 달성할 수 있는 목표를 위해서 구성원들은 상호 경쟁상대로 활동을 한다. 이 목표 구조에서는 동료들 간 부정적인 상호의존성이 나타난다. 타인의 실패가 곧 나의 성공으로 인식되므로 구성원들은 자기의 이익만 도모하고 타인에게 해가 되는 결과를 얻으려고 추구한다. 개별적 목표 구조는 다른 구성원과는 관계없이 자신에게 주어진 목표 달성만을 위해 학습활동에 참가한다. 따라서 다른 구성원의 목표에 관심을 두지 않으며, 자신의 학업성취에만 관심을 갖게 되고 자신에게 이익이 되는 결과를 얻으려고 노력하게 된다(손병노, 1996).

이런 목표 구조는 교실에서의 학습 활동에도 그대로 적용된다. 협동적 목표 구조에서는 학생 개개인의 목표 달성이 모둠 목표의 달성에 연결되도록 모둠 보상이라는 공동의 목표를 제시한다. 그러므로 협동적 목표 구조에서는 동료들의 학습 활동을 서로 도와줄 뿐만 아니라, 동료나 학습 활동에 대해서 긍정적인 태도를 가지게 되고, 이것이 학업성취동기를 촉진시켜 인지적 효과를 높여준다고 주장한다. 동기론자들에 따르면 전통적인 경쟁적 목표 구조에서 학업성취는 모든 학습자들의 기대이지만 그것을 달성하지 못하는 대다수의 학습자들에게는 비난의 대상이 된다. 그러므로 경쟁 상대인 동료에 대한 태도나 학습 활동에 대한 태도가 부정적이며, 학업성취의 동기가 낮기 때문에 협동적 목표 구조에 비하여 학업성취의 효과가 높지 않다고 주장한다(Slavin, 1990).

둘째, 사회적 응집 이론의 관점은 동기론과 비슷한 입장을 취하지만, 동료를 도와주는 이유에 대해서는 그 해석이 다르다. 즉 동기론은 동료를 도와주는 이유가 동료를 도와줌으로써 자신의 이익에 도움이 되기 때문이라고 생각한다. 그러나 사회적 응집 이론에서 동료를 도와주는 이유는 학생들이 기본적으로 다른 사람을 생각하는 태도를 가지고 있고, 더불어 타인의 성공을 진정으로 원하기 때문이라고 주장한다. 자기보상적 측면보다는 모둠 응집력의 차원을 강조하는 것이다(손병노, 1996). 그러므로 사회적 응집 이론에서는 협동학습의 사전 활동으로써 모둠 형성 활동, 모둠 과정 활동, 모둠 과정에 대한 평가 활동 등을 매우 강조한다. 동시에 동기론이 중시하는 모둠 보상 체계나 개별적 책무성의 보장에 대해서는 평가를 낮게 하거나 거부하기까지 한다(손병노, 1996). Sharan과 Sharan(1980)의 집단 탐구 모형(GI)이나 Aronson(1978)의 과제 분담 모형(Jigsaw)도 이러한 사회적 응집 이론을 기반으로 하고 있다. 이 모형들은 학습자들이 집단 내에서 개별적인 역할을 맡는 협동학습 모형을 선택하고 있다. 즉 과제 중심 협동학습 모형에서 구성원들이 과제 분담 또는 전문화를 통해 긍정적 상호의존성을 갖게 되고, 동료들을 가치 있게 여김으로써 서로를 도와주는 동기를 마련하는 것이다(손병노, 1996).

셋째, 인지론적 관점은 동기론적 관점과는 상이한 관점을 갖는다. 동기론이 목표 구조의 변화가 학습자의 학습 동기에 영향을 미친다고 보는 데 반해, 인지론은 목표에 상관없이 학생들이 모둠 활동이라는 상호작용을 하는 그 자체로 인지적 효과를 얻을 수 있다고 주장한다. 인지론은 크게 인지발달론과 인지정교화론으로 나눌 수 있다(손병노, 1996). 인지발달론에서는 협동학습에서 이루어지는 상호작용을 통해 학생들이 자신의 지적 능력을 향상시킨다고 주장한다. 예를 들어 Vygotsky(1978)에 의하면 또래 학습자들의 협동적 활동이 서로의 근접발달 영역 안에서 모델링을 통해서 지적 능력을 향상시킨다고 하였다. Piaget(1926)도 언어, 가치, 규칙, 도덕성, 상징체계 등의 사회적, 임의적 지식들은 타인과의 상호작용 속에서 학습된다고 주장하였다. 이처럼 인지론자들은 협동학습을 통해서 학생들의 활발한 상호작용이 일어나는데 그때 학습 내용에 대한 토론, 인지적 갈등의 생성, 부적합한 합리화에 대한 거부, 높은 수준의 개념 이해 등이 가능하다. 그럼으로써 학습자들의 지적 발달 효과가 나타난다고 주장하였다(Slavin, 1990).

한편 인지정교화론은 학생들이 새로운 정보를 암기하거나 이미

가지고 있는 정보와 연관시켜서 그 정보를 인지적으로 재조직하거나 정교화할 때 학습 효과가 가장 크다고 주장한다(정문성, 2002). 예를 들어 학습자들이 강의 내용을 그냥 기록하는 것보다는 자신이 이해한 대로 요약하는 것이 훨씬 더 효과적이라는 것이다. 또는 어떤 주어진 정보나 개념을 단순히 인지하기보다는 그것을 다른 사람에게 설명해 줄 때 그 정보나 개념을 더 잘 이해하고 오래 기억할 수 있게 된다는 것이다. 이러한 실험 결과들을 토대로 인지정교화론자들은 협동학습에 발생하는 동료 간의 교수 활동이 협동학습의 인지적 효과를 높여주는 데 핵심적인 역할을 한다고 주장한다(Wittrock, 1978; Webb, 1985).

넷째, 연습 이론은 아직 정교한 이론으로 평가받지 못했지만 기존의 이론이 설명하지 못하는 부분을 설명하고 있기 때문에 주목할 만하다(정문성, 2002). 연습 이론은 협동학습이 다른 학습 구조에 비해서 학습 내용을 연습하고 숙달할 수 있는 기회를 많이 부여하기 때문에 학습적인 효과가 높다고 주장한다. 이를테면, Kagan(1994)의 암기 숙달 구조가 대표적 예이다. 지루한 암기 내용을 협동학습을 적용하면 학습자들로 하여금 흥미를 유발시키며 이로써 학습자들이 재미있게 연습하는 기회를 많이 갖는 것이 학습 효과에 큰 영향을 준다. 직접교수 이론가들이 이런 입장에 서 있으며, 특히 Rosenshine과 Stevens(1986)은 단순 기능이나 많은 기억 용량을 요구하는 정보의 습득에서 협동학습이 효과가 있을 때, 그 이유를 협동학습의 연습 효과에서 찾는다(정문성, 2002). 특히 모둠 보상이나 개별적 책무성이 포함되지 않은 상태에서 협동학습이 단순 정보의 습득에 긍정적 효과를 보인 것은 바로 연습 효과 때문이라고 주장한다(손병노, 1996). 이와 같이 협동학습의 인지적 효과는 앞서 논의한 동기론, 사회적 응집 이론, 인지론 그리고 연습

이론의 관점에서 긍정적으로 도출된 것으로 평가한다.

(2) 정의적 효과 영역

협동학습은 인지적 효과 이외에도 협력적 기능, 교과에 대한 태도, 정신 건강 등의 효과를 나타낸다고 보고되었다. 또한 학교 교육은 학생들이 자신의 잠재력을 개발하여 앞으로의 진로를 준비하고 다른 사람들과 더불어 살아가는 경험을 제공함으로써 사회를 견인할 성인으로 성장했을 때 해당 사회에 적응하며 살 수 있도록 준비하는 과정이다. 학습자들은 이러한 성장 과정에서 가정, 학교, 지역 사회를 통해서 배운 대로 행동하고, 조언을 받는 것으로 사회적응 능력을 획득한다. 이러한 협력적 기능은 경쟁학습이나 개별학습보다는 협동학습 구조에서 훨씬 쉽게 얻을 수 있다고 강조하였다.

첫째, 교과에 대한 긍정적인 태도이다. 협동학습에 대한 많은 연구들은 협동학습 경험이 경쟁학습 경험이나 개별학습 경험보다 교과에 대한 긍정적 태도를 길러준다고 보고한다(정문성, 2002). 협동학습 경험은 교과 내용에 관하여 보다 더 탐구하고 싶게 만들며 학습 동기를 더 강화해 주는 역할을 한다(Johnson & Johnson, 1983; Mueller K Fleming, 2001). 이를테면, 정문성(1998)이 수행한 사회과 교육 영역의 협동학습 효과에 관한 연구에 의하면 협동학습은 학습 교과에 대해 긍정적인 태도를 가질 수 있도록 해주는 것으로 나타났다. 이 밖에도 많은 연구에서 협동학습을 통해 교과에 대한 긍정적인 태도를 가질 수 있다는 결과를 보고하였다.

둘째, 정신 건강 측면에서의 효과이다. 학교 교육은 학습자들이 가족을 비롯해서 동료와의 관계, 지역사회의 구성원과의 관계, 더 나아가 사회의 여러 사람들과의 관계를 원만하게 해주고 그 사회에 잘 적응하도록 교육하는 것을 목적으로 하고 있다. 이를 위해서는 학습자들이 협동학습을 통해 건강한 정신, 즉 성숙한 감정, 원만한 사회적 관계 형성, 확고한 자아 정체감, 대인 관계에 있어서 신뢰와 낙관적 태도 등을 습득하고 계발시킨다고 본다(정문성, 2002). 협동학습의 경험은 경쟁학습이나 개별학습에 비해 정신 건강에 매우 긍정적 영향을 미치는 것으로 나타나고 있다(Johnson & Johnson, 1983).

협동학습은 교과 및 비교과 등의 학업성취에 기여하는 인지적 효과뿐만 아니라 교과에 대한 긍정적인 태도, 정신 건강 측면 등의 정의적 효과도 갖는다. 다문화 사회에서 다양성으로 인해 있을 수 있는 사회구성원 간 소통 장애를 극복할 수 있는 협력의 기술은 협동학습을 교실에 도입함으로써 가능하다고 본다. 우리가 협동학습의 인지적, 정의적 효과를 신뢰한다면 말이다. 필자는 이 책을 통해 그간 진행해 온 수업에 참여한 대학생들의 협동학습 경험을 기술할 것이다. 학습자들이 느꼈던 경험들은 앞서 제시한 협동학습 효과를 대변할 것이다.

3. 협동학습의 연구 경향

본 절에서는 협동학습 경험 사례 분석 대상이 대학생이기 때문에 대학생의 협동학습에 관한 연구 경향을 살펴볼 것이다. 또한 이 책에서 협동학습을 다문화교육의 패러다임 맥락에서 이해하기 때문에 다문화교육과 협동학습을 다룬 논문들을 살펴볼 것이다. 국내에서 수행된 선행연구 분석을 위해 '협동학습'을 키워드로 한국연구재단 등재후 보이상(KCI: Korean Citation Index) 학술지 게재 소논문을 검색한 결과 2010년부터 최근 2019년까지 무려 1,600여 편이었다. 이 중 대학생의 협동학습에 관한 연구와 다문화교육과 협동학습을 다룬 논문은 그 수가 적어 2000년부터 검색하였다. 그 결과 전자의 경우는 196편을, 후자의 경우는 62편을 검색하였다. 이 중 이 저술과 관계있는 최근의 연구 몇 편을 기술하여 어떤 연구 내용을 다루고 있는지, 어떤 연구 결과를 보이고 있는지를 검토할 것이다.

1) 대학생의 협동학습에 관한 연구

우선 대학생의 협동학습에 관한 연구는 최근 들어 권종실 · 남창우(2018), 김재은 · 윤필규(2018), 홍지인 · 배성훈(2018), 이명관(2017), 이미아(2017), 이지은(2016), 안도희 · 김유리(2015), 박용한(2010) 등에 의해 연구되었다. 우선 권종실 · 남창우(2018)는 온라인 협동학습 환경에서 스캐폴딩 전략이 교수실재감에 미치는 영향을 알아보고자 했다. 실험은 부산 소재 4년제 대학교 교직을 이수하는 3~4학년 학생 36명을 대상으로 약 3주에 걸쳐 이루어졌으며, 실험 집단은 두 개의 분반으로 구분했다. 첫 번째 분반은 과제해결 전략 제시, 예시지도안 제시 등의 전략적 스캐폴딩을 제공받았고, 두 번째 분반은 학습과정 안내, 성찰일지 제공 등의 메타인지적 스캐폴딩을 제시되었다. 스캐폴딩 전략별 차이점을 분석한 결과 첫 번째 요인은 '인지적 학습과정'에서는 스캐폴딩 전략별 유의미한 차이를 보였으며, 두 번째 요인은 '자기주도적 학습지원'에서는 스캐폴딩 전략별 유의미한 차이를 보이지 않았다는 점이다. 이러한 결과는 온라인 협동학습 환경에서 스캐폴딩 전략별 교수실재감에 미치는 영향에는 차이가 있음을 알 수 있었다.

김재은 · 윤필규(2018)는 협동학습 구조의 교양체육 요가수업에 참여하는 대학생들의 수업참여 경험과 의미를 분석하고자 했다. 이들은 연구참여자 11명을 선정하여 사례연구방법을 적용하여 분석하였다. 연구참여자들은 협동학습 구조의 요가수업을 통해 요가동작을 다양하게 표현하는 신체 변화를 경험하였다. 부족한 신체능력과 유연성으로 자신을 낮게 평가하였지만 팀원들의 지지로 신체의 한계를 극복하였다. 연구참여자들은 과제를 수행하며 타인을 이해 · 배려 · 양보 · 헌신하는 것을 볼 수 있었다. 이 과정에서 긍정적 상호작용이 발생하였고 서로에게 의지하고 협동하는 상호의존적인 태도도 나타났다. 수업 초기 의견대립과 갈등이 발생되었지만 타인의 마음을 이해하는 역지사지(易地思之)를 통해 공감하고 정서와 감정을 교류하였다. 또한, 신체의 어려움과 한계를 극복하며 인내심이 증가하였고, 또한 이들이 신체활동을 함에 있어 자신감과 적극적인 태도를 보였다. 과제를 수행하며 발생된 팀원 간 갈등을 슬기롭게 해결한 경험은 올바른 대인관계 양식을 경험하고 학습하여 사회구성원으로 성장하고 나아가는 데 도움이 되었다.

홍지인 · 배성훈(2018)은 대학생의 학습공동체 참여가 학습 성과에 미치는 영향을 분석하고, 그 영향의 정도가 학생의 사회경제적 배경에 따라 차이가 있는지를 규명하였다. 한국대학교육협의회와 학부 교육선도대학 협의회가 공동으로 수행한 「2015년 학부교육 실태조사(K-NSSE)」 자료를 분석에 활용하였다. 표본은 국내의 100개 대학에 재학 중인 72,893명의 학생이다. 종속 변인은 대학생의 학습 성과이며, 학생들이 대학에 다님으로써 향상되었다고 인식한 글쓰기, 비판적 사고, 문제해결력, 통계적 분석 등 인지적 학습 성과와 협동 역량, 다양성 이해, 교양 시민, 가치관 및 윤리관 형성 등 사회 · 정서적 학습 성과로 구성되었다. 연구 변인은 학습공동체 참여, 조절 변인은 대학생의 사회경제적 배경이다. 학습공동체 참여 효과를 엄밀히 추정하기 위해 경향점수매칭을 활용하였으며, 분석에는 다층모형분석을 적용하였다. 연구 결과로서 첫째, 학습공동체 참여는 학생의 개인 특성과 학습참여행동, 대학 특성 등의 영향을 통제한 후에도 대학생의 인지적, 사회 · 정서적 성과에 영향을 미쳤다. 둘째, 학습공동체 참여가 비판적 사고력 향상 및 가치관 및 윤리관 확립에 미치는 효과는 고소득층 배경을 지닌 학생에게 크게 나타났다. 이를 제외하면 나머지 학습 성과에 대해서는 대학생의 사회경제적 배경에 따른 학습공동체 참여의 조건적 효과는 대체로 유의하지 않았다. 즉 협동을 기반으로 하는 학습공동체 참여는 취약계층 학생들에게도 학습 성과 향상에 있어 효과적이었다는 점이다. 그러나 저소득층 대학생들이 학습공동체 참여가 저조하고 학습 성과도 대체로 낮다는 결과를 함께 고려하면, 현재로서의 학습공동체는 사회계층에 따른 학습 성과의 격차를 보완하는 역할에 있어 한계가 있는 것으로 해석되었다.

이명관(2017)의 연구는 대학 영어수업에서의 협동학습이 학생들의 학습동기에 어떠한 영향을 미치는지를 알아보는 데 목적을 두었다. 이 연구는 총 58명의 대학생을 대상으로 15주 동안 실험연구로 진행되었다. 협동학습을 통해 영어수업을 받은 실험반 학생은 31명이었고, 전통적인 방식으로 영어수업을 받은 통제반 학생은 27명이었다. 또한, EFL환경과 협동학습 특성에 부합한 학습동기 도구로 자기결정성 이론에 입각한 도구를 사용하여, 학습자의 동기를 조사하였다. 연구결과는 협동학습을 통해 수업을 받은 실험반 학생들이 통제반 학생들보다 영어 학습동기가 더 증진되었다. 그리고 실험반의 학습동기 추이를 알아보기 위해 사전과 사후 영어 학습동기를 검사한 결과, 유의한 차이를 보이며 학습동기가 향상되었다. 그리고 학습동기의 하부 요인별로 분석한 결과, 6가지 동기요인 중 사후검사에서 확인된 동기, 외재적 동기, 내재적 동기가 유의한 차이를 보일 정도로 향상되었다. 이러한 결과는 학생들의 인터뷰 결과가 뒷받침해 준다. 따라서 본 연구는 대학 영어수업에서의 협동학습 사용이 학생들의 학습동기를 증진시키는 데 긍정적인 영향을 미친다는 것을 보여준다.

이미아(2017)는 대학의 전공과목에서 이루어지고 있는 협동학습과 관련하여 협동학습의 기본요소가 어느 정도 반영되어 운영되고 있는지를 알아보고자 했다. 이와 더불어 학습자의 성별, 학년, 학습양식에 따라 협동학습 수업만족도는 어떠한지 탐색하고자 했다. 이를 위하여 2014년 2학기 광주 N대학에 재학 중인 대학생 227명을 대상으로 팀학습 경험을 토대로 협동학습 수업에서의 기본요소 반영 정도, 협동학습 수업만족도, 학습양식에 대한 설문조사를 실시하였다. 연구 결과로는 대학의 전공수업에서 협동학습의 기본요소가 어느 정도 반영되어 이루어지고 있다고 인식하고 있었다. 또한, 학생들의 성별, 학년, 학습양식 가운데 수업과정에 대한 반응유형에 따라 협동학습 수업만족도는 차이를 보이는 것으로 나타났다. 특히 학습양식 가운데 참여형이 회피형에 비해 협동학습의 수업만족도가 높은 것으로 나타났다.

이지은(2016)은 대학 수업의 협동학습에서 학습자들의 집단자존감, 협동학습태도와 팀 과제성취 간의 관계를 분석하였다. 기존 연구에서 사용된 집단자존감 검사는 주로 개인이 속한 다수의 집단에 대한 통합적이고 일반적인 자존감을 측정하였으나 복수의 집단에 대한 개인의 인식이 일관될 수 없고, 특정 협동학습 환경의 설계와 운영을 위해서는 그 맥락에서의 집단자존감에 대한 이해가 필요하다는 문제의식을 갖게 되었다. 2014학년도 2학기에 개설되어 한 학기 동안 협동학습으로 진행된 대학 수업에 참여한 학생들을 대상으로 일반적 및 수업 내 집단자존감, 협동학습태도, 팀 과제성취도를 측정하고 이들 간의 관계를 분석하였다. 연구 결과로서 연구 대상의 일반적 집단자존감과 수업 내 집단자존감 간에 통계적으로 유의미한 차이가 있었다. 그리고 수업 내 집단자존감이 일반적 집단자존감에 비하여 협동학습태도와 매우 높은 관련성을 나타냈다. 그러나 협동학습태도는 팀 과제 성취와 유의미한 상관을 나타내지 않았다. 집단자존감의 하위 요소 중 오로지 수업 내 집단자존감의 멤버십 요인만 이들의 팀 과제 성취와 유의한 상관을 보였다. 이를 통해 볼 때 대학생의 경우 집단자존감이나 협동학습태도와 같은 개인의 정의적 요인이 팀 과제 성취와 큰 관련성이 없는 것으로 나타났다.

안도희 · 김유리(2015)는 대학생들을 대상으로 협동학습, 자기주도학습 및 삶의 만족감 간의 상호 관련성을 살펴보고, 협동학습과 삶의 만족감 간의 관계에서 자기주도학습이 매개효과를 지니고 있는지 그리고 입학전형 유형(입학사정관전형, 일반전형)에 따른 두 집단을 분리하여 이 세 변인들 간의 관계를 개별적으로 분석하였다. 연구 결과로서 협동학습, 자기주도학습 및 삶의 만족감은 상호 정적 상관을 보였으며, 협동학습과 삶의 만족감 간의 관계에서 자기주도학습이 매개효과를 보이는 것으로 나타났다. 또한 입학전형 유형에 따른 두 집단을 개별적으로 분석한 결과, 두 집단 모두 자기주도학습이 협동학습과 삶의 만족감 간의 관계를 매개하는 것으로 나타났다. 그러나 협동학습이 삶의 만족감에 직접적으로 미치는 영향은 일반전형 집단에서만 통계적으로 유의하게 나타났다. 협동학습과 자기주도학습이 대학생의 삶의 만족감을 증진시키는 데 기여하는 것으로 나타난 연구 결과는 대학생들의 삶의 만족감을 증진시키는 방안을 구축하는 데 교육적 시사점을 제공해 줄 수 있을 것으로 기대된다.

박용한(2010)은 국내 대학생들을 대상으로 협동학습의 효과를 학습자의 성취목표지향성, 학습동기, 학업성취도와 관련하여 개별학습과 비교해 보았다. 협동학습 모형을 적용한 수업에서는 Johnson과 그의 동료들에 의해 제안된 학습자 간의 상호의존성, 개별 책무성, 증진적 상호작용, 대인관계 기술, 집단단위 학습과정 등의 요소가 강조되었다. 두 집단에게 각각 한 학기 동안 협동학습과 개별학습의 모형을 적용하여 수업을 실시한 결과 다음과 같은 내용을 발견하였다. 첫째, 협동학습은 개별학습에 비하여 대학생들의 긍정적인 성취목표 지향성을 유지시켜 주었다. 특히, 숙달-접근, 수행-접근, 숙달-회피 등 세 가지 하위 목표지향성에서 두 집단 간에 차이가 나타났다. 둘째, 개별학습에 비하여 협동학습 수업은 대학생들의 학습동기에 효과적이었다. 여러 가지 학습동기 하위요인 중에서 내적동기, 외적동기, 과제가치, 자기효능감 등에서 집단 간 차이를 발견하였다. 셋째, 학업성취도에서는 두 수업 집단 간에 유의미한 차이가 없는 것으로 나타났다. 이를 통해 우리나라 대학생들을 대상으로 한 수업에서 협동학습은 개별학습에 비하여 학습자의 정의적 측면에서는 유의미한 효과가 있는 것을 확인할 수 있었다. 하지만 학업성취도에 의해 측정된 인지적 영역에서는 차이가 나타나지 않았다.

위에서 살펴 본 바와 같이 대학생들의 협동학습에 관한 연구는 유아교육 및 초 · 중등교육의 영역에서 수행된 협동학습에 관한 연구보다 현격하게 적은 것으로 조사되었다. 그 이유는 대학교의 경우 특정한 교육과정이 있다고 해도 선택적으로 운영되며, 학문 분과 단위의 전문성 교육을 수행하기 때문이다. 따라서 향후 고등교육 기관인 대학교 학생들을 위해 협동학습에 관한 실증적 연구들이 요구된다고 본다. 점차 개방되고 다양해진 다문화 사회에서 학부 졸업생으로서 시민이 지녀야 할 덕목 중 민주시민성은 필수불가결한 덕목이기 때문이다.

2) 다문화교육과 협동학습에 관한 연구

이 영역의 연구는 김용주 · 홍아정(2018), 오유라 · 김효정(2017), 정은이(2016), 김창아 · 김영순 · 홍정훈(2014), 이수진(2011), 이바름 · 정문성(2011), 최충옥 · 정은진(2010) 등이 있다.

김용주 · 홍아정(2018)은 대학생들의 성찰학습이 다양성 수용정도에 미치는 영향관계와 두 변인 간 관계에서 협동학습 역량이 매개효과를 갖는지 살펴보았다. 연구 검증을 위하여 대한민국 4년제 대학생들을 대상으로 설문지를 배포하였고, 회수된 총 307부를 분석에 사용하였다. 연구결과는 첫째, 대학생들의 성찰학습이 다양성 수용정도에 미치는 영향관계에서 성찰학습 중 성찰변인은 다양성 수용정도에 유의한 정(+)의 영향을 보였다. 둘째, 성찰학습과 다양성 수용정도의 매개

역할을 검증한 결과 협동학습 역량은 부분적인 매개역할의 수행을 확인하였다. 그의 연구 결과를 토대로 한 시사점을 제시하면 첫째, 대학생들은 성찰학습, 다양성 수용정도, 그리고 협동학습 역량의 중요성을 인지하고 역량 강화를 위해 노력해야 한다. 둘째, 대학생의 성찰학습이 협동학습 역량을 향상시키고, 궁극적으로 다양성 수용 정도를 높인다면, 교육자는 성찰학습을 촉진할 수 있는 교수-학습 방법을 다양하게 계획하여 대학생의 역량을 강화할 수 있는 기회를 제공해야 한다. 셋째, 대학기관에서는 대학생들의 역량 강화를 위해 제도적, 환경적인 변화를 이끌어야 한다.

오유라 · 김효정(2017)은 GI협동학습모형을 적용한 다문화 미술수업이 중학교 1학년의 다문화태도에 미치는 영향을 알아보았다. 이를 위하여 협동학습과 다문화 미술교육에 대한 이론적 고찰 및 중학교 미술과 교육과정과 교과서 분석을 바탕으로 단원을 선정하고 GI협동학습모형을 적용한 다문화 미술수업을 설계하였다. 제작한 '다문화 음식 포장패키지 만들기' 수업을 S시에 소재한 M여자중학교 1학년 학생 62명을 대상으로 적용하였으며, 전체 대상 중 31명의 실험집단에게는 총 8차시의 GI협동학습모형을 적용한 다문화 미술수업을, 31명의 통제집단에는 총 8차시의 전통적인 소집단 학습을 적용한 다문화 미술수업을 실시하였다. 다문화태도를 측정하는 도구 선택은 김동한(2015)이 제작한 '다문화태도 측정 검사 설문지'를 활용하였으며, 수집된 자료는 SPSS WIN22.0 통계 프로그램을 사용하여 전산통계 처리하였다. 두 집단의 사전과 사후의 검사 차이를 분석한 결과, GI 협동학습모형을 적용한 다문화 미술수업이 중학교 1학년의 다문화태도에 긍정적인 영향을 주는 것으로 나타났다.

정은이(2016)는 한국과 미국 대학생들이 다양성 수용도와 협동학습 역량 및 진로 적응성에 있어서 어떠한 차이를 보이는지 그리고 다양성 수용도와 협동학습 역량이 진로 적응성에 어떤 영향을 미치는지 살펴보았다. 연구대상은 한국의 경우 충남 대전의 C 대학교에 재학 중인 대학생 112명을, 미국의 경우 워싱턴주 시애틀 W대학교에 재학 중인 대학생 97명을 대상으로 하였다. t검증, 상관 및 회귀분석 결과는 다음과 같다. 첫째, 한국과 미국 대학생들의 다양성 수용도, 협동학습 역량 그리고 진로 적응성의 차이를 비교해 본 결과 모두 미국 대학생이 더 높은 것으로 나타났다. 둘째, 다양성 수용도와 협동학습 역량 및 진로 적응성과의 상관을 알아본 결과 한국과 미국 대학생 모두 다양성 수용도와 협동학습 역량이 유의미한 정적 상관이 있었으며, 진로 적응성은 다양성 수용도 및 협동학습 역량과 유의미한 정적 상관이 있었다. 셋째, 한국과 미국 대학생의 진로 적응성이 다양성 수용도와 협동학습 역량에 의해 얼마나 설명되고 예언될 수 있는지를 알아본 결과 한국 대학생의 경우 협동학습 역량과 다양성 수용도가 정적 영향력이 있었고, 미국 대학생의 경우 협동학습 역량만이 정적 영향력이 있었다. 이러한 결과가 한국의 대학교육에 주는 시사점에 대해 논의하였다.

김창아 · 김영순 · 홍정훈(2014)은 인천 'ㅎ' 다문화학교에서 시행한 교육연극 활동을 협동학습의 측면에서 고찰하고 그 특징과 의미를 파악한 질적 연구를 하였다. 2013년 9월부터 11월까지 총 9회 동안 참여관찰과 1회의 그룹 면담을 통해 연구 관련 자료를 수집하여 분석하였다. 이들의 연구를 통해 나타난 인천 'ㅎ' 다문화학교의 교육연극 활용 협동학습에 참여한 학생들에게서 추출한 의미는 바로 '무대를 향해 함께 맞추어 가기'로 나타났다. 연구참여자들인 초등생들은 연극공연을 위해 협동적 관계를 유지한 것으로 관찰되었다. 협동학습의 범위는 초기에 학생 간의 협동에서 학생과 교사, 교사와 교사 간의 협동으로 확대되어 나타났다. 연구결과를 정리하면, 인천 'ㅎ' 다문화학교 교육연극 활동의 협동학습 요소의 특징과 시사점은 다음과 같이 나타났다. 첫째, 협동학습의 필수요소 중 긍정적 상호의존성, 상호대면 활동, 개별과제는 협동학습의 구성요소에 해당한다. 특히 긍정적 상호의존성을 위해서는 학습자의 자발성과 경험에 의한 흥미성을 보장해야 한다는 점을 강조했다. 둘째, 사회적 기술은 긍정적 상호의존성이 원활하게 발달하기 위한 조정적 요소로 규정되었다. 그 이유는 인천 'ㅎ' 다문화학교에서 사회적 기술은 의사소통에 있어서 중요한 역할을 했기 때문이었다. 셋째, 모둠화 과정은 자발성 여부에 의한 최초의 모둠 구성과 반성적 과정을 통한 공동체 의식 형성에 기여한 것으로 나타났다.

이수진(2011)은 결혼이주여성과 그 자녀를 분리하여 바라보는 시각이 아닌 서로 영향을 주고받는 양방향적인 관계로 인식하고자 하는 관점에서 한국어교육 방안을 제시하고자 했다. 결혼이주여성과 그 자녀와의 상호작용을 높이고 의사소통의 활성화와 한국어능력 함양을 위해 협동학습을 도입한 것이다. 이를 위해 어머니와 자녀의 상호작용에 따른 유아의 발달과 관련된 연구들을 살펴보고 결혼이주여성과 그 자녀의 관계에서도 상호작용의 중요성과 필요성을 주장하였다. 그리고 한국어교육에서도 상호작용을 높일 수 있는 방법으로 협동학습 이론을 제시하여 그 이론을 살펴보고 협동학습이 결혼이주여성과 그 자녀의 한국어교육에서 필요함을 밝혔다. 이어서 연구설계에 있어서 국적, 연령과 관계없이 한국인 남성과 결혼한 외국 여성으로 서울과 인천 지역을 중심으로 비영리 목적의 한국어 강좌를 수강하고 있는 결혼이주여성 66명을 대상으로 자료를 수집하고 분석하였다. 분석 결과를 바탕으로 결혼이주여성과 그 자녀의 협동학습을 통한 한국어 교육 방안을 제시하였다. 협동학습의 교육원리와 수업 모형을 바탕으로 결혼이주여성을 위한 한국어교육 현장에서 적용할 수 있는 수업 지도안을 제시하였다.

이바름 · 정문성(2011)은 협동학습 구조가 개별적인 경쟁학습 구조에 비해 다문화 태도에 긍정적인 영향을 미치는지를 확인하였다. 협동학습은 수업의 민주화, 학습공동체로서 동료의 학습에 대한 사회적 책임, 학습자료원으로서 학생들의 활용, 구성원 재능의 발굴 기회 극대화, 이질적 구성의 장점 등을 특징으로 한다. 이러한 특징을 가진 협동학습의 경험이 학생들의 다문화 태도를 변화시킬 것으로 기대하였다. 이를 위해 인천 지역 임의의 초등학교 5학년 60명을 실험집단, 55명을 비교집단으로 구성하여 실험설계를 하였다. 총 4주간 10회의 수업을 실시하였으며 실험집단은 협동학습으로 비교집단은 개별적인 경쟁학습을 실시하였다. 분석 결과로서 다문화 태도에 관한 총점수의 차이는 실험집단이 비교집단보다 높게 나타났으나 통계적으로 유의미한 차이는 나타나지 않았다. 그러나 하위영역 인지태도, 정의태도, 행동태도 중에서 행동태도에서는 유의미한 차이가 나타났다. 수업내용의 경우 다문화와는 전혀 관계없는 내용이었다. 협동학습은 학생들이 대부분의 시간을 활발한 상호작용을 통해 학습을 하게 된다. 그러므로 이러한 행동을 통한 체험이 행동적 영역의 태도 변화를 가져온 것으로 추측된다고 주장하였다.

최충옥 · 정은진(2010)은 협동학습을 활용한 중등 수학과 다문화교육 프로그램을 개발하고 적용하였다. 이를 기반으로 학생들의 문화적 다양성과 다문화가정에 대한 인식변화 조사를 통한 프로그램 효과검정을 하였다. 이들이 개발한 프로그램은 4차시 분량의 협동학습을 활용한 남 · 북한 수학용어 차이와 다문화가정 관련 통계학습 활동으로 이루어졌다. 프로그램 효과검정을 위해 실험집단 대상으로 프로그램을 적용한 뒤 설문지를 이용한 집단 간 사전검사와 사후검사를 각각 실시하였다. 그 결과 실험집단의 문화적 다양성과 다문화가정에 대한 인식이 긍정적으로 변하였고 통계적으로도 유의미한 결과를 보였다. 본 연구결과와 프로그램 실시 경험에 의해 도출된 결론은 다음과 같다. 첫째, 수학과의 다문화교육 활성화 방안은 민족지학적 수학과 구성주의적 교육과정에 대한 연구 · 자료개발 · 적용에 있다. 둘째, 협동학습 방법을 활용한 다문화교육이 학생들의 참여와 학습효과 측면에서 효과적이다. 셋째, 다문화교육은 학생중심의 참여수업과 ICT 등의 다양한 교육자료 활용수업이 효과적이다. 넷째, 일반학생의 다문화가정에 대한 인식이 문화적 다양성에 대한 인식보다 부정적으로 나타났기에 이에 대한 교사의 교육적 노력이 필요하다. 다섯째, 다문화교육 실현의 중요 변수는 교사의 다문화적 역량과 실천의지이므로 교사 대상의 다문화 전문가 양성교육이 확대되어 실시되어야 한다. 여섯째, 각 교과별 다문화교육의 활성화를 위해서는 관리자의 다문화교육 필요성 인식과 다문화적 환경조성 노력이 우선되어야 한다.

앞에서 우리는 대학생의 협동학습에 관한 연구 경향을 비롯하여 다문화교육과 협동학습을 다룬 논문들의 최근 경향과 주요 내용을 살펴보았다. 대학생에 관한 협동학습에 관한 연구는 전체 협동학습에 관한 연구에 비해 아주 낮은 비율을 나타내고 있다. 그러나 협동학습의 효과는 학습목표를 달성하고 학업성취에 기여할 뿐만 아니라 자기 만족감, 개인적 책무감, 긍정적인 상호의존성이 높아진 것으로 나타난다. 또한 다문화교육과 협동학습에 관한 논문들은 다문화교육을 위해 협동학습 기법이 유용하고 효과적임을 보여주고 있다. 이 저술 역시 다문화 사회에서 시민으로 살아갈 현재 청년 대학생들에게 다문화감수성은 물론 긍정적인 상호의존성을 함양하기 위해 협동학습 설계 교양 및 전공수업을 수행하였다. 이 수업에 참여한 대학생들이 바로 이 저술을 위한 연구참여자들이다.

4. 마무리

우리 사회가 문화적으로 다양한 다문화 사회에 접어들었다는 데 대해 부정할 사람은 아무도 없다. 우리와 다른 문화적 배경을 지닌 다양한 이주 집단이 증가하고 있다. 이를테면, 결혼이주여성, 이주노동자, 외국인 유학생, 난민 그리고 북한이탈주민 등으로 구성된 집단들이다. 이 이외에도 재외동포의 귀환, 해외 이주자들의 역이민 현상 등도 다문화 현상의 테두리에 있다. 이를 비롯하여 우리 사회 내의 소수자들로 간주되는 육체 및 정신적 장애를 지닌 사람, LGBT, 양심적 병역 거부자들 등 넓게 보아 소위 '다문화 인구'라고 일컫는 구성원들이 있다. 이들은 말 그대로 소수자이어서 우리 사회의 배려를 받아야 마땅하다.

필자가 여기서 '배려'라는 감성적 용어를 쓴 것은 다름 아닌 그들을 대하는 우리가 윤리적 주체가 되어야 하기 때문이다. 우리는 늘 그들이 우리 사회를 이해하고 적응해서 건전한 이웃으로 살기를 희망한다. 그런데 우리가 그들의 문화를 이해하고 처지를 공감하지 않는 한 오해와 갈등은 상존할 수밖에 없다. 필자는 이 책에서 문화적 배경이 다른 그들을 이해하기 위한 방법으로 협동학습을 수행할 것을 제안한다. 이를 위해 우선 다문화라는 개념을 확인하기 위해 문화의 개념 찾기에서 출발하였다.

문화는 한 사회 구성원이 지닌 공유된 행동, 관념, 상징 등의 일상생활의 총체이다. 한 사회 내에서 이런 문화의 테두리가 두 개 이상, 즉 다른 문화와 구별 짓는 경계가 둘 이상 있을 경우 우리는 다문화라고 볼 수 있다. 다문화는 한 사회 내에서 문화적 다양성을 포괄한다. 그래서 다문화 사회가 될수록 학습자들은 다양성을 학습해야 하고 자기와 다른 문화적 배경을 지닌 개인을 타자화하지 말고 존중해야 한다. 그런데 우리 현실은 어떠한가. 최근 어떤 지자체 단체장의 '혼혈' 발언에서 보듯이 우리는 그들을 이해하는 방식이 아직도 편견이나 고정관념하에 놓여 있음을 부인할 수 없다.

협동학습은 바로 교육 현장에서 공동의 목표를 위해 학습자들 간 협력을 우선시한다. 그 때문에 학습에 참여하는 구성원은 긍정적인 상호의존성을 경험할 수밖에 없다. 앞서 논의한 바와 같이 협동은 최상의 성과, 가장 적극적인 관계, 최고의 심신 상태를 만드는 데에 도움이 된다. 협동의 힘을 활용하기 위해서는 협동이 어떻게 작동하고 어떤 원칙에 의해서 적용되는지 반드시 알아야 한다.

교수자들과 학습자 모두 협동학습을 수행하기 위해서는 협동학습의 개념과 특성을 이해하는 게 중요하다. 따라서 협동학습에 관한 기본적인 내용들을 검토하고, 일곱 가지의 협동학습 모형을 기술하였다. 이 모형들의 공통점은 개별적 책무성이었는데, 이는 팀에 참여하는 개인들이 자신의 책임을 다해야 팀 목표가 완수되기 때문이었다. 다양한 구성원들 간 팀 목표 수행을 위한 협동활동을 반드시 진행해야 하며 이 활동을 통해서 상호 문화 이해가 자연스레 일어날 수 있음을 시사한다.

또한 협동학습은 교과 및 비교과 등의 학업성취에 기여하는 인지적 효과뿐만 아니라 교과에 대한 긍정적인 태도, 정신 건강 측면 등의 정의적 효과도 갖는 것으로 결론지었다. 다시 말해 협동학습은 학업성취는 물론 개인적인 심신 건강 측면에 긍정적인 영향을 준다고 볼 수 있다.

아울러 이번 장에서는 최근 국내에서 수행한 협동학습에 관한 연구 경향 중 본 저술과 관련한 대학생의 협동학습에 관한 연구, 다문화교육과 협동학습을 다룬 최근의 연구 경향과 내용을 살펴보았다. 이 두 가지 유형의 연구들은 협동학습의 수행이 학습목표를 달성하고 학업성취에 기여할 뿐만 아니라 자기만족감, 개인적 책무감, 긍정적인 상호의존성을 높이는 데 기여하는 것을 알 수 있었다. 또한 다문화교육에 협동학습 기법이 유용하고 효과적임을 보여주고 있다.

이번 장의 논의를 통해 얻을 수 있는 시사점은 바로 다문화 사회에서 가장 유익하고 중요한 교수학습법이 협동학습이라는 것이다. 이 협동학습은 다문화 사회에서 다양성을 존중하고 다양한 개인들과 조화롭게 살아갈 수 있는 다문화시민의 역량을 만들어 준다. 다문화 사회 구성원들의 지속 가능한 인간관계와 긍정적인 상호신뢰감 형성을 위한 교육이 당연히 협동학습으로 시작된다는 점을 강조하고 싶다.

2장 협동학습의 조직과 운영

1. 협동학습 활용의 의미

대학생이라면 누구나 한번쯤 해봤을 팀플은 협동학습의 대학생 버전이라고 볼 수 있다. 이 팀플은 대학에서 겪는 사회생활 중 하나로 사회에 나가기 전 협업의 초석을 다지기 위한 단계로 인식된다. 팀플은 전공 수업이 아닌 교양과목의 경우 처음 만나는 사람들과 만나 함께 어우러져 하나의 프로젝트를 완수해야만 한다. 이 과정을 통해 팀원들끼리 서로 다른 의견을 맞춰가고 이해하는 등 전반적으로 협업과 대인 교제 등 사회적 기술들을 익히게 된다. 하지만 팀에 자신과 맞지 않는 사람이 있을 경우 적지 않은 스트레스를 받게 되는 만큼 팀플에서 가장 중요한 요소는 바로 '팀원'들의 어울림이며 이 어울림은 구성원들 간 협동의 결정적인 요소가 된다.

수년 전에는 팀플에서 같은 한국학생 팀원과의 마찰이 심했다면 요즘은 글로벌 시대인 만큼 외국에서 온 교환학생 팀원과의 마찰이나 갈등도 빈번하게 일어난다. 일단 외국에서 온 교환학생들은 한국에 대한 문화지식도 부족할뿐더러 한국어도 유창하지 못하다. 물론 외국학생에게 팀플 활동에 있어서 '정상적인' 기대조차 하지 않는 것이 마음 편하다고 느끼는 한국 학생도 있다. 그렇지만 만약 같은 팀에 외국 학생이 배정될 경우 그 팀은 다른 팀들에 비해 상호 간 부담을 갖게 된다. 일단 팀 구성원들 간 원활한 소통이 되지 못한다는 점이 가장 큰 문제이고, 한국학생과 외국학생 사이에 보이지 않는 벽이 있는 것도 문제 중 하나이다.

그뿐만 아니라 외국학생 스스로 자신의 상황을 너무나도 잘 알아서 자신이 행해야 하는 미션을 한국 학생들에게 떠넘기는 최악의 상황도 발생할 경우도 있다. 한국 학생들은 이러한 외국인 학생을 소위 폭탄으로 표현하기도 한다. 대다수의 외국인 학생들이 이렇다는 것은 아니지만, 몇몇 학생들의 경우에는 아예 팀플 활동 시에 모든 것을 한국학생들에게 맡기거나 의지한다. 그 이유는 그들이 한국말, 한국문화를 잘 모르는 외국학생이니까 한국 학생들이 봐주거나 교수자가 그것을 이해하길 원하기 때문이다. 그들이 가만히 있으면 다른 한국학생들이 알아서 해주고, 교수자는 자신의 미숙함을 전제하고 대해주기 때문이다. 이러한 다문화 환경에서 진정한 협동학습이 수행될 수 있을까라는 질문의 답은 회의적 일 수밖에 없다.

우리에게 주어진 과제는 정말로 협동학습이 다문화 사회를 위한 시민 교육의 도구가 될 수 있는가이다. 이 물음에 대해 당연히 협동학습의 특성상 다문화교육의 중요한 교수학습 방법으로 활용되고 있다고 답할 수 있다. 이 답은 이미 이바름 · 정문성(2011)의 연구에서 발견할 수 있다. 그들은 협동학습의 특징으로 구체적인 수업 목표, 긍정적 상호 의존성, 대면적 상호작용, 개별적 책무성, 집단목표, 이질적인 소집단 구성, 집단과정 중시, 충분한 학습시간 제공, 성공기회의 균등, 소집단의 단합 강조, 과제의 세분화, 동시다발적인 상호작용을 들었다. 이와 같은 협동학습의 특징을 고려하면 다문화교육에서 협동학습을 활용할 수 있는 가능성을 이미 열어 두고 있음을 알 수 있다. 그렇다면 협동학습이 어떻게 다문화교육과 연결되는지에 대해 다음과 같은 점에서 의미를 갖는다고 정리할 수 있다.

첫째, 학습자들에게 교실의 민주주의를 경험할 수 있는 계기를 갖게 한다. 협동학습은 수업을 통해 민주화를 실천하는 방식이다. 민주주의의 가장 핵심적인 이념은 인간존중과 자유·평등이기 때문에 협동학습은 학습자들에게 긍정적 상호의존성을 갖게 한다. 상호 존중을 통해 학습자들이 자유와 평등을 실천하도록 한다. 교사가 대학습 과제는 제시하지만 그 주제 안에서 학생들은 토의와 토론을 통해서 자유롭게 하위 과제를 도출해 내고, 그 과제를 분담하여 스스로 학습을 수행한다. 협동학습에서 소집단이 성공하기 위해서는 모든 구성원들에게 성취기회가 균등하게 주어져야 한다. 능력이 있는 학생이나 능력이 부족한 학생이나 모두 자신의 집단에 동동한 기여를 할 수 있다. 그렇기 때문에 어느 누구도 소외되지 않고 동일하게 학습 활동에 참여할 수 있는 동기가 부여된다. 다문화학생들은 주로 언어적인 측면에서 상대적으로 일반 학생에 비해 불리한 위치에 있고, 이것이 학업성취의 저하를 가져와 이러한 악순환의 결과로 학습 결손이 누적된다. 그러나 협동학습에서는 구조적으로 학업 능력이 떨어진 학생이 불이익을 받지 않도록 되어 있다(이바름 · 정문성, 2011).

둘째, 학습공동체로서 학습자 주체가 동료의 학습에 대한 사회적 책임을 갖게 한다. 학습공동체란 자신의 학업성취만 달성하면 끝나는 것이 아니라 동료들의 학업성취도 나의 책임으로 생각하는 공동체를 의미한다. 개인만 성공하는 것이 아니라 학습에 참여한 공동체 모두가 성공해야 하는 구조가 협동학습의 중요한 특징이다. 협동학습은 협동의 과정도 중요하게 생각하지만 그 결과를 더 중시한다. 앞서 언급한 바와 같이 협동학습이 나타난 배경은 정의적 목표를 이루기 위한 것이 아니라 인지적 성취를 높이기 위해서이다. 협동학습이 이루어졌는데도 경쟁학습이나 개별학습보다 학업성취가 높지 않다면 이는 협동학습이 제대로 이루어지지 않았다고 보아야 한다. 다문화학생이 소집단 구성원이고, 제대로 과제를 완수하지 못한다고 해서 그 학생이 소외되는 현상이 협동학습에서는 발생하지 않는다. 협동학습 목표 구조에서는 학업성취 능력에 관계없이 누구도 소집단에 피해가 되는 학생이 발생하지 않도록 되어 있다. 협동학습은 학습자가 누구든지 현재 가지고 있는 능력에서 출발하도록 배려함으로써 소집단 구성원은 자신의 능력 범위 안에서 마음껏 활동에 임할 수 있다. 마찬가지로 자신이 모둠 내에서 가장 뛰어난 능력을 가졌다고 해서 항상 모둠의 성취에 결정적으로 기여할 수 있는 것도 아니다. 다문화학생이 소집단 구성원에 포함되어 있다는 것이 소집단 성취에 어떤 불이익이나 반사이익을 받지 않는 것이 협동학습 목표 구조이다(이바름 · 정문성, 2011).

셋째, 학습자들을 학습 자료원으로 활용할 수 있다. 학습자들이 학습과제를 수행하는 과정에서 자유로운 발상과 평등한 참여 기회를 보장함으로써 학생들로 하여금 자신이 가진 학습자료를 마음껏 활용하도록 한다. 다문화 배경을 지닌 학습자들이 가지고 있는 다양한 문화와 경험들은 협동학습에서 훌륭한 학습 자료원으로서 유용하게 활용될 수 있다. 다문화 배경 학습자들은 비(非)다문화 학습자들과는 전혀 다른 시각과 경험을 모둠에 제공하여 아이디어를 풍부하게 해줄 수 있다. 그러한 경험들이 소속감과 존재 의미를 강하게 느끼게 해주며,

동료들로부터 인정받는 기회를 더욱 많이 제공해 줄 것이다(이바름 · 정문성, 2011). 이 때문에 Kagan(1985)은 다문화 교실에서 협동학습이 다문화학생들의 자아존중감(self-esteem)을 더욱 향상시켜 준다고 하였다.

넷째, 모둠 구성원의 재능 발굴이다. 협동학습은 소집단을 구성하여 운영하기 때문에 개인이 자신의 재능을 발휘할 기회가 많다. 예를 들어 교사 주도의 수업에서는 "우리 반에서 노래 잘하는 친구가 누구지?"라고 선생님이 묻는다면 "김철수요" 하고 한두 명이 언급될 것이다. 그러나 소집단의 경우는 다르다. 만약 8개의 소집단으로 구성되었다면 적어도 8명의 아이가 노래를 잘하는 아이로 지목될 수 있다. 협동학습은 동시다발적으로 수행되는 수업 형태이므로 아이들의 재능이 다소 부족하다 하더라도 소집단에서 상대적 우위 때문에 자신의 능력을 발휘하고 개발될 가능성이 높다. 다문화학생도 이런 경우에 마찬가지일 것이다. 다문화학생들이 가지고 있지만 드러내거나 시도하지 못한 재능들이 협동학습을 통해서 발굴될 수 있다는 점이다. 이는 사실 일반 학생들도 마찬가지이지만 사회 · 심리적으로 또는 언어적으로 불리한 상황에 처해 있는 다문화학생들에게 협동학습은 경쟁학습이나 개별학습에 비해 자신의 재능을 발휘할 기회가 더욱 많이 주어져 있다고 볼 수 있다(이바름 · 정문성, 2011)

다섯째, 이질적 구성의 장점을 다양성으로 극대화한다. 협동학습에서 소집단 구성의 가장 중요한 특징은 이질적 구성을 강조한다는 점이다. 여기에서 이질적이라는 것은 학습능력, 남녀, 경제적 배경, 성격, 인종 등 모둠 구성원이 지닌 특성이 다양하다는 것이다. 구성원의 특징이 이질적일수록 상호작용은 더욱 활발하게 발생하며 인지적 자극과 정의적 자극이 많이 일어난다. 반대로 비슷한 능력과 유사한 성향의 학생들이 소집단을 구성하면 처음에는 상호작용이 활발하게 일어나는 것처럼 보일 수 있다. 그러나 곧 활동이 감소하게 되는데, 이는 더 이상 소집단 내에서 새로운 자극을 받지 못하기 때문이다. 예를 들어 동일한 집단의 사람들이 같은 소집단이 되었다고 생각해 보자. 서로가 서로를 잘 알고 있고, 무슨 생각을 하는지, 무슨 행동을 할 것인지 거의 예측이 가능할 것이다. 그러나 다양한 문화권을 배경으로 한 일단의 사람들이 같은 소집단이 되었다고 생각해 보자. 처음에는 상호작용 하는 것조차 어려울지 모르나 서로 다른 생각과 경험 때문에 새로운 사고와 발상, 폭넓은 간접 경험을 배우는 기회가 늘어날 것이고 창의적인 소집단 작품이 탄생할 가능성이 많다(이바름 · 정문성, 2011). 그렇기 때문에 차이는 불편함이나 문제가 되는 것이 아니라 다양성이라는 측면을 보자면 창의적 자원이 될 수 있는 것이다. 협동학습이 바로 다양성을 창의적 자원으로 환원시킬 수 있는 가능성을 갖게 한다(이바름 · 정문성, 2011).

협동학습은 초 · 중등 교사 모두에게 듣고, 공유하고, 함께 일하는 것과 같은 긍정적인 사회적 능력을 가르치는 전략을 제공한다. 협동학습은 특히 경제적, 사회적 스트레스로 인해 학생들의 성적이 저하되는 교육적 낙후 지역에 더욱 필요한 교수학습 방법이다. 집단 상호작용을 개선하는 과정은 청소년들에게 흥미를 유발하고, 그들의 긍정적이고 협력적인 교실 환경을 만드는 데 참여하게 하며 이를 통해 서로에게서 배우는 기회가 된다(Campbell, 2012).

다문화 수업 시간에 수행되는 모둠 활동은 학생들의 관점을 변화시키고, 그들의 유효성을 확인하고, 점차적으로 대화를 갖도록 한다. 그것은 학생들이 함께 활동하도록 가르치고 있으며, 교실에 대한 편견을 줄일 수 있다(Slavin, 1995). 모둠 활동을 통해 학습을 자습과 연습 문제지 수업에서 인지적인 요구가 많은 수업으로 전환시킬 수 있다. 또한 잘 계획된 협동학습은 학생들이 자신의 학습에 대한 책임을 지도록 용기를 주어야 한다(Berman, 1999; Campbell, 2012).

Ladson-Billings(1994)는 협력적인 구조와 팀 형성은 아프리카계 미국인 학생들에게 효과적으로 적용될 수 있는 중요한 요소라고 주장한다. 그녀는 이와 같은 문제를 다음과 같이 언급한다. "문화에 기반을 둔 교육은 학생들이 협력적으로 배우도록 격려하고, 그들이 서로를 가르치며 서로에 대한 책임감을 기대한다(Campbell, 2012)." 그의 연구에서 교사들은 협력 기술을 배운 학생들의 행동에서 상당한 개선점들을 발견했다. Garcia(2011)는 멕시코계 미국인 학생을 가르치는 유능한 교사들이 높은 수준의 혼성 집단의 사회적 상호작용을 요구하는 소규모의 협동적인 학문 활동을 보장하기 위한 조직을 구성했다고 주장했다(Campbell, 2012).

숙련된 교사는 능력별 집단 형성의 영향력을 없애고, 모두를 위한 높은 기대를 확립하기 위해 협동 그룹을 사용한다. 협동 전략은 기회와 민주주의 원칙인 평등에 관하여 학생들의 인식을 약화시키는 전통적 계층화와 능력별 집단형성을 위한 교육방식과는 정반대의 선택이다. Kagan(1986)은 협동학습이 동일한 교육적 기회를 위해 필요한 단계를 제공하는 수학과 과학 등의 과목에서 학생들 사이의 성취를 동등하게 할 수 있다는 증거를 보여준다(Campbell, 2012).

협동학습은 성취 기준 이하의 성적을 보이는 학생의 학업성취도를 향상시킨다. 비록 협력 전략이 모든 학교에서 가치 있는 것으로 받아들여져도, 그들이 모두를 위한 높은 성취 수준을 보이고 학생들과 동등한 상황에서 상호작용을 증진하며, 학생문제를 해결하기 위해 함께 활동하도록 가르친다. 이런 연유로 협동학습은 다문화 환경에 놓인 학습자들에게 특히 중요하다(Johnson & Johnson, 1999; Slavin, 2001). 협동학습은 언어와 긍정적인 상호집단 관계를 가르치는 직접적인 방법이다. Kagan(1986)과 Campbell(2012)의 연구에 의하면 학생들이 협력하는 방법을 배우고 모둠 활동으로 학습을 할 경우, 민족 간의 차이와 인종의 벽을 넘어 우정과 존중을 익힐 수 있다.

2. 협동학습 운영의 실제

협동학습이 성공하느냐, 실패하느냐 하는 문제는 학생들의 사회적 기능과 모둠의 운영에 달려 있다고 해도 과언이 아니다. 학생들의 사회적 기능은 일종의 기초 학력 개념과 흡사하다. 기초 학력이 없으면 정상적인 학습이 불가능하다. 또한 협동학습은 모둠 활동을 기본으로 한다. 모둠 활동이 정상적으로 운영되지 않아도 협동학습은 불가능하다. 그러므로 협동학습의 준비는 학생들의 사회적 기능을 준비하는 것과 모둠의 구성과 운영을 정상화하는 것에서 출발해야 한다. 따라서 교수자는 모둠 구성에 신경을 써야 한다. 모둠 구성을 위해서는 수행하려는 협동학습의 성격을 이해해야 하고, 모둠 유형들의 특성을 파악해야 한다.

1) 모둠의 구성과 운영

(1) 사회적 기능의 훈련

사회적 기능이란 둘 이상의 구성원 사이의 의사소통 기능이라고 할 수 있다. 예를 들어, 동료가 말하는 것을 주의 깊게 들어주는 것 즉 경청도 중요한 사회적 기능이다. 동료의 말을 들어주지 않는다면 모둠 활동은 불가능하기 때문이다. 심지어는 제자리에 앉아 있는 것도 중요한 기능이다. 모둠이 함께 학습을 하는데 자리를 자꾸 벗어나면 역시 모둠 활동이 안 되기 때문이다. 이러한 사회적 기능은 훈련되어야 얻을 수 있는 것이다. 그러므로 교사는 우선 학생들이 사회적 기능을 갖출 수 있도록 준비시켜야 한다. 이를 위해서는 기본적인 사회적 기능이 왜 필요하며, 어떤 것이 있으며, 그것을 계속 훈련하는 역할을 연습시켜야 한다. 다음 〈표 2-1〉은 협동학습 단계별 사회적 기능의 목록이다.

〈표 2-1〉 사회적 기능의 목록

기초 단계	기본 단계	발전 단계
• 자리에 머물러 있기 • 발표자를 쳐다보기 • 모둠 과제 완성 돕기 • 자료를 공유하기 • 아이디어를 공유하기 • 차례를 지키기 • 이름을 불러주기 • 작은 목소리 사용하기 • 과제에 집중하기	• 점검하기 • 질문하기 • 타인을 인정하기 • 의사소통 기능 사용하기 - '내 생각에는' 용어 사용하기 - 적극적으로 듣기 - 재진술하기 - 칭찬하기	• 사람이 아니라 의견을 비판하기 • 사람이 아니라 행동을 묘사하기 • 관점 채택하기 • 바꾸어 말하기 • 문제 해결하기 • 합의하기 • 요약하기 • 의견을 구별하기 • 정당하게 반대하기

출처: 정문성, 2008

기초 단계의 '이름 불러주기'의 경우에도 학생들은 이름을 부르기보다는 상호 간 "야!"라고 하는 경우가 많다. '발표자를 쳐다보기'의 경우에도 발표를 하는데 딴짓을 하는 경우도 많다. 교수자는 이런 사회적이지 못한 학습자의 행태를 지적하고 이를 수정할 수 있도록 해야 한다. 다시 말해 학습자들의 사회적 기능을 단계에 따라 구체적으로 훈련시킬 필요가 있다. 예를 들어, 모둠의 이끔이를 모두 일어나게 한 다음, 우리 반 급훈을 두 번 말하게 하고, 다른 모둠원은 이끔이의 입을 쳐다보게 한다. 학생들은 매우 재미있게 이 활동을 한다. 이 경우 이끔이는 부끄러워하기도 한다. 또 다른 모둠원을 일어나게 한 다음 이런 방식으로 구체적 기능을 의식하면서 훈련시킬 필요가 있다. 기초적인 기능 훈련만 해도 협동학습을 성공적으로 실시할 수 있다. 기회가 될 때마다 교수자는 기본 단계, 발전 단계의 기능을 조금씩 훈련시키면 된다.

(2) 모둠의 적절한 구성

모둠은 보통 2~6명 정도로 구성한다. 모둠의 규모에 따라 다른 특성이 나타나는데, 대개는 다음 〈표 2-2〉와 같은 특성을 보인다.

대부분 협동학습을 수행하기 전에 모둠 구성의 주체는 교사일 수 있다. 물론 모둠 구성의 주체는 학습자가가 될 수 있고, 무선할당으로 조직될 수도 있다. 그러나 협동학습에서 모둠은 이질적으로 구성하는 것이 학습 효과가 크기에 가능하면 교수자가 구성하는 것이 바람직하다. 학습자가 본인이 원하는 대로 모둠을 구성하는 것은 협동학습에서 요구하는 활발한 상호작용과 다양성을 학습하는 데 바람직하지 않다. 예를 들어, 모둠 구성을 학습자들에게 일임하면 자신들과 생각이

〈표 2-2〉 모둠의 규모에 따른 특성

규모	특성
2명	상호작용 기회는 극대화되지만 짝을 잘못 만났을 때 모둠 활동이 불가능하거나 원활하지 않을 수 있다. 2명으로 모둠 활동을 할 때는 5분 이상을 넘기지 않도록 한다. 그래야 짝이 마음에 안 들더라도 참을 수 있다.
3명	두 사람이 친해지고 한 사람이 소외되는 경우가 많아서 권장되지 않는 규모이다. 협동학습 모형이 3명을 요구하는 경우에만 사용한다.
4명	실내에서 활동하기 가장 좋은 규모이나 의사결정을 할 때에는 짝수여서 단점이 있다.
5명	가장 이상적인 모둠이다. 충분히 다양한 의사결정을 하기도 좋다. 그러나 교실 내에서 책상 배치가 불편하다.
6명	다소 많지만 협동학습이 가능하다.

출처: 장인실 외, 2012

나 의견이 비슷한 친구들이 한 모둠을 구성하게 된다. 이 경우 모둠 내 갈등은 없겠지만 서로 다른 의견이나 자극의 경험이 없기 때문에 지적, 정의적 성숙과 발달의 효과가 나타나지 않는다. 더욱이 모둠 내에서 소외되는 학습자들이 나타나고 마음의 상처를 입는 학습자들도 나타난다.

장인실 외(2012)에 따르면, 무선할당의 경우를 다음과 같은 설명으로 부정적으로 평가한다. 삶이 우연의 연속이고 또 무선할당도 삶의 진실의 일면을 보여 준다는 점에서, 우연은 평등하며 공평한 것이라는 점에서 의미가 있다. 그러나 우연은 최악의 상황도 발생할 수 있다는 점에서 비교육적이다. 예를 들면, 최악의 모둠이 만들어졌을 때 교사가 이를 고려하여 개입한다면 평등의 원칙이 무너지는 셈이 되고, 다른 학생도 새로운 요구를 해올 것이다. 이런 의미에서 모둠 구성을 어떻게 하느냐는 협동학습의 성공과 실패를 좌우하는 첫 단추 제대로 끼우기와 같은 기능을 한다. 그래서 모둠 구성은 성공적인 협동학습을 위한 중요한 과정의 하나이다.

(3) 모둠 세우기

모둠 구성이 적절하게 정해지면 바로 해야 할 일이 모둠 세우기이다. 모둠 세우기는 앞으로의 모둠 활동을 좌우할 수 있는 중요한 활동이다. 가장 좋은 방법 중의 하나는 창문 만들기라고 볼 수 있다. 백지에 창문을 그리고 외곽에 1, 2, 3, 4를 적는다. 모둠원이 돌아가면서 '공통점 찾기' 질문을 해서 네 명이 모두 찬성하는 것 세 가지가 나올 때까지 한다. 질문에 동의하면 손을 들어서 해당 내용을 적는다. 예를 들면, "짜장면을 좋아하는 사람?" 하고 질문했을 때 아무도 손을 들지 않았을 경우 해당하는 사람은 본인 한 사람뿐이므로 1에 적는다. "인천이 아닌 지역에 사는 사람?", "영화를 좋아하는 사람?", "여행을 좋아하는 사람?"과 같은 질문을 통해 모둠 구성원들의 참여와 관심을 독려한다. 일련의 질문을 통해 모두 손을 들게 되면 그때 미션이 완성된다.

그다음 이 세 가지를 표현하는 말을 작명해서 모둠명으로 만든다. 그냥 모둠에게 모둠명을 만들라고 하는 것보다 이런 참여 활동을 하면 모둠원이 무엇을 좋아하는지, 나와 생각이나 취미가 어떻게 다른지를 알게 되고, 서로의 공통점을 찾으려고 노력하면서 모둠이 단합하게 된다. 그리고 그 공통점의 표현이 모둠명이 되기 때문에 더욱 의미가 깊다. 이렇게 모둠명을 만드는 단계부터 모둠 구성원 학습자들의 사회적 기능을 연습시키는 것도 교수자의 몫이다.

물론 모둠명을 만드는 방법은 위 방법 이외에도 다양하다. 이를테면 모둠 구성원 간 협의를 통해 하되 발언권이 균등할 수 있도록 하고, 자기가 제안한 모둠명에 대한 설명을 하게 한다. 모든 구성원의 모둠별 제안이 끝나면 투표를 통해 모둠명을 결정하는 방법도 있다. 다양한 방법을 선택할 수 있는데 중요한 것은 모둠 구성원 모두가 참여할 수 있는 방법을 강구해야 한다는 것이다.

모둠의 명칭이 정해졌다면 교수자는 모둠 구성원들의 역할을 정해 주어야 한다. 그리고 그 역할을 수행하도록 격려해야 한다. 예를 들어, 심부름꾼 역할을 주었으면 심부름꾼을 통해서 학습지를 가져가거나 제출하게 한다. 학습지가 두 장이라면 한 번에 가져가게 하지 말고, 두 번 불러서 가능한 한 많은 역할행동을 경험하게 하면 더 역할 수행에 자신감을 비롯하여 리더십을 가질 수 있다.

〈표 2-3〉은 다양한 역할의 예인데, 역할은 수업의 내용이나 학생들의 특성을 고려하여 교수자가 만들어 준다.

실제로 정문성(2008)에서 제시한 역할 정하기의 예는 실제 협동학습을 수행하다 보면 너무 세분화했거나 정교화하여 자칫 협동학습 수행에 장애를 가져올 수도 하다. 이를테면, 협동학습모형에 토론식 수업을 접목하여 진행할 경우 모둠 구성원들의 독특한 특성이 간과되거나 그들이 가진 견해 표출을 제한할 수 있다. 교수자는 적당한 단계에 모둠 구성원들의 역할을 정해주고 그 역할을 충분히 학습하도록 한다.

〈표 2-3〉 모둠 역할 부여의 예

모둠 형성을 돕는 역할	발표지킴이	조용한 목소리로 토론하도록 돕는다.
	동작지킴이	조용히 움직이도록 돕는다.
	차례지킴이	모두미가 차례로 활동하도록 돕는다.
모둠 활동의 수행을 돕는 역할	설명이	설명을 담당한다.
	기록이	모둠 활동의 기록을 담당한다.
	세우미	모두미의 참여를 격려한다.
	관찰이	모두미의 바람직한 행동을 관찰하여 지적한다.
	이끄미	모둠의 과제, 시간, 목적을 재확인하고 지적한다.
	도우미	모두미의 활동을 도와주고 칭찬한다.
	명석이	모두미의 발표를 재정리한다.
모둠의 지식을 형성하는 역할	요약이	모둠의 결과물을 요약한다.
	바로잡음이	모둠의 활동 중 잘못된 부분을 바로잡는다.
	점검이	모두미 모두가 목표를 달성했는지 점검한다.
	연구미	필요한 자료를 수집해서 과제와 관련시킨다.
	정교미	이미 배운 것을 새롭게 완성한 과제와 관련시킨다.
	창조미	모둠이 만든 결과물을 새롭게 재창조한다.
모둠의 사고력을 신장시키는 역할	비판이	아이디어 비판을 담당한다.
	정당이	모두미의 아이디어에 증거를 제시하는 등 주장의 정당화를 돕는다.
	다름이	모두미의 아이디어와 다른 아이디어를 비교한다.
	확산이	모두미의 의견에 좀 더 많은 정보와 의미를 추가한다.
	선택이	여러 대안을 만든다.
	탐구미	주장된 의견을 보다 깊이 탐구할 수 있도록 심도 있는 질문을 한다.
	뭉침이	여러 모두미의 의견을 하나의 의견으로 통합한다.

출처: 정문성, 2008

2) 협동학습 모둠 유형

모둠 구성과 모둠 역할을 정하기 이전에 교수자는 협동학습 모둠 유형을 어떻게 할지 우선 정해야 하는 과제를 갖는다. 대부분 협동학습 연구자들이 제시한 협동학습유형들에는 세 가지 유형의 모둠이 있다. 형식적인 모둠, 비형식적인 모둠, 기본 모둠이 그것이다.

(1) 형식적 협동학습 모둠 (Formal Cooperative Learning Groups)

형식적 협동학습 모둠은 한 시간의 수업에서 몇 주간의 수업까지 함께 활동하고, 공동 목표를 성취할 뿐 아니라 공동으로 특정한 과제 및 프로젝트를 수행하는 학습을 수행하고자 할 때 선택할 수 있다. 예를 들어, 의사결정, 문제해결, 교육과정상의 단원학습, 보고서 작성, 설문조사 및 실험활동, 교과서 및 참고도서 읽기, 어휘 학습, 교과서 질문에 답하기, 창의적 체험활동 등과 같은 교과 및 비교과 활동을 하고자 할 때 적합한 협동학습 모둠 유형이다(Johnson, Johnson, & Holubec, 1998a).

이 형식적 모둠학습 유형을 수행하기 위해서 교수자는 다음과 같은 절차를 숙지해야 한다. 첫째, 수업 전 계획 수립하기이다. 교사들은 교수학습목표(지적 기능과 사회적 기능)를 구체화시켜야 한다. 모둠의 크기, 모둠의 구성방법, 모둠원의 역할, 학습에서 수행해야 할 학습자료 및 교실 내 모둠 배치 방법도 신경 써야 한다.

둘째, 과제 및 긍정적 상호작용에 대해 설명하기이다. 교사는 과제를 명확하게 정하고, 필수 개념을 가르치고 및 공동 학습을 위한 필수 전략을 구사한다. 긍정적인 상호의존과 개인적 책무성에 대해서도 구체화하고, 학습목표 도달 기준을 명확히 제시한다. 또한 교수자는 예상되는 사회적 기능에 대해서도 설명한다.

셋째, 학습자들의 학습을 관찰하고 모둠 안에서 과제에 대한 도움을 주거나 학습자들의 사회적 기능 향상을 위해 관여하기이다. 모둠 활동이 이루어지는 동안 교사는 체계적으로 관찰하고 각 모둠에 대한 데이터를 수집해야 한다. 필요하면 교사는 모둠에 참여하여 학습자들이 과제를 정확히 수행하고, 효과적으로 모둠 활동을 할 수 있도록 도움을 주어야 한다.

넷째, 학습자들의 학습을 평가하고 모둠이 기능하는 과정 돕기이다. 학습자들의 배움과 수행활동은 신중히 평가되어야 한다. 각 모둠에서 모둠원들은 모둠 활동이 얼마나 효과적으로 수행되었는지 그리고 앞으로 어떻게 향상될 수 있을지에 대해 토의해야 한다.

(2) 비형식적 협동학습 모둠(Informal Cooperative Learning Groups)

비형식적 협동학습 모둠은 형식적 모둠과 구별되는 짧게는 몇 분에서 길게는 한 시간 수업까지 일시적인 모둠으로 운영된다. 이 모둠 유형은 공동의 학습목표를 성취하기 위해 함께 활동하는 학습자들로 이루어진다(Johnson, Johnson, & Smith, 1998). 비형식적 협동학습을 운영할 시 교수자는 다음과 같은 사항들에 주목해야 한다.

- ▶ 학생들의 시선을 학습 자료에 집중시킨다.
- ▶ 학습에 도움이 되는 분위기를 만든다.
- ▶ 수업시간에 이루어질 활동에 대한 예상목표를 설정하도록 돕는다.
- ▶ 학습자들이 학습 자료를 인지적으로 활용하고 연습하도록 한다.

▶ 배운 것을 요약하고, 다음 수업을 예고한다.

▶ 수업시간을 정리해 준다.

협동수업 과정이 진행되는 동안, 교사들은 학습자들이 지적인 활동, 즉 자료들을 조직하고, 설명하고, 요약하고, 통합함으로써 개념을 구조화시키는 지적인 활동을 하도록 수업 요건을 갖추어야 한다. 비형식적 협동학습 모둠은 학습자가 수업의 도입과 정리 단계에서 3~5분 동안의 토의를 하거나 수업이 전개되는 중에도 2~3분 동안 파트너와 토의를 할 수 있도록 구성된다.

파트너와 마주하기의 경우 교사가 수업 중 학습자들에게 질문하고 그중 선택받은 한 학습자가 답할 때, 그 학습자는 발표를 통해 자신이 알고 있는 것을 분류하고 확장할 수 있는 기회를 가진다. 이와 같은 경우에는 오직 한 학습자만이 수업에 적극적인 참여를 하게 된다. 나머지 학습자들은 수동적인 참여자가 된다. 교사는 모든 학습자들이 적극적인 참여자가 되도록 해야 한다. 그러기 위해서는 모든 학습자들이 동시에 설명하고, 답할 수 있는 수업 방법 및 절차를 활용해야 한다. 개개인의 학습자가 질문에 대한 답을 설명해야 하고, 친구들에게 까닭을 말해야만 할 때 모든 학습자들은 적극적인 참여자가 된다. 단 한 사람도 수동적인 참여자가 있어서는 안 된다.

동시에 설명하고 답할 수 있는 구조에는 두 가지 방법이 있다. 하나는 개별적인 학습자가 답을 찾고 학급 친구들에게 말하는 방법이 있고, 또 다른 방법은 모둠에서 답을 찾고 모둠원들이 모둠의 답을 다른 모둠의 모둠원들에게 설명하고 그 이유를 말하는 방법이다. 그 과정을 설명하면 다음과 같다(Johnson & Johnson, 김영순 외 역, 2010: 207).

- 과제: 학생들은 질문에 답한다.
- 협동: 학생들은 옆 짝과 마주하고 질문에 대한 합의된 답을 찾는다. 이 과정에서 다음 4가지 단계를 따른다.
  1단계. 질문에 대한 개별적인 답을 찾는다.
  2단계. 각자의 답을 짝과 이야기한다.
  3단계. 짝의 답을 주의 깊게 듣는다.
  4단계. 서로의 생각을 정리하고, 종합하는 결합의 과정을 통해 처음 답보다 우수한 새로운 답을 찾는다.
- 도달 기준: 각 학습자들은 질문에 대한 답을 설명할 수 있어야 한다.
- 개별적인 책무성: 짝 중 한 사람이 선택되어 답을 설명한다. 교사는 각 모둠의 답을 다른 모둠의 모둠원에게 동시에 설명하는 방법과 절차를 정기적으로 활용한다.
- 기대되는 행동: 모든 학습자들은 답을 설명하고, 듣고, 종합할 수 있어야 한다.
- 모둠 간 협력: 도움이 된다면 언제라도 학습자들은 다른 모둠과 함께 절차와 답, 전략에 대하여 검토해야만 한다.

읽기 과제에서도 똑같은 절차가 협동 모둠으로 활용될 수 있다. 특히 읽기의 특정기능을 향상시키는 데 집중하기를 원할 수도 있다. 그 절차가 협동과제를 위해서 다음과 같이 적용될 수 있다(Johnson & Johnson, 김영순 외 역, 2010: 207).

- 과제: 주어진 과제 — 예를 들어, 시, 단원, 이야기, 유인물 — 를 읽고 질문에 답하기. 확인하는 기능을 연습하기
- 협동: 모둠원들 모두가 합의할 수 있는 답을 찾기
  1. 모둠 활동을 촉진하기 위해 각 모둠원들의 역할 정하기: 읽는이, 기록이, 점검이
  2. 모둠원들이 평가에서 모두 90점 이상 받는다면 각 모둠원들은 보너스 5점 받기
- 도달 기준: 모든 모둠원들은 질문에 대해 정확하게 답할 수 있다.
- 개인적 책무성: 모둠에서 한 사람을 선택하여 모둠의 답을 설명하고, 교사는 모둠원들이 개별적으로 각각 읽은 것에 대한 평가를 한다. 또한 각 모둠원은 다른 모둠의 모둠원에게 모둠의 답을 설명할 수 있어야 한다.
- 기대 행동: 모든 모둠원들은 적극적으로 참여해야 하고, 확인해야 하며, 상호 격려하고, 모둠을 위해 노력해야 한다.
- 모둠 간 협력: 도움이 된다면 언제라도 학습자들은 다른 모둠과 함께 절차와 답과

전략을 확인해 보아야 한다. 확인이 끝났을 때 학습자들은 자신의 답을 다른 모둠의 답과 비교해 보고, 토의해야 한다.

(3) 협동적인 기본 모둠

협동적인 기본 모둠은 장기적이고 안정된 구성원들과 함께 이질 집단으로 구성된 협동학습 모둠이다(Johnson, Johnson, & Holubec, 1992; Johnson, Johnson, & Smith, 1998). 기본 모둠은 학습자들이 수업에 적극적으로 참여하고, 과제를 공동으로 실행함으로써 학습의 효과는 물론 인지 발달 및 사회성 발달을 위해 기여한다. 또한 기본 모둠에서는 장기간 모둠원들이 상호 지원하고, 돕고, 격려하며 조력한다. 기본 모둠은 1년에서 수년 동안 지속되는 영속성을 지니고 오랫동안 관심을 주고받는 관계성을 제공함으로써 모둠원들이 학교에서 지속적인 노력을 할 수 있도록 해준다. 기본 모둠의 활용은 출석률을 향상시키고, 학습자들의 필수 활동과 학교 경험을 개별화시키고, 배움의 질과 양을 개선시킨다. 학교를 개선시키는 1년 과정의 프로젝트를 수행할 때 기본 모둠이 운영된다면 해당 학교에 긍정적인 발전을 가져올 것이다.

교수자들이 형식적, 비형식적 모둠 및 기본 모둠을 단위 학교의 상황과 여건에 맞추어 반복적으로 활용할 때 비로소 전문성을 갖게 될 것이다. 교수자의 전문성은 유창성과 능숙한 모둠 운영 능력을 통해 나타난다. 협동학습을 구조화하는 교수자의 전문성은 다음 네 가지 방법에서 알 수 있다(Johnson & Johnson, 김영순 외 역, 2010: 208).

▶ 교과의 학습주제 및 학습내용을 협동학습으로 구조화할 수 있는가?

▶ 수업의 60~80% 정도를 협동학습으로 활용할 수 있는가?

▶ 무엇을 하는 것인지, 왜 하는 것인지를 정확히 설명할 수 있는가? 협동학습의 본질과 장점에 대해 이야기할 수 있는가? 협동학습의 교수학습 방법을 동료 교사에게도 가르칠 수 있는가?

▶ 동료관계 및 직원회의와 같은 특정 상황에서도 협동학습의 원리를 적용할 수 있는가?

교수자는 정교한 단계적 절차를 통하여 전문성을 얻을 수 있다. 이 절차는 첫째, 협동학습으로 가르치기 둘째, 효과성 평가하기 셋째, 협동학습이 잘 구조화되었는지 되돌아보기 넷째, 개선된 협동학습으로 가르치기로 구성된다. 나아가 앞선 둘째, 셋째, 넷째 단계를 반복하는 것이다. 이를 통해 교수자는 점진적이고 단계적인 과정을 통해 풍부한 경험을 가지게 될 것이다. 탁월한 교사의 전문성은 치밀한 계획을 갖고 있지 않더라도 협동학습을 구조화시키는 능력이다. 그래서 교수자는 모든 수업에서 협동학습을 충실하게 활용하게 될 것이다.

3) 협동학습의 기본 요소

사실 수업을 조직해나가는 것으로 학생들은 서로서로 일을 효과적으로 해나갈 수 있게 된다. 이런 맥락에서 교수자는 반드시 협동 과업을 만드는 기본 요소에 대해서 이해해야 한다. 교수자들은 다음과 같은 세 가지 일을 함으로써 협동의 기본적인 요소들을 완벽히 소화할 수 있다(Johnson & Johnson, 김영순 외 역, 2010: 209-210).

▶ 현재의 수업, 교육과정, 그리고 코스들과 구조들을 좀 더 협동적으로 개선하도록 한다.

▶ 당신의 유일한 도구적인 필요와 환경, 교육과정, 주제 영역과 학생들을 위해서 협동학습으로 수업을 운영한다.

▶ 학습자들을 협동학습으로 이끄는 데 있어서 함께 일하는데 일어날 수 있는 문제들을 진단할 수 있게 하고, 학습 모둠의 효율성을 향상시키는 것에 개입한다.

협동학습을 무엇 때문에 수행하는지를 알기 위해서는 그간 협동학습 연구자들이 주장한 개별 수업에서 다섯 가지 기본 요소들을 알아둘 필요가 있다(김영순, 2017). 첫째, 긍정적인 상호의존성이다. 이 요소는 학생들에게 반드시 명확한 과제와 모둠 달성 목표를 주어서 그들이 함께 목표를 달성하게 될 것이라고 굳은 신념을 주어야 한다. 긍정적인 상호의존성은 모둠 구성원들 모두가 성공하지 못하면 아무도 성공할 수 없다는 것을 내포한다. 따라서 모둠 구성원들 간 긍정적인 상호의존성은 서로가 긍정적으로 신뢰한다는 마인드가 구성되어 있을 때만 존재한다. 만약 모둠 구성원 중 한 사람이 실패하면 모두가 실패한다. 그러므로 모둠 구성원들은 개개인의 노력은 자신의 이익일 뿐만 아니라 모둠 구성원들에게도 해당된다는 것을 인식해야 한다. 긍정적인 상호의존성은 다른 사람들의 성공을 그들 자신의 것처럼 여기는 헌신을 만들어 낸다. 이러한 상호의존성이 바로 협동학습의 핵심이다. 만약 긍정적인 상호의존성이 존재하지 않는다면 협동학습도 존재할 수 없다. 교수자들은 협동적인 모둠 활동에 있어서 학습자들이 상호의존성을 가질 수 있도록 협동수업을 기획할 수 있어야 한다. 구성원 개개인에게 공평하게 임무를 할당하는 것, 적당한 보상 시스템을 기획하여 학습자들이 기준 이상의 것을 달성하고 각각의 구성원에게 보너스 점수를 부여하는 것 등의 교수 활동을 통해 모둠 구성원들에게 긍정적인 상호 의존성을 구성하도록 해준다.

둘째, 개인적인 책임감이다. 협동학습의 성공 요소는 개인별 그리고 모둠별 책임이다. 모둠원들은 반드시 자신들이 도달할 목표에 대하여 설명할 수 있어야 한다. 팀 구성원들의 학습 결과에 아무도 '무임승차'할 수 없도록 개인에게 주어진 일에 기여해야 할 책임을 지니고 있다. 어떤 모둠이든 간에 모둠의 목적에 대해 명확해야 하고 측정 가능해야 한다. 구체적으로 보아 모둠 목적을 달성하는 데 있어서의 과정 그리고 모둠원들 각각의 개인적인 노력들이 중요하다. 개인적인 노력은 개개인의 점수가 매겨진 수행과제와 모둠의 일원인 개인의 과제를 완성하는 데 있어서 누가 도움과 격려를 필요로 하는지에 대해 확인하는 것을 통해 존재한다. 협동학습 모둠의 목적은 개인의 완전한 권리 안에서 각 구성원들을 더 강한 개인으로 만드는 것, 과제를 완성하는 데 있어서 누가 더 도움과 지지 그리고 격려를 필요로 하는지를 함께 배워 그 이후에 개인적으로 더 높은 수행을 완수해 낼 수 있도록 하는 것이다.

셋째, 상호작용 증진시키기이다. 학습자들은 다른 사람들의 성공을 도와주기 위해 실제로 작업을 함께 하는 것을 필요로 한다. 증진된 상호작용은 구성원들이 재능, 도움, 보조, 격려와 학습하기 위한 각각의 노력을 나누고 다른 사람들의 노력을 칭찬할 때 발생한다. 협동학습 모둠들은 모든 학생들이 공동으로 학습을 수행할 누군가가 있다는 생각을 갖게 한다. 중요한 인식 활동들과 대인관계의 힘은 학생들이 서로의 학습을 고무시킬 때 발생할 수 있다. 모둠 구성원들은 무료과

무릎을 맞대고 앉아서 그들이 개인적으로 한 과제들의 각각의 부분들을 이야기한다. 어떻게 문제를 풀 것인지 입으로 설명하고, 이미 학습한 개념의 특성을 토론하고, 모둠 친구들에게 하나의 지식을 가르치고, 과거의 학습을 현재와 함께 연관 짓는 것을 포함한다. 이렇게 서로의 학습을 얼굴을 맞대고 고무시키는 것을 통하여 구성원들이 개인적으로 그들 모두의 목적뿐 아니라 서로에게도 헌신하게 된다.

넷째, 사회적 기술이다. 협동학습 모둠에서 학생들에게는 대인관계와 소모둠에 활용될 수 있는 기술들이 요구되고 또한 모둠의 부분으로 작용하는 소위 팀워크, 팀의 화합과 같은 인간관계와 소모둠 기술들을 학습해야 한다. 협동학습은 원래 경쟁적이고 개인적인 학습보다 더 복잡하다. 왜냐하면 학생들은 주어진 과제와 팀의 일을 동시에 해내야 하기 때문이다. 모둠원들은 효과적인 리더십, 의견 정하기와 신뢰 쌓기, 대화, 충돌 조절, 그리고 사전에 제시된 기술들을 사용하는 것에 대해서 알아야만 한다. 교사들은 모둠원들에게 학문적인 기술을 가르치듯이 의도적이고 꼼꼼하게 팀워크 기술들을 가르쳐야 한다. 왜냐하면 협동과 갈등은 근본적으로 연결되어 있기 때문이다.

다섯째, 모둠화 과정의 이해다. 이 과정을 이해하는 것은 모둠 구성원들이 모둠의 목적을 달성하고 효과적으로 역할을 수행하기 위해 필요하다. 또한 모둠 내 관계들을 유지하기 위해 주어진 시간에 효과적으로 토론을 할 때 필요하다. 모둠은 어떤 구성원의 행동이 도움이 되는지 도움이 되지 않는지 그리고 어떤 행동들을 계속할 것인지 혹은 행동을 바꿀 것인지에 대해 결정할 필요가 있다. 교사들은 다음과 같은 임무를 지정해줌으로써 모둠화 과정을 구성한다. 이를테면 5명으로 이루어진 모둠에서 모둠 활동의 성공에 기여하는 최소한의 구성원 세 명의 행동을 작성하는 것 그리고 미래에 기대되는 성취를 위해, 좀 더 성공적인 모둠을 만들기 위해 모둠원의 행동을 작성하는 것이다. 또한 교수자들은 어떻게 모둠들이 함께 일하는지에 대해서 모둠 활동들을 적극적으로 살피고 피드백을 준다. 학습의 결과들이 주의 깊은 분석에 의해 어떤 과정에서 이루어지며 구성원들이 어떻게 함께 일해야 효율성이 확장되는지 알아보는 것 역시 교수자의 임무이다.

3. 협동학습과 교수자 역할

협동학습에서 참여자인 학습자들의 자기주도적인 행위도 중요하지만 이를 안내하는 교사의 역할도 중요하다. 협동학습도 전체적으로는 학생들의 활동이 많지만 반드시 기획자, 사회자, 진행자로서의 교사에 의해 이루어져야 한다. 학생들이 알아서 모둠을 만들고 과제만 주면 협동학습이 가능하리라고 생각하는 것은 무책임한 것이다. 수업은 교사가 연출하는 연극이다. 배우의 즉흥 연기에 맡겨서는 안 된다. 교사는 수업의 전문가이기 때문이다. 협동학습에서 모둠을 구성하는 것에서부터 학습활동을 안내하는 것에 이르기까지 교수자의 역할이 결정적이다. 수업에는 수업목표가 있고, 학생들은 아직 스스로 모둠을 이끌어서 수업목표를 달성할 정도의 리더십을 갖추지 못했기 때문이다. 그래서 학생인 것이다(장인실 외, 2012).

협동학습이 성공적으로 평가받으려면 학생들로부터 "선생님이 안내해 주신 대로 했더니 우리가 이런 것을 만들어 버렸네!"라는 말이 나와야 한다. '선생님이 해준 것이 아니고 우리가 했으며', '나 혼자 한 것이 아니고 우리가 함께 했으며', '친구를 도왔더니 그것이 오히려 스스로를 도운 것이 되었으며', '친구가 실패하기를 바란 것이 아니라 친구가 잘하기를 기대했더니 그 때문에 내가 성공하게 된' 경험, 그러한 경험을 갖는 것이 협동학습이다. 교수자는 수업에서 학생들로 하여금 이러한 경험을 할 수 있도록 적극적으로 개입해야 하는 것이다(장인실 외, 2012).

그러므로 교수자는 다양한 협동학습 모형을 잘 숙지하고 실천해 본 경험이 있어야 한다. 그런 경험이 있어야 학습의 내용, 학생의 수준, 시간의 분배 등에 맞게 적절한 협동학습 모형을 활용하여 수업을 이끌어 나갈 수 있기 때문이다. 이런 학습 모형을 많이 알고 있으면, 다양한 절차와 이에 따른 행동을 지시하면 어떤 결과가 나올 수 있는지 예측할 수 있게 된다. 또한 그 과정에서 어떤 걸림돌이 발생할지도 예측할 수 있으며, 그에 대한 대책도 준비할 수 있다. 교수자는 철저한 연출가가 되어야 한다. 극의 내용과 배우들의 특징을 다 알아야 한다. 수업도 마찬가지이다. 특히 교사가 연기를 하는 것이 아니고, 학생들을 연기자로 사용하기 때문에 더욱 그러하다(장인실 외, 2012). 이런 이유에서 학생들이 예비교사 과정에서 동료들과 협동학습을 미리 경험하게 하는 것은 반드시 필요한 과정이다. 협동학습에서 교수자의 역할은 구체적으로 다음과 같이 설명될 수 있다(Johnson & Johnson, 2010).

1) 협동학습 모둠 구성과 수업 관리

(1) 협동학습 과제와 모둠 구성

협동학습의 수행에 있어서 가장 첫 번째 단계는 과제와 수업의 목표 그리고 학생이 과제를 수행하는 데 필요한 개념과 원칙, 활동 절차를 설명하는 것이다. 학급의 학생들에게 과제를 완성하기 위해서는 무엇을 해야 하는지, 어떻게 해야 하는지를 알려주어야 한다.

두 번째 단계는 성취기준 설명하기이다. 학생들에게 그들이 수행해야 하는 학습과제를 설명할 때는 학생들에게 기대하는 성과의 수준을 이야기해야 한다. 협동학습은 기준을 근거로 평가해야 한다. 기준에 근거한 영역별 평가는 확실한 기준을 정하고 그 기준에 준하여 학생들을 평가하는 것이다. 학생들을 평가하고자 하는 기준을 명확히 하라. 아마도 "모둠원 모두가 확실하게 학습하기 전까지는 끝난 것이 아니다"라고 말할지도 모른다. 실제 모둠 간의 경쟁을 촉진하기 위해서는, "만약 학급 전체가 어휘시험에서 520단어 이상을 맞힌다면 학생들은 개인별로 보너스 2점을 받게 된다"와 같은 방법으로 학습 전체가 성취할 수 있는 수준으로 기준을 잡아야 한다.

세 번째 단계는 긍정적인 상호의존 구성하기이다. 긍정적인 상호의존의 목표는 공동의 목표가 정립될 때 존재할 수 있다. 그래야 각 개인은 그들의 동료 역시 각자의 목표를 성취해야 그들 모두 목표를 달성했다고 느끼게 된다(Johnson & Johnson, 1992). 모둠원들은 다른 모든 모둠원들이 성공하지 못하면 그들 역시 성공하지 못한다는 것을 알고 있다. 긍정적인 상호의존은 협동학습의 핵심이다. 긍정적인 상호의존 없이 협동학습은 존재하지 않는다. 학생들은 그들이 학습을 하는 상황에서 공동운명체임을 깨달아야 한다.

- ▶ 긍정적인 목표 상호의존 구조화하기: 교수자는 긍정적인 목표 상호의존을 구조화해야 한다. 모든 협동학습은 긍정적인 목표 상호의존에서 시작한다. 학생들이 내가 아닌 우리를 먼저 생각하게 만들기 위해서 교수자는 "여러분에게는 세 가지 책임이 있습니다. 먼저 각자의 과제를 학습해야 하며, 두 번째는 모둠의 모든 구성원들이 그 과제를 학습해야 합니다. 마지막으로 학급 전체가 그 과제를 성공적으로 학습해야 합니다"라고 말해야 한다.
- ▶ 긍정적인 목표 상호의존 보완하기: 교수자는 긍정적인 목표 상호의존에 보상이나 역할, 방법이나 정체성 등 다른 형태의 긍정적 상호의존을 추가해야 한다. 예를 들어 긍정적인 보상의 상호의존성은 "만약 시험에서 모든 모둠원이 90% 이상의 점수를 받으면, 너희 모두는 각자 5점의 보너스를 받게 될 것이다"라고 말할 수 있다. 일반적으로 수업에서 긍정적인 상호의존성이 더 많이 구조화되면 될수록 더 좋은 결과를 이끌어 낸다.

네 번째 단계는 개인적인 책임 구조화하기이다. 협동학습에서 모든 구성원은 자신이 맡은 역할을 수행해야 한다. 협동학습의 본질적인 목적은 각 개인을 옳은 방향으로 더욱 강하게 만드는 것이다. 교사는 모둠원 모두가 맡은 과제를 책임 있게 학습하고, 다른 모둠의 구성원들이 다음의 두 가지 방법으로 학습할 수 있게 도와야 한다. 첫 번째로 교수자는 각 개인의 결과물을 평가해야 한다. 두 번째로 각 개인과 모둠에게 그 결과를 제시하고 미리 설정한 기준과 비교하도록 해야 한다. 그런 피드백의 과정은 각 모둠원들이 배우려고 노력한 점과 다른 구성원들의 학습에 기여했다는 점을 알고 축하할 수 있게 한다. 학생들이 잘못된 점을 즉시 개선하게 하며, 그 외 필요한 도움이나 격려를 제공한다. 그리고 모둠 과제를 수행할 때 어떤 한 사람만 과도하게 노력하는 일이 없도록 책임을 재배정할 수 있다.

개인적인 책임은 각 구성원들이 다른 사람들의 작업에 무임승차할 수 없다는 점을 일깨워준다. 개인적인 책임감을 심어주는 과정은 다음 다섯 가지 사항을 포함하고 있다. 첫째, 모둠을 작게 만든다. 둘째, 개별 시험과 비정기적인 구술시험을 본다. 셋째, 개인이 모둠의 작업에 얼마나 자주 기여를 했는지를 관찰하고 기록한다. 넷째, 학생들이 알고 있는 것을 다른 친구들에게 알려 준다. 다섯째, 배운 것을 다양한 문제에 적용하도록 한다.

다섯 번째 단계는 모둠 간의 협동을 구조화하기이다. 교수자는 협동학습을 통해서 얻은 긍정적인 결과들을 모둠 간의 협동을 구조화함으로써 학급 전체로 확산시킬 수 있다. 학급 전체의 목표 역시 모둠과 개인의 목표를 세우는 것과 같은 방법으로 세울 수 있다. 교사는 활동이 끝난 모둠에게 아직 활동 중인 모둠을 도와주도록 격려해야 한다. 활동이 끝난 모둠끼리는 결과물과 과제 해결 전략을 비교하도록 해서 협동의 이점을 전체 학습으로 확산시킬 수 있다.

여섯 번째 단계는 바람직한 행동을 구체화하기이다. 협동학습 수행 시 학생들에게 대인관계 기술을 가르쳐야 한다. 협동학습에서는 학생들이 학습과제와 모둠의 구성원으로서 해야 하는 일 둘 다 배워야 한다. 협동학습은 근본적으로 경쟁학습이나 개별학습보다 복잡한데 이는 학생들이 학습과 협동을 동시에 수행해야 하기 때문이다. 만약 협동의 기술을 배우지 않았다면, 학생들은 과제를 수행할 수 없다. 협동기술이 뛰어날수록 학습의 질과 양은 더 높아진다. 교수자는 학습조직에서 적절하고 바람직한 행동을 구체화해서 필요한 협동기술을 정의해야 한다. 교수자가 학습조직에서 기대하는 행동이 분명할수록 학생들은 더욱더 그렇게 행동할 것이다. 사회적 기술은 구성하기(모둠원과 조용한 목소리로 토론하기), 기능하기(기여하기, 다른 사람의 참여 격려하기), 조직하기(요약하고 정교화하기), 자극하기(비판하기, 합당한 근거를 요구하기)로 구성된다. 학습모둠에서 필요한 대인관계 기술과 모둠 활동 기술을 정기적으로 가르쳐야 한다. 바람직한 행동을 요구하는 세 가지 원칙은 다음과 같다(Johnson & Johnson, 김영순 외 역, 2010: 242).

- ▶ 구체적이어야 함: 구체적인 사회적 기술을 제시하라.
- ▶ 작은 것부터 시작: 학생들에게 한 번에 학습할 수 있는 것 이상을 요구해서 과도한 부담을 주지 말라. 몇 시간 동안 한두 가지 행동을 강조하는 것으로 충분하다.
- ▶ 반복학습의 중요성 강조: 학습한 사회적 기술을 한두 번 연습해 보는 것으로는 충분하지 않다. 기술을 종합하고 익숙하게 한 후 습관적이고 자동적으로 할 수 있을 때까지 반복학습을 하게 하라.

(2) 협동학습 시 관찰과 중재

협동학습을 수행할 때 교수자는 세 단계의 관찰과 중재를 해야 한다. 첫 번째 단계는 학생들의 행동 관찰하기이다. 교수자의 임무는 협동학습이 시작되는 순간 본격적으로 시작된다. 교수자는 학습의 진전 상황을 파악하고 학생들이 사회적인 기술을 적절하게 사용하고 있는지 평가하기 위해 모둠 내 상호작용을 관찰해야 한다. 그리고 교사가 학생들의 상호작용을 직접 칭찬하고, 학생들 역시 서로의 성공을 직접 칭찬하도록 하는 방식으로 학습을 진행해야 한다. 관찰은 횟수를 계산한 관찰일지를 사용하면 형식적일 수 있고, 학생들의 말이나 행동을 기술하는 비형식적인 방법을 사용하면 일화가 될 수 있다. 교사는 관찰한 내용을 바탕으로 학생들의 학습이나 모둠 내 상호작용 기술을 개선하기 위해 중재할 수 있다. 학생들은 교사가 유심히 관찰하는 것을 중요하게 생각한다는 점을 기억하라. 모니터는 계속적인 점검을 의미한다. 모니터링은 다음 4단계로 이루어진다(Johnson & Johnson, 김영순 외 역, 2010: 243-244).

- ▶ 1단계 준비: 누가 관찰자가 될 것인지, 어떤 관찰 형식을 사용할지 결정하고 관찰자를 훈련하는 것으로 관찰을 준비한다.
- ▶ 2단계 관찰: 학습조직에서 협동의 정도를 평가하기 위해 관찰한다.
- ▶ 3단계 개입: 모둠의 과제나 협동을 개선시켜야 할 때에는 개입한다.
- ▶ 4단계 평가: 학생들의 자기관리능력을 증진시키기 위해 그들 스스로 참여도를 평가하게 한다. 모둠에서도 효과적으로 활동했는지 평가하게 하고 개인과 모둠 둘 다 성장 목표를 세우게 한다.

교수자는 다음의 지침에 따라 협동학습조직을 관리하면 된다. 첫째, 교실에서의 이동경로와 각 모둠을 관찰하는 데 드는 시간을 계획해서 수업시간 동안 모든 모둠을 관찰할 수 있도록 한다. 둘째, 학생들이 적절한 행동을 하는 횟수를 세는 데 정형적인 관찰지를 사용한다. 자료가 구체적일수록 교사와 학생 모두에게 유용하다. 셋째, 처음부터 너무 상이한 행동까지 관찰하려 하지 않는다. 처음에는 누가 말하는가 정도만 관찰해도 되며, 긍정적인 행동에 초점을 맞추어야 한다. 넷째, 학생의 특이한 행동을 보충하고 빈도를 기록한다. 차후 학생이나 학부모와의 상담과 전화통화에서 이렇게 기록된 자료를 교환하는 것은 아주 유용할 것이다. 다섯째, 학생 관찰자를 훈련시키고 이용한다. 학생 관찰자는 각 모둠의 역할에 대한 더 완벽한 정보를 줄 수도 있고,

적합한 행동과 그렇지 않은 행동에 대한 중요한 교훈을 줄 수도 있다. 여섯째, 각 모둠 회의의 마지막에 관찰자들이 수집한 정보에 대해 토의하는 시간을 충분히 배정한다.

두 번째 단계는 과제 보조하기이다. 협동학습 조직은 교수자가 학생의 마음을 들여다볼 수 있는 '창문'을 제공한다. 협동적인 활동을 통해서 학생들의 숨은 생각이 행동으로 드러나면 교수자는 이를 관찰하고 조언할 수 있게 된다. 학생들이 서로에게 자신이 학습한 내용을 설명하는 것을 주의 깊게 들으면 교사는 학생들이 이해한 것과 이해하지 못한 것을 파악할 수 있다. 그 결과 교수자는 좀 더 명확하게 교육을 할 수 있고, 학생들이 과제를 완수하기 위한 중요한 절차와 전략을 되돌아보게 된다. 또 학생들의 질문에 대답을 해주고 필요한 경우에는 과제를 해결할 수 있는 기술을 가르쳐 줄 수도 있다. 학생들이 학습해야 하는 과제의 개념과 정보를 논의하는 과정에서 교수자는 "그래, 맞아"라는 말 대신 "그것이 단락의 주제를 찾는 방법이야"와 같은 구체적인 표현을 해야 한다. 구체적인 표현은 훌륭한 학습을 강화하고 학생들이 과제에 접근하는 데 도움을 주어 긍정적인 변화를 증진한다. 초인지적 사고(사고하는 과정에 대해 통찰력을 갖고 사고하는 것)는 학생들에게 "무엇을 하고 있니?", "왜 하는 거지?", "이것이 너에게 어떤 도움이 되지?" 라고 질문하는 것으로부터 시작된다.

세 번째 단계는 사회적 기술을 가르치기 위한 중재하기이다. 협동학습 조직은 교사에게 학생의 사회적인 기술에 대한 밑그림을 제공해준다. 학습 모둠을 관찰하는 과정에서 교사는 학생들이 함께 활동하는 데 필요한 보다 효과적인 과정을 알려주기 위해서, 또는 아주 효과적이고 능숙한 행동을 강화하기 위해서 개입한다. 개입할 때를 선택하는 것이 가르치는 기술이다. 개입할 때는 다음과 같이 해야 한다 (Johnson & Johnson, 김영순 외 역, 2010: 245).

- ▶ 일단 학생들이 수행하는 과업을 멈추게 한다.
- ▶ 문제에 대해 교사의 말을 듣게 한다.
- ▶ 학생들에게 세 가지 가능한 해결책을 제안한다.
- ▶ 학생들에게 어느 해결책을 먼저 시도할지 결정하게 한다.

(3) 협동학습 평가 및 상호작용 기술

협동학습의 마무리는 평가하기와 협동학습 과정 중 상호작용을 처리하는 것으로 세 가지 단계로 이루어진다. 첫 번째 단계는 학습 마무리하기이다. 교사는 학생들이 요점을 정리하고, 아이디어를 생각해 내고, 교사가 제시한 마지막 답을 확인하게 해서 학습을 마무리할 수 있다. 학생들을 학습내용을 요약하고 나중에 어떻게 이용할 것인지 이해하고 있어야 한다.

두 번째 단계는 학습의 양과 질 평가하기이다. 학생들의 학습의 양과 질은 정기적인 평가와 때때로 표준화된 시험의 형식으로 평가되어야 한다. 더욱이 협동학습은 수행 평가와 근거 있는 평가, 총체적인 양질의 학습을 동시에 제공할 수 있다. 수행 평가는 학생들이 배운 것으로 무엇을 할 수 있는가를 실제로 해 보여야 한다. 근거 있는 평가는 학생들이 실제 생활에서 바람직한 과정이나 기술을 사용하는가를 보여주어야 하며, 총체적인 양질의 학습은 학습참여 동료의 학습을 돕는 과정에서 지속적인 개선이 이루어져야 한다.

세 번째 단계는 모둠 활동이 얼마나 잘 진행되는지 살펴보기이다. 과제를 완성하거나 학습의 마무리 과정에 다다르면 학생들은 모둠원의 행동 중에서 과제를 완성하는 데 도움이 되었던 것과 그렇지 않았던 것에 대해 기술하고, 지속해야 할 행동과 변화시켜야 할 행동을 결정해야 한다. 이 과정은 모둠과 학급의 두 수준에서 일어나며, 다음의 4단계로 이루어진다(Johnson & Johnson, 김영순 외 역, 2010: 247).

- ▶ 1단계 피드백 주기: 교사는 학생 개인과 각 모둠, 그리고 학급 전체에게 과제와 협동의 효과에 대해 피드백을 해주어야 한다. 이때 학생들에게 제공되는 피드백은 일반적인 평가가 아닌 구체적인 기술이어야 한다(Johnson, 2000).
- ▶ 2단계 되돌아보기: 교사는 학생들이 받은 피드백을 그들이 분석하고 반영하는지 반드시 확인해야 한다. '예' 혹은 '아니오'로 답할 수 있는 질문은 피한다. 즉 "모두 서로 도와서 공부했습니까?"라는 말 대신 "모둠원들이 각각 얼마나 자주 자신의 문제 해결방법을 설명하고, 다른 모둠원들의 설명을 고쳐주거나 분명히 해주었습니까?"라고 질문해야 한다.
- ▶ 3단계 목표 세우기: 교사는 개인과 모둠이 학습의 질을 높일 수 있는 목표를 설정할 수 있게 도와주어야 한다.
- ▶ 4단계 칭찬하기: 교사는 모둠원들의 노력과 모둠의 성공에 대해 축하하고 격려한다.

각 모둠별로 함께 활동할 때 잘한 점 세 가지와 다음에 더 잘하기 위해 할 일 한 가지를 작성하게 한다. 개인과 모둠 학습 둘 다 더 잘하게 하기 위해 수업 전반에 걸쳐 학생들이 배운 것을 요약하게 한다. 어떤 과목의 어떤 영역도 모두 협동학습으로 구조화시킬 수 있다. 형식적인 협동학습을 사용하면 교수자는 수업 전에 여러 가지를 결정할 수 있고, 학생들에게 과제와 협동 목표 구조를 설명할 수 있다. 또 모둠의 활동을 모니터링하며 필요할 때 개입하고, 모둠의 활동과정을 평가하고 도움을 줄 수 있다. 교사들은 형식적인 협동학습과 더불어 비형식적인 협동학습과 협동에 기반을 둔 모둠들을 활용할 수 있다.

2) 협동적인 조직 관리

(1) 학급관리

교수자들이 대중문화에 의해 형성된 자기중심적, 개인주의적, 경쟁적인 사회의 맥락에 놓여있는 학생들을 협동학습으로 가르치는 것은 쉽지 않다. 많은 학습자들은 협동할 준비가 되어 있지 않다. 교수자들은 협동학습을 수행하기 이전에 협동능력과 협동을 지지하는 태도를 가르쳐야 한다. 협동을 가르치고 촉진시키기 위해서 다양한 수업 경영 전략을 사용할 필요가 있다. 대부분 학교에서는 끊임없이 경쟁적인 교실이 재현된다. 그래서 학습자 모두 교수자가 협력적 학습 전략을 채택하는 것에 반감을 가진다. 교수자는 이렇게 경쟁적인 학습 분위기에 편승된 학습들에게 협동학습으로도 성공할 수 있는 환경을 제공해야 한다. 이를 위해 협동학습과 개별화된 학습의 균형을 적절히 맞추어야 한다.

교수자가 협동학습을 도입했을 때 학습자들이 협동에 실패하면 협동학습 능력과 역할을 신중하게 재교육해야 한다. 역할 행동에 관한 교수는 때때로 협동학습 초기 단계에서 확고하게 이루어질 필요가 있다. 일단 협동 그룹이 기능을 잘 수행하면, 새로운 학습자들은 자연스럽게 협동 그룹 학습자들로부터 오리엔테이션과 협동 기술 교육을 받을 수 있다(Johnson & Johnson, 2002b).

교수자가 중요하게 지적해야 할 문제는 학생들을 그룹에 할당하는 문제가 아니라 관리가 필요한, 소외된, 참여하지 않는 소수 학생들에 대한 문제이다. 한 학생이 협동 모둠 활동을 거부하면, 그룹의 다른 구성원을 좌절시킬 수 있다. 학생들이 갈등 해결에 대한 경험이 거의 없을 때 학생의 행동을 수정하는 일은 특히, 잠재적으로 그룹에 심각한 분열을 생기게 할 수 있다. 이를테면 구성원 간 잔소리, 빈정거림, 그 밖의 부정적인 표현들이 있을 수 있다. 이러한 갈등은 협동학습이 시작된 몇 주 후에 협동 그룹 수행으로 보상이 이루어지고 학생들이 함께 배우기를 선호할 때 줄어든다.

협동학습에 있어서 교수자는 우선 혼종 그룹을 구성할 수 있다. 혼종 그룹은 대부분의 협동학습에서 가장 효과적이다. 역할 연습 후에 민족적, 성별, 사회계층, 인식 능력 수준의 통합을 최대화하기 위하여 팀을 구성한다. 초등 저학년이 협동 작업을 수행할 경우에 서로 다른 인종 및 민족 간의 긴장이 빠르게 감소된다. 서로 다른 인종 및 민족 간의 협동은 고학년 아이들에게는 시간이 걸릴 수 있다. 인종 및 민족 갈등이 있는 지역에서는 교수자들은 한 학기 이상의 기간에 걸쳐 학생의 준비와 확장된 사회성 연습을 수행해야 한다. 그렇게 함으로써 협동 그룹의 성공을 담보할 수 있다. 긴장감이 높을 때는 학생들이 함께 작업을 하기 위해 명확한 목표와 행동 규칙이 필요하다. 이러한 목표는 학교 전반에 걸쳐 정립되고 유지되어야 한다. 학생들은 협동 작업을 위한 준비의 일부로서 사회성을 연습할 필요가 있다. 팀 구성 활동은 동등한 사회적 지위와 통합된 환경의 창조에 기여할 수 있다. 교실에서 협동학습의 체계적인 개발은 수업 시간에 민족 갈등과 분열을 줄이고, 학교 내 폭력을 감소시키는 데 기여할 것이다.

협동학습은 학교 분위기와 교실 환경에 변화를 가져오고 있다. 소음은 종종 모둠 활동을 수행하는 교실에서 증가할 수밖에 없다. 교수자와 학교 경영자는 생산적이고 필요한 소음과 쓸모없는 잡담을 구별해야 한다. 학생들이 협동 상황에서 지속적인 사회적 기술을 개발할 때, 교수자는 통제를 하는 사람에서 학습의 방향과 안내를 지시하는 사람으로 변한다. 교사는 과업을 시작하고 개인교습을 하며, 학습자들을 격려하고 더욱이 수업 성찰에 더 많이 참여하게 되고, 정보를 전달하는 일에는 덜 관여하게 될 것이다. 교수자는 협동적인 교실 환경을 만들고 그것을 위한 과업 설계에 더 많은 시간을 보내며, 학생들의 행동을 비판하는 시간은 이전 수업보다 더 적게 가질 것이다. 처음에는 적절한 과업 설계에 많은 시간과 독창성이 필요할 것이다. 그렇지만 일단 협동 수업 설계가 되면, 그 수업 포맷을 해마다 혹은 학기마다 유용하게 쓸 수 있다. 당신은 프로젝트 설계에 협동하는 다른 교사들과 활동함으로써 시간, 아이디어, 지원을 얻을 것이다.

(2) 협동학교 운영

협동학습을 수행하는 곳은 교육 일선에 있는 단위 학교이다. 협동학교란 협동학습을 지향하는 학교를 의미한다. 만약 경쟁적이거나 개인주의적인 학습이 교실에서 지배적이라면 그 교실의 학습자들은 일시적으로 협동적인 집단에 배정될지라도 개의치 않고 그에 따라 행동할 것이다. 만약 협동학습이 지배적인 교실이라면 학습자들은 그에 따라 행동할 것이며, 진정한 학습 공동체가 이루어질 것이다. 학습자들 간 협동에 대한 논쟁은 학교 조직 구조에 대한 논쟁의 일부분이다. 수십 년간 많은 교수자들은 자신의 동료들로부터 고립되어 그들만의 학생들과 그들만의 교수학습자료를 가지고 주로 혼자서 일해 왔다. 그러나 대부분의 시간에 협동학습을 활용하면 교실의 기본 구조가 팀 기반의 높은 성과 구조로 변화할 것이다. 다시 말해서 협동수업의 선택은 교수적인 과정 그 이상으로 볼 수 있다. 그것은 교실생활의 모든 면에 영향을 미치는 수업 조직 구조 내에서의 기본적인 변화이다(Johnson & Johnson, 김영순 외 역, 2010: 214).

협동학교에서 학습자들은 주로 협동학습 집단에서 활동하며, 교사들과 직원들, 교육 행정가는 협력적으로 업무를 수행할 수 있다. 교실, 학교, 지역의 조직적인 구조는 이때 일치하게 된다. 협력집단의 각 수준은 다른 수준을 지지하고 강화한다. 협동학교 구조는 대부분의 시간에 협동학습을 사용하는 교실에서 시작한다. 과업 집단은 팀 기반 조직구조의 핵심이며 협동학습 집단은 기초적인 과업 집단이다. 협동학습은 모든 학습자들의 성취를 높이기 위해 사용되며 학습자들 사이에서 보다 긍정적인 관계를 만들고, 일반적으로 학생들의 정신적인 행복을 증진시킨다. 학습자들이 협동학습 수행에 우호적인 교사를 만나는 것은 그들이 친구들과 협력하여 일하는 태도를 긍정적으로 평가하는 것이다. 협동학교를 효율적으로 운영하기 위해서 우리가 생각해 볼 것은 다음과 같다(Johnson & Johnson, 김영순 외 역, 2010: 214-215).

첫째, 교수자 집단이다. 협동학교 운영의 첫 번째 수준은 학교 내에서 각자 평등하게 책임을 지는 교수자 집단, 특별전문위원회, 특별 의사결정위원회를 구성하는 것이다(Johnson & Johnson, 1994a). 교수자 집단에 협동학습을 도입하는 것은 학생집단과 마찬가지로 효과적인 것으로 평가된다. 교직원들의 과업에 협동을 이용하는 것은 각자가 평등하게 책임을 지는 교수자 집단, 학교 기반 의사결정, 교직원 회의 및 교실의 중심이 협동학습인 것과 같이 학교의 중심은 각자 평등하게 책임을 지는 합의제 교수자 집단이다. 합의제 교수자 집단은 교사들의 교육상의 전문 지식과 성공을 늘리는 것을 목적으로 하는 작은 규모, 즉 3~6명의 교사들로 구성된 협동적인 모임이다.

둘째, 현장 중심의 의사결정제도이다. 학교 기반 의사결정 과정은 두 가지 종류의 협력적인 팀들을 통해 충족된다. 전문위원회는 총괄적으로 학교의 문제를 고려하고 교직원들에게 해결책을 제안한다. 교직원들은 그때에 특별의사결정위원회로 나뉘어 그 제안을 받아들이거나 수정할지에 대해 고려한다. 특별의사결정위원회의 결정은 요약되고, 모든 교직원들은 그 문제를 해결하기 위해 어떤 행동을 취할 것인지 결정한다.

협동학교 운영의 세 번째 수준은 지역 내에서 행정적인 협력팀을 충원하는 것이다(Johnson & Johnson, 1994b). 행정가들은 그들의 행정적인 전문 지식을 늘리기 위하여 합의제의 팀뿐만 아니라 특별전문위원회와 특별의사결정위원회로 조직된다.

(3) 협력조직 만들기

협동학교 운영과 마찬가지로 학교를 둘러싼 지역사회 역시 협력조직이 필요하다. 다음은 협력조직 만들기 과정이다. 유소년기의 긍정적 발달은 협동에 근거한 학습조직-공동의 목표를 성취하기 위해 함께 협업하는 것을 학습하면서 시작된다. 학습은 독자적으로 존재하는 것이 아니라 협동의 산물이며 상호존중과 신뢰에 의해서 특징지어지는 하나의 문화이다. 공동체란 같은 지역에 살고 공동의 목표, 공동의 문화를 공유하는 일련의 집단을 의미한다. 학교조직은 교직원, 학생들, 부모, 지역주민으로 구성된다. 넓은 의미로 학교사회는 중앙정부, 대학 입학처 직원들, 지역사회의 회사 경영자들까지를 포함한다(Johnson & Johnson, 김영순 외 역, 2010: 215).

협력조직을 구성하기 위해서는 긍정적인 상호의존 즉 협동이 학습그룹, 교실, 교실 간, 학교, 학부모, 지역주민과 학교 간에 전반적으로 구축되어야 한다. 조직의 구성원은 서로를 경쟁자가 아닌 동반자로서 인식해야 한다. 만약 학생들이 교실에서 서로에게 맞서거나 친구 없이 고립된다면 학교는 학습조직이 될 수 없다. 가족이 사회에서 조직의 출발점이듯이, 학습조직이 학교라는 조직의 출발점인 것이다. 협력조직을 형성하는 첫 단계는 주어진 시간에 협동학습을 이용하는 것이다.

협동조직의 구성은 수업이 수행되는 교실로부터 학급 간, 학교 간, 학교-학부모 간, 지역주민 간 상호의존성이 필요하다. 첫째, 교실 내의 상호의존이다. 학습조직 내에서의 긍정적 상호의존을 교실 전체로 확대시켜 나가는 방법은 매우 다양하다. 긍정적 상호의존성을 조성하기 위해서 각 학생들이 도달해야 하는 기준과 지난 점수보다 얼마나 더 향상될 것인지에 대한 향상 점수를 포함하여 전체 학급 점수의 성취수준을 정함으로써 학급목표를 정립할 수 있다. 학생들이 목표점수에 도달했을 때는 학급 전체에 보너스 점수를 부여함으로써 교과에서의 보상을 줄 수 있고, 자유시간, 휴식시간, 스티커, 간식, 티셔츠, 학급파티와 같은 교과 외의 보상을 부여할 수도 있다. 긍정적 상호의존성은 학급에서의 회장, 부회장, 학급회의 등의 역할을 구성하고 매일 1인 1역을 정하거나 학급은행을 운영하고 사업을 운영하는 등 전체적으로 이익을 낼 수 있는 다른 활동들을 조직할 수도 있다. 또한 학급 신문 중에서 각 그룹이 한 개의 기사를 게재하여 학급신문을 발행하는 것처럼 자료를 분배하고 수합하는 과정을 통해서도 학급 상호의존성이 조성될 수 있다.

이를테면, 어떠한 학급이 지리 교과를 학습한다고 가정하자. 천장은 경도와 위도를 나타내는 커다란 눈금이 되었다. 그 학급은 여덟 개의 협동학습그룹으로 나뉘어서 각 그룹이 보고서를 만들기 위한 지리적 지역이 배정되었고, 그 그룹들은 플래시 카드에 맡은 지역에 관한 핵심적인 정보를 요약하고 그 지역이 위치한 곳을 천장에 배치하였다. 그리고 여덟 곳을 방문할 여행을 위한 일정을 계획하였다. 그들의 여행을 표시하는 데 실이 이용되었고, 각 지점에 도착하면 해당 그룹이 경도와 위도를 포함한 그 자리에서 자신들의 보고서를 발표하였다. 또한 학급 회의에서는 얼마나 학급생활이 질적으로 향상되고 있으며 기능적으로 원활하게 진행되고 있는지에 대한 토의가 공개적으로 진행될 수 있다. 또한 학급 내에서 학생들이 사회적 기술과 시민으로서의 덕목들을 잘 이용하도록 해야 한다. 마지막으로 학급 이름, 슬로건, 학급깃발, 학급 노래(학급가)와 같은 공동체 정신도 상호의존을 형성할 수 있다(Johnson & Johnson, 김영순 외 역, 2010: 216).

둘째, 학급 간 상호의존성이다. 학급 간 협력은 다양한 방법으로 형성될 수 있다. 3~6명의 교사들로 구성된 간학문 그룹은 그들의 학급을 '이웃' 혹은 '학교 안의 학교'로 조직하며 학급들이 함께 작업하고 수년간 프로젝트에 참여할 수 있도록 한다. 과학, 수학, 문학, 사회 등의 교과나 혹은 교실 자체가 통합될 수도 있다. 다양한 학년의 학생들은 일 년 동안 매주 만나는 읽기 짝을 만날 수 있으며 그를 통하여 문학에 대한 경험을 공유할 수 있다. 다양한 학급들은 일정한 기간의 프로젝트를 통하여 세부적인 사회적 기술이나 덕목들을 배우고 그로 인하여 서로에게 이러한 기술과 덕목들을 복도, 운동장, 급식실과 같은 학교 공간 안에서 직접 시연해 볼 수 있다. 이러한 다양한 방법들을 통하여 간학급 간 상호의존성이 형성될 수 있다.

셋째, 학교 상호의존성이다. 학교 수준의 긍정적인 상호의존성은 다양한 방법에 의해 형성될 수 있다. 이를테면, 학교 선언문(교훈)은 모든 학교 구성원에게 공유된 상호의 목표를 분명히 명시해야 하고, 학교 벽에 게시되며, 교직원 규정 첫 번째 항목으로 정해져야 한다. 이 '꿈을 유지하는 일'은 시각적으로 학교 교직원들에게 중요한 일이며 그래서 지속적으로 그들의 의무를 상기시키는 일이 된다. 또한 협동학습조직에서 활동하는 학생들과 같이, 이상적으로 교사들은 다양한 협력조직에서 일할 수 있다. 모든 교직원들은 팀 티칭 팀이나 연구팀으로 매주 만나거나 함께 공부할 수 있다. 동료 티칭 팀은 교사들의 교수법을 성공적으로 숙련되게 만들기 위하여 주로 형성된다. 그들은 주로 두 명에서 다섯 명의 교사들로 구성되며 매주 만나서 그들의 교실에서 협동학습이 얼마나 잘 수행되었는지 토론한다. 티칭 팀은 함께 수업을 계획하고 통합교육과정 단위의 유용성에 대해 조율하며 그들이 함께 혹은 따로 가르칠 수 있는 시간을 예정에 넣고, 또한 다음 주에 계획된 각자 다른 사람의 학습에서의 성공을 더 향상시킬 수 있는 방법을 탐색한다. 교직원 사이에서 정기적인 팀 활동은 동료 간의 관계를 촉진시키고 전문성을 향상시키며 새로운 구성원을 가르칠 수 있다. 동료 간 스터디 그룹은 예를 들어 협동학습, 블록타임 조정, 혹은 통합교육과정 작성과 같은 교수방법 교본에 대해 정기적으로 만나서 토론하게 된다.

티칭 팀과 스터디 그룹은 중요한 교수과정에 대하여 교직원들에게 상기시키고, 계속적으로 교직원들을 향상되는 과정에 참여시키고, 새로운 교사들이 사회화되는 절차를 제공한다. 그뿐만 이니라 동료 티칭팀과 연구팀과 더불어, 학교는 교사들을 교육과정 채택, 급식실에서의 행동과 같은 학교 전반의 문제들에 대한 해결책을 수행하고 계획할 수 있도록 배정할 수 있다. 교사들은 중요한 학교의 결정에서 모든 학교 구성원을 포함하는 교직원 회의 중에 임시 문제결정 모둠을 지명받을 수도 있다. 따라서 학교 수준에서 협력조직이 조화되고 협동적이며 팀 중심의 조직으로 형성된다면 학급과 학교 모두에서 유용할 것이다. 학교 상호의존성은 매주 학생 중심의 학교 방송, 학생회에 의해 결정된 특별 활동, 학교 프로젝트, 정기적인 학교집회와 같은 다양한 학교행사를 통해 강조될 수 있다(Johnson & Johnson, 김영순 외 역, 2010: 217-218).

넷째, 학교-학부모 상호의존성이다. 학교가 세운 공동의 목표와 그 목표를 성취하는 데 필요한 계획을 설정하고, 목표를 성취하기 위하여 필요한 노력과 자원을 분담하는 데 학부모를 참여시키도록 해야 한다. 또한 학부모들이 학교 구성원으로서 존재감을 발전시키면서 학교와 학부모 사이에서 협동이 형성되도록 해야 한다. 학부모들은 매주 학교신문을 발행할 수 있다. 학생들의 도움을 받아서 매년 학교의 책자를 발행할 수도 있다. 학부모들은 학급을 위한 자원봉사자가 되거나 특별한 프로젝트를 수행하는 데 도움을 줄 수도 있다. 학부모들은 학교운영위원회나 타 위원회에서 활동할 수 있다. 그들은 다양한 학교축제나 바자회, 각 학급의 주기적인 파티, 소풍과 같은 학교행사에 참여할 수 있다. 사친회는 부수적인 기금마련을 통하여 기자재를 구입할 수 있다. 학부모 특별 위원회는 심각한 원칙적 문제를 다루거나 학생들이 잘못 행동했을 때 학부모들에게 공지하는 일을 하기 위해 조직될 수 있다(Johnson & Johnson, 김영순 외 역, 2010: 218-219).

다섯째, 지역주민 간 상호의존성이다. 학교사회는 지역으로까지 확대될 수 있다. 기말 시험기간에 B학점 혹은 그 이상을 받았다는 확인카드를 가진 학생들에게 할인을 해주는 등의 프로그램을 통하여 지역 상인들에게 지원받을 수 있다. 지역주민들은 학교밴드에서 학생들과 함께 연주하는 것과 같은 학교활동에 참여할 수 있다. 교실에서는 공원 청소, 노인들의 거주지 풀 베기, 주민서비스 프로젝트를 운영할 수 있다. 공동의 목표를 성취하기 위하여 다양하고 창의적인 방법으로 학교와 주민들은 함께 협동학교 활동에 참여할 수 있다(Johnson & Johnson, 김영순 외 역, 2010: 219).

4. 협동학습의 평가와 믿음

1) 협동학습에서의 평가

교육활동에서 평가의 방법과 절차가 중요한 것과 마찬가지로 협동학습에서 평가는 또한 중요한 의미를 지닌다. 평가가 협동학습을 구성하는 요소가 되기도 한다. 즉, 협동학습은 모둠평가를 기초로 한다. 물론 개별평가도 하지만 모둠평가가 우선이다. 가장 바람직한 접근은 개별평가와 모둠평가를 병행하는 것이다. 여기에서는 모둠평가 방법을 구체적으로 소개한다(정문성, 2008).

첫째, 모둠원 개인의 성적을 모두 합하여 산술 평균을 낸 후에 산출된 점수를 모둠 전체의 점수로 계산하는 방법이다. 이 경우 성적이 낮은 모둠원은 모둠 내에서 비난의 대상이 된다. 그러므로 협동학습에서는 잘 사용하지 않는다. 사용할 경우, 개인의 능력에 따른 차별된 평가지를 사용하면 협동학습에서도 사용이 가능하다. 또는 STAD 모형에서 사용하는 향상점수 방식을 사용할 수도 있다(Slavin, 1978).

둘째, 전체 모둠원이 일정한 점수에 도달해야 모둠에게도 그 점수를 부여하는 방법이다. 이 경우에도 항상 일정한 점수를 얻지 못하는 모둠원이 비난의 대상이 된다. 그러므로 그 기준을 모둠원의 기본 능력을 고려하여 차별적으로 제시하는 것이 바람직하다.

셋째, 모둠원 개인의 성적을 모두 합하여 산술평균을 낸 점수가 일정 수준에 도달하면 모둠에게도 일정 수준의 점수를 부여하는 방법이다. 이 경우에도 마찬가지로 점수가 낮은 모둠원이 비난의 대상이 되므로 차별적 평가지를 사용하거나 향상점수를 사용해야 한다.

넷째, 해결해야 할 집단 과제에 점수를 부과하여 그 과제를 달성하면 점수를 주는 방법이다. 가장 널리 사용되는 것은 모둠의 프로젝트에 대한 평가의 경우다. 프로젝트는 비교적 장기간 동안 많은 양의 학습 내용을 많은 기능을 동원해서 수행해야 하고, 혼자서는 할 수 없는 복잡하고 복합적인 주제로 부여된다. 이 경우 무임승차를 하거나 특정 모둠원이 프로젝트의 대부분을 하지 않도록 역할 분담을 철저히 하고, 모둠원이 어떻게 모둠 과제 달성에 기여했는지를 밝히도록 한다.

다섯째, 모둠 활동이 끝난 뒤 무작위로 한 모둠원의 작업물을 평가하여 그 모둠 전체의 점수로 하거나 모둠원 한 명이 대표로 평가를 받아서 그 점수를 모둠 점수로 하는 방법이 있다. 학습효과는 크지만 당사자가 된 모둠원의 부담이 크다는 단점이 있다.

끊임없이 경쟁적인 교실에서 승리하는 학생과 교사의 관심과 감독을 피하는 학생들 모두 협력적 학습 전략을 채택하는 것에 반감을 가진다. 교사는 경쟁적이고 협력적인 학생들에게 성공할 수 있는 환경을 제공하기 위해서 협동학습과 개별화된 학습의 균형을 적절히 맞추어야 한다.

소수의 학생들이 협동에 실패하면 협동학습 능력과 역할을 신중하게 재교육해야 한다. 역할 행동에 관한 교수는 때때로 협동학습 초기 단계에서 확고하게 이루어질 필요가 있다. 일단 그룹이 기능을 잘 수행하면, 새로운 학생들은 다른 그룹의 학생으로부터 오리엔테이션과 기술 교육을 받을 수 있다(Johnson & Johnson, 1999).

교수자가 중요하게 지적해야 할 문제는 학생들을 그룹에 할당하는 문제가 아니라 관리가 필요한, 소외된, 참여하지 않는 소수 학생들에 대한 문제이다. 한 학생이 모둠 활동을 거부하면, 그룹의 다른 구성원을 좌절시킬 수 있다. 학생들이 갈등 해결에 대한 경험이 거의 없을 때 학생의 행동을 수정하는 일은 특히, 잠재적으로 그룹에 중대한 분열을 생기게 할 수 있다. 그들은 심한 잔소리, 빈정거림 및 기타 심각한 전략들에 의존할 수도 있다. 이 문제들은 협동학습이 시작된 몇 주 후에 그룹 작업이 보상이 되고 학생들이 함께 배우기를 선호할 때 줄어든다.

혼종 그룹을 조직하고 운영하는 것이 협동학습을 극대화시키는 효과적인 방법이다. 역할 연습 후에 민족적, 성별, 사회계층, 인식 능력 수준의 통합을 최대화하기 위하여 팀을 구성한다. 협동 작업이 2학년 이전에 시작되었을 때, 서로 다른 인종 간의 긴장이 빠르게 감소된다. 서로 다른 인종 간의 협동은 고학년 아이들에게는 시간이 걸릴 수 있다.

인종 갈등이 있는 지역 사회에서 학생의 준비와 확장된 사회성 연습은 협동 그룹의 성공을 담보할 것이다. 긴장감이 높을 때는 학생들이 함께 작업을 하기 위한 명확한 목표와 행동 규칙이 필요하다. 이러한 목표는 학교 전반에 걸쳐 세워지고 유지되어야 한다. 학생들은 협동 작업을 위한 준비의 일부로서 사회성을 연습할 필요가 있다. 팀 구성의 활동은 동등한 사회적 지위와 통합된 환경의 창조에 기여할 수 있다. 교실에서 협동학습의 체계적인 개발은 수업 시간에 민족 갈등과 분열을 줄이고, 학교 내 폭력을 감소시키는 데 기여할 것이다.

협동학습은 교실 관리에 변화를 가져오고 있다. 소음은 종종 모둠 활동을 사용하는 교실에서 증가한다. 교사와 관리자는 생산적이고 필요한 소음과 쓸모없는 잡담을 구별해야 한다. 학생들이 협동에서 지속적인 기술을 개발할 때, 당신의 역할은 통제를 위한 투쟁을 하는 한 사람에서 방향과 안내를 지시하는 사람으로 변한다. 교사는 과업을 시작하고 개인교습을 하며, 격려하고 더욱이 반성과 처리과정을 고집하는 일에 더 많이 참여하게 되고, 정보를 전달하는 일에는 덜 관여하게 될 것이다. 교사는 협동적인 교실 환경을 만들고 그것을 위한 과업 설계에 더 많은 시간을 보내며, 학생들의 행동을 비판하는 시간은 더 적게 가질 것이다. 처음에는 적절한 과업 설계에 많은 시간과 독창성이 필요할 것이다. 다행히도 일단 설계가 되면, 그 과업을 해마다 유용하게 쓸 수 있다. 당신은 프로젝트 설계에 협동하는 다른 교사들과 활동함으로써 시간, 아이디어, 지원을 얻을 것이다.

2) 협동학습에 관한 믿음

개인들 간 다원주의와 다양성은 잘 관리가 된다면 긍정적인 기대와 효과적인 기회를 창출한다. 그러나 모든 기회들의 경우와 같이 그들의 결과들은 다양한 개인들이 상호관계를 어떻게 맺느냐 하는 조건에 따라서 잠재적으로는 긍정적이거나 혹은 부정적이다. 긍정적인 결과를 가지려면 교수자들은 일종의 주문과 같은 기대와 믿음을 가져야 한다. Jonson과 Johnson(2002a)에서는 이를 여덟 가지 단계에 의해 증진된다고 말한다. 이 단계는 앞서 1장에서 밝힌 협동학습과 다문화 사회와의 연관성 논의와 일맥상통한다(Johnson & Johnson, 김영순 외 역, 2010: 411-419).

첫 번째 단계는 다양성이 존재한다는 사실과 다양성이 이익이 된다는 사실을 인정하는 것이다. 다문화 사회는 점차로 확대되어 다양성은 확산되며, 다원주의적으로 진행되어 왔고 앞으로도 그렇게 진행될 것이다. 다양성은 다양한 개인들의 관계만큼 오래 지속되어 왔으며, 민주주의 가치로의 이행과 깊게 관계되어 있다. 다양성에 대한 어떤 사회 구성원들의 약속 이행과 실천은 인종 및 민족차별, 여성의 권리, 장애인에 대한 차별에 관한 법 제정에 반드시 반영해야 한다. 이런 법이 실천되기 위해서는 시민들의 학습이 우선되어야 한다. 이런 시민들의 실천을 돕기 위해 인간관계 훈련은 두 가지 목표, 즉 편견과 차별을 제거함으로써 다수자와 소수자 간의 관계 증진, 다양한 개인들과의 효율적인 상호작용 능력의 증진을 성취하도록 설정되었다.

협업을 위주로 볼 수 있는 인간관계의 역사는 유목사회에서 농경위주 정주사회에 이르기까지 인류 역사의 시작과 관련되어 있다. 또한 산업의 영역에서 적어도 산업혁명 시대로 거슬러 올라간다. 교육 현장에 있어서 인간관계의 강조는 1920년대에 시작되었지만, 주로 1960년대 초반의 시민권리 운동의 결과이다. 다시 말해 산업화 및 민주화가 협동적인 인간관계를 더욱 발전시켰다고 볼 수 있다. 최근에는 제도권 학교 영역에서 다문화교육이 강조되고 있다. 교육의 기회를 공평하고 평등하게 보장함으로써, 커리큘럼에 글로벌 시각을 반영하여 개편함으로써, 문화 간 소통능력을 증진시킴으로써, 학생들에게 사회적 행위 기술을 교수함으로써, 제도권 학교들은 학생들에게 다원적 문화정체성을 갖출 수 있도록 하였다.

두 번째 단계는 포괄적이고 통합적인 정체성을 구축하는 것이다. 다양한 개인들과의 인간관계를 구성하기 위해서 교수자는 우선 포괄적이고 통합적인 정체성을 구성해야만 한다. 첫째, 학습자들의 역사적, 문화적, 민족적, 종교적 배경에 대해 구별해야만 하고, 그들이 지닌 중요한 개인적 특성을 이해해야 한다. 이와 같이 타자의 문화적, 역사적 관점을 존중하고 이해해기 위해서 자신의 해당 문화에 관한 내용에 대해 충분한 이해를 가져야 한다. 그럼으로써 교수자는 사회적 역할을 인정하면서, 다른 사람들과 다른 집단을 식별하면서, 그리고 폭넓은 경험을 통해서 자신의 정체성을 구성하게 된다. 사회적 정체성은 자신의 선조들이 이룩한 역사와 문화를 올바르게 인식하는 데서 기인한다. 항상 자신의 문화적 유산에 대한 존경심이 많으면 많을수록 스스로 자신을 존중한다는 사실을 기억해야 한다. 둘째, 교수자는 역사적, 문화적, 민족적, 그리고 종교적 배경을 인식하는 것을 발전시켜야 한다. 또한 교수자들은 자신이 지닌 중요한 개인적 특성과 그 밖의 것을 개발해야 한다. 타인이 다른 사람들을 인정하면 할수록 거꾸로 자기 자신에 대해 인정을 하게 될 것이다.

세 번째 단계는 인지적 장애를 이해하는 것이다. 우리는 다양한 개인들 간의 관계들을 연구하고 이론화하는 데 있어서 인지적, 태도적, 행동적 접근방법을 포함하고 있다는 사실을 이해해야 한다. 인지적 접근은 대상과 사건 그리고 인간들을 그들이 삶에서 일어난 사건들에 대해 반응하고 이해할 수 있는 범주로 분류하는 데 기여한다. 인간을 분류하는 것, 즉 사회적 범주화는 '함축적 인성 이론(implicit personality theories)'을 포괄한다. 이 이론 내에서 어떤 인간의 외양과 행동은 그 사람의 모습에 관한 가설을 생성해내는 데 사용된다. 인간의 모습은 함께 추정될 수 있는 해당 인물의 여러 모습들의 집합을 통해 인식된다

그런데 불행하게도 사회적 범주화를 기반으로 한 인식은 항상 정확하지 않으며 집단들 간의 차이는 과대평가되는 경향이 있을 수 있다. 고정관념은 일정한 특성을 지닌 사람들로 이루어진 전체 집단과 연계된 믿음이라고 볼 수 있다. 이를테면, 여성들은 오랫동안 남성들보다 감성적일 것이라고 고정관념화 되어왔다. 우리 모두는 단일 대상들을 각자 독특하게 생각하는 것이 아니라 집단들로 분류하는 것과 같은 범주화 능력을 이미 가지고 있다. 이는 내집단과 외집단 간의 차별화를 통해 고정관념을 형성하는 데 기여한다. 당신은 대개 내집단의 구성원들이 거의 다양하다고 느끼는 반면에 외집단들의 구성원들이 유사하다고 추정한다. 이를 '외집단 동종효과(outgroup homogeneity effect)'라고 한다.

고정관념은 우리가 외집단 구성원들의 행위에 관해 지각하고 기억하는 것에 영향을 받는다. 이를 통해 외집단 구성원들의 지나치게 단순화된 이미지를 만들면서 외집단 구성원 간 행동의 유사성을 과대

평가한다. 이를 통해 희생양을 만들면서 영속되거나 보호된다. 고정관념은 피해자를 비난하는 경향을 가질 뿐만 아니라 편견과 차별을 이끌 수 있다. 편견은 어떤 사람이 지닌 소속감이 아니라 어떤 집단 내에서 개인적 소속감에 단지 기반을 둔 인간에 대한 부정당한 부정적인 태도로 정의된다. 가시적인 인종 차별은 더욱 포착하기 어려운 편견의 형태를 지닌 현대적인 인종차별로 대체될 수 있다. 이런 인종차별의 경우 사람들은 표면적으로 은닉된 편견이 아니라 실제적 인종차별주의자적인 태도를 취한다. 편견이 행동으로 옮겨질 때, 이를 차별이라고 부른다. 차별은 어떤 집단 혹은 그 집단 구성원들에게 해를 끼치게 된다. 피해자를 비난하는 것은, 차별 혹은 불행한 일이 유발되었을 때 발생한다. 피해자를 비난하는 것은 나아가 편견과 차별은 소수자 집단에 대한 불이익과 일종의 구박을 정당화하는 것을 포함한다.

범주화가 고정관념과 편견을 이끄는 것과 마찬가지로 자기범주화를 유발시키곤 한다. 자기범주화는 개인적 정체성과 사회적 정체성을 만들어낸다. 사람들은 다른 집단과 비교해서 자기가 속한 집단에 대해 긍정적인 사회적 정체성을 성취하기 위해 긍정적으로 가치가 부여된 변별성을 찾는 경향이 있다. 더욱이 편견과 차별은 사회적 범주화로부터 기인하며, 또한 내집단에서의 경쟁, 내집단에서 외집단으로의 편견, 외집단 구성원들에 대한 몰인간화를 통해서도 기인되기도 한다. 이런 효과들은 비범주화와 재범주화의 조화를 통해서 완화될 수 있다. 차별을 줄이는 것은 소수자들과 낮은 권력 집단 구성원들에 대한 부당한 처리를 완화하는 것을 의미하며, 다수 집단 구성원들 간에 권리 침해의 의미를 깨닫게 해준다. 교수자들은 비교적 낮은 권력의 학습자들과 소수자들의 행동, 학교 운영 등에 영향을 준다는 사실을 기억해야 한다.

네 번째 단계는 내집단 갈등의 역학을 이해하는 것이다. 편견과 차별의 내집단 갈등을 다룬 이론들은 심리역학적 이론, 실재집단 갈등이론, 상대적 결핍이론 등이 대표적이다. 심리역학적 이론은 편견을 개인들 내에서의 동기유발 긴장의 결과라고 긍정적으로 가정한다. 실재집단 갈등이론은 내 그룹의 적대감, 적개심, 편견에 대해 각 집단이 원하는 집단의 총력 간의 경쟁에서 기인한다고 설명한다. 상대적 결핍이론은 어떤 특권 집단이 자신보다 더 많은 특권을 지닌 집단과 동일하기를 원한다는 구상에 기초를 두고 있다. 또한 접촉 이론에서는 긍정적인 인간관계가 규범과 법률적 권위로 인해 유지되고, 집단들이 어떤 상황에서든 동등한 지위를 갖게 되며, 집단들이 협동적인 노력을 하고, 대인적 상호작용이 일어날 경우, 다양한 집단 구성원들 간의 접촉이 긍정적인 효과를 가질 것이라고 명료하게 밝히고 있다. 이런 조건하에서 수행되는 상호작용은 문화충돌을 방지하고 문화 간 몰이해가 건설적으로 관리될 수 있는 틀을 제공한다.

다섯 번째 단계는 사회적 판단과정을 이해하는 것이다. 사회적 판단 이론에서는 개인들이 각각 다른 사람들을 긍정적인 방법 혹은 부정적인 방법으로 인식하거나, 혹은 다른 사람들을 좋아하는지 싫어하는지를 결정하는 인정 혹은 거부의 과정에 참여한다고 진술하고 있다. 인정의 과정은 개인들이 다른 사람들과 협동적으로 일을 할 경우 긍정적인 상호신뢰와 증진된 상호작용으로 빈번하고도 정확한 의사소통이 일어난다. 또한 엄밀한 관점 취하기, 각각의 다른 사람들에 대한 다원적인 관점과 납득선, 심리적 인정의 느낌과 자존심, 심리적 성공, 심리적 보상의 기대, 생산적인 미래 상호작용을 유발한다. 거부의 과정도 일어날 수 있는데, 이는 다음과 같이 요약될 수 있다. 개인들이 개인적으로 경쟁하거나 일을 할 때, 부정적이고 상호 신뢰가 없으며, 대립적이며 상호작용이 없는 상황은 의사소통의 결핍 혹은 부정확한 의사소통, 이기주의, 설득에 대한 거절, 다른 사람들에 관한 독점적이며 고정적인 관점, 심리적 거절의 느낌, 낮은 자존심, 심리적 실패, 미래의 대립적 상호작용으로의 기대 등을 유발한다.

여섯 번째 단계는 협동적 상황을 연출하는 것이다. 이는 인정의 과정을 촉진하고 접촉을 위한 조건을 창출하는 것은 협동적 상황을 만들어내는 것과 맥락을 같이한다. 사회적 상호신뢰의 세 가지 유형은 경쟁적 신뢰, 개인적 신뢰, 협동적 신뢰이다. 세 개의 신뢰 유형 중에서 협동적 신뢰는 높은 성취감, 보다 긍정적인 인간관계들로 인해 심리적 건강을 촉진한다. 협동적 과업을 구성하는 요소로는 다음의 다섯 가지 필수 요소들이 있다. 긍정적인 상호신뢰, 개인적 타당성, 촉진된 상호작용, 사회적 수단, 집단 과정화가 바로 그것이다. 이런 다섯 가지 요소를 수업으로 구성함으로써 교수자들은 형식적인 협동학습 수업, 비형식적 협동학습 수업을 창출할 수 있고 협동을 기반으로 한 모둠들을 구성할 수 있다.

협동은 한 교실로, 여러 교실로, 학교 전체로, 학부형들에게로, 그리고 이웃들과 지역사회로까지 확장될 수 있다. 협동을 중심으로 한 학교에서는 교사들이 팀을 이루어 교수활동을 할 수 있으며, 교직원회의 또한 협동적으로 조직되며, 의사결정 역시 협동적인 집단 특성을 반영하여 민주적으로 일어난다. 다양한 개인들이 함께 과업을 수행할 때 상호의 목표를 성취할 수 있으며, 인정의 과정이 창출되며, 기존의 부정적인 고정관념과 편견은 긍정적인 관계로 발전할 수 있을 것이다.

일곱 번째 단계는 갈등해결의 과정을 가르치는 것이다. 다양한 집단에서 개인들들은 협동을 자주 하겠지만, 갈등 역시 빈번하게 발생한다. 갈등을 관리하기 위해서는 학생들과 교직원들은 갈등을 건설적으로 해결하는 방법을 배워야 한다. 또한 학교가 갈등을 긍정적으로 다루어야 할 필요성을 느껴야 하며, 학교에서 갈등을 찾아내고, 구성적으로 관리해야 한다. 구성적으로 갈등을 관리하게 되면 학습이 촉진되고, 문제가 해결되며, 건강한 사회발전, 사회 변화, 전통의 계승을 도모할 수 있다. 그뿐만 아니라 삶의 경험이 흥미롭고 재미있게 될 것이다.

다양한 문화적 배경의 학생들이 함께 협동적으로 과업을 수행할 때 할당된 과제들을 어떻게 완수할 수 있는가에 관해 혹은 그들의 목표를 성취하기 위한 최선의 방법은 무엇인가에 관해 지적인 갈등이 제기될 수 있다. 학문적 논쟁은 어떤 학생이 지닌 생각, 정보, 결론, 이론, 의견 등이 다른 학생의 그것과 양립하지 않을 경우 존재하게 되며, 이 두 학생들은 협의에 이르는 길을 찾을 것이다. 교수자들은 학생들의 입장을 연구하고 준비해야 하며, 그들의 입장을 발표하고 주장하도록 하고, 그들이 반대 입장을 논박하고, 그들의 입장에 대한 공격을 극복하는 열린 토론에 참여할 수 있도록 해야 한다. 이를 통해 관점들을 전환하게 하거나 통합하게 하고, 가장 적합한 증거들을 종합하며 건설적인 합의점을 추론하도록 지도한다. 학문적 논쟁에 참여한다는 것은 학습을 위한 지속적인 동기유발, 창의적 문제해결, 고차원적 추론, 더욱 긍정적인 관계, 자존심의 향상을 있게 한다.

다양한 학생들이 상호작용을 할 경우 갈등이 자주 일어날 수밖에 없다. 두 명의 학생들이 모두 동일한 컴퓨터를 사용하기 원하거나 혹은 같은 책을 읽고자 한다. 또한 이 학생들이 같은 연필을 사용하길 원한다고 생각해 보자. 그렇다면 갈등은 반드시 일어날 것이고 이 학생들은 구성적인 합의를 어떻게 협상하는지를 알아야만 한다.

협상은 어떤 사람들이 둘 다 공유하되 반대되는 관심을 가지고 있을 때, 조정에 이르기 원할 때 이를 해결하고자 노력함으로써 생기는 과정이다. 두 가지 형태의 협상이 있는데 하나는 '승리-패배' 협상 혹은 '분배' 협상이며, 또 다른 하나는 '문제해결' 협상 혹은 '통합적' 협상이 있다. 승리-패배 협상에서 목표는 다른 사람이 선호하는 것보다 자기 자신이 선호하는 쪽으로 합의를 이루는 것이다. 문제해결 협상에서의 목표는 이익이 모든 사람에게 해당되는 방향으로 합의에 이르는 것이다. 현재뿐만 아니라 미래에도 해당되는 인간관계에 있어서 협상에 이르는 통합적인 접근은 구성주의적인 대안뿐이 없다.

학생들이 문제해결 협상의 절차를 터득한 후에 동료 학생들과 갈등을 어떻게 중재할 것인지를 배우게 된다. 중재자란 두 명 혹은 그 이상의 사람들로, 그들에게 처한 갈등들을 해결해 주는 중립적인 위치에 있는 사람이다. 또한 중재자는 항상 적대행위를 지양하며, 중재과정에 대해 책임을 갖고, 문제해결 협상을 활용하며, 합의를 구성해야 한다. 학습자들이 중재자가 되려면, 중재자 교육프로그램이 실행되어야 한다. 모든 학생들이 또래 집단 중재자로서 봉사할 수 있는데, 어떤 사람이든 그렇게 해서 얻는 이익을 경험할 수 있다.

여덟 번째 단계는 시민적 가치를 가르치는 것이다. 다양성이 강화되기 위해서는 개인들은 학습을 해야만 하고 다원적이고, 민주적인 가치들을 내재화해야 한다. 역사적으로 보아 시민의 시대를 가름한다면 18세기까지 거슬러 올라가는데 그 당시의 사람들은 시민적 미덕을 갖출 필요가 있었다. 지역사회 혹은 사회가 존재하기 위해서는 구성원들은 공통적인 목표와 가치를 공유해야만 하고 모든 시민들의 삶의 질 향상을 약속하게 된다. 시민적 가치란 학생들이 민주주의 사회에서 살아나가는데 준비해야 할 것을 가르치는 것으로 이해되며, 이 가치를 통해 학생들을 좀 더 나은 사람으로 만들어 주고, 학생들이 지역사회를 돌보도록 가르치게 된다.

민주주의가 생존하기 위해서는 해당 사회의 시민들이 민주시민 역량을 지녀야 하며, 이 민주시민 역량을 행동으로 실천하는 윤리를 가져야 한다. 아울러 민주 사회를 구성하는 각 개인의 행복이 없다면 민주주의 또한 퇴보하게 된다. 학교는 직접적으로 교과 및 비교과 수업을 통해, 정체성 교육을 통해, 지정한 혹은 자발적인 사회적 역할의 제도화를 통해, 집단 영향을 통해, 학교 일상생활의 성공-실패 패턴을 통해 민주주의 가치를 가르칠 수 있다. 이 가치는 수업이라는 가장 구조화된 방법 즉 경쟁적, 개인적, 협동적 방법을 통해 직접적으로 표현되며, 지적 갈등과 이해의 충돌을 관리하는 방법으로서 논쟁과 중재 프로그램을 통해 표현된다. 또한 민주주의 가치는 목표의 선택과 합리적인 의사결정 과정을 일러준다. 아울러 이 가치는 어떤 사람이 타자에 대해 어떤 행위를 해야 할 것인가에 대한 존중의 패러다임을 갖게 한다.

Johnson과 Johnson(2002a)은 만약 이러한 여덟 단계가 잘 이루어진다면, 다양성이 표출되고 극대화되어가는 다문화 사회에서 다양한 개인들 간 관계들은 긍정적이며, 구성적이고, 효율적일 뿐만 아니라 서로 돌보는 분위기로 바뀔 것이라고 주장한다. 집단 간 차이들의 합법성은 인정되며, 내집단 갈등들은 공정한 방법으로 관리될 것이다.

다양성을 만들어내는 것이 중요하게 부각되고 다양한 개인들 간의 상호작용으로부터 도출된 긍정적인 결과들을 보증하는 것은 지나치게 강조될 필요가 없다. 이를테면 오늘날의 전쟁의 지배적인 형태는 국제적인 갈등에 인해서가 아니라 오히려 민족, 종교, 공동 사회적 정체성 등으로 정의되는 국지적인 갈등라고 볼 수 있다. 이와 같은 갈등들은 과거 수년 동안 보스니아, 르완다, 아르메니아 그리고 과테말라와 다른 지역들에서 발생했었다. 민족적 갈등은 확실하게 군인들이 총을 들고 싸우는 전쟁이라는 사건의 맥락에서라기보다는 해당 사회 내에서 그리고 그 사회를 둘러싼 이웃 지역에서 자주 지나친 갈등으로 나타났다. 그 결과 사망자의 80% 이상이 시민들이었으며, 특히 여성과 아이들이 다수를 차지했다(Johnson & Johnson, 김영순 외 역, 2010: 419). 최근 들어 세계는 민족적인 혐오로 인한 갈등과 범죄가 증가하고 있으며, 난민들이 속출하고 있다. 이런 갈등들은 복잡하고 해결하기 어렵다. 그럼에도 불구하고 우리는 미래를 위해 민주주의 교육 수행을 늦출 수 없다. 지금 당장은 전 지구적으로 일어나는 갈등을 해결하기 어렵지만 후속세대들에게 또한 해당 사회의 시민들에게 민주주의 교육을 지속한다면 점차로 해결될 여지가 있을 것이다.

5. 마무리

다문화 사회에서 다양성으로 인해 있을 수 있는 소통 장애를 극복할 수 있는 협력의 기술은 협동학습을 교실에 도입함으로써 가능하다고 본다. 우리가 1장에서 이미 살펴본 바와 같이 협동학습의 인지적 효과 및 정의적 효과를 신뢰한다면 말이다. 필자는 이 책을 통해 그간 진행해 온 수업에 참여한 대학생들의 협동학습 경험을 기술하고자 교수자 입장에서 협동학습 활용의 의미, 협동학습 운영의 실제, 협동학습과 교수자 역할, 협동학습의 평가와 협동학습에 대한 믿음에 대해 기술하였다.

1절에서 논의한 협동학습 활용의 의미는 협동학습과 다문화교육의 연관성을 갖는다는 것이 중심적인 내용이다. 협동학습은 학습자들에게 교실의 민주주의를 경험할 수 있는 계기를 갖게 하고, 실제 수업을 통해 민주화를 실천하는 방식이다. 또한 협동학습 자체가 학습공동체로서 학습자 주체가 동료의 학습에 대한 사회적 책임을 갖게 한다는 것이다. 개인만 성공하는 것이 아니라 학습에 참여한 공동체 모두가 성공해야 하는 협동학습의 특징이다.

2절에서는 협동학습 운영에 대해 모둠 구성의 방법과 협동학습 모둠, 협동학습을 활용하는 방법과 협동학습의 기본 요소에 대해 기술하였다. 특히 협동학습의 다섯 가지 요소는 바로 긍정적인 상호작용, 개인별 책무성, 상호작용 활성화, 사회적 기능과 모둠 세우기이다. 이와 같은 다섯 가지 요소를 수업에서 충분하게 활용하게 되면 교수자는 형식적 협동학습 수업 활동, 비형식적 협동학습 수업 활동과 협동적인 기본 모둠을 잘 운영할 수 있다.

3절에서는 협동학습과 교수자 역할에 대해 기술하였다. 교수자가 협동학습을 실행하기 위해 거쳐야 하는 절차에 대해 협동학습 모둠 구성과 수업 관리, 협동적인 조직 관리 등으로 구분하여 제시하였다. 협동학습 모둠 구성과 수업관리에 있어서는 협동학습 과제와 모둠 구성, 협동학습 시 관찰과 중재, 협동학습 평가 및 상호작용 기술로 구분하여 설명하였다. 또한 협동적인 조직 관리 부분은 학급 관리, 협동학교 운영, 협력조직 만들기 등을 기술하였다.

4절에서는 협동학습의 평가와 믿음에 대해 기술하였다. 협동학습은 당연히 모둠평가를 기초로 한다. 물론 개별평가도 하지만 모둠평가가 우선시된다. 이 장에서는 가장 바람직한 접근이 개별평가와 모둠평가를 병행하는 것으로 결론짓는다. 협동학습의 믿음에서는 개인들 간 다원주의와 다양성이 잘 관리된다면 긍정적인 기대와 효과적인 기회를 창출한다는 전제를 제시하였다. 협동학습 수행 시 긍정적인 결과를 가지려면 교수자들은 일종의 주문과 같은 기대와 믿음을 가져야 한다. 그것은 바로 협동학습이야말로 날로 다양해지는 우리 사회에 민주시민성의 가장 기초인 긍정적인 상호신뢰감을 통한 다양성 존중을 기대할 수 있는 교육적 기제이기 때문이다.

3장 협동의 기술: 갈등학습과 논쟁학습

1. 갈등의 협동학습 활용

앞선 장에서 필자는 다문화 사회의 다양성에 관한 관리를 통해 해당 사회의 발전 가부가 결정될 수 있다는 견해를 이야기했고, 다양성의 가치를 극대화시키고 다양성의 위험요소를 최소화시키는 방법으로서 협동학습을 제안하였다.[1] 이번 장에서는 이러한 다양성의 가치를 교육현장에서 적절하게 활용할 수 있는 두 가지 대표적인 협동학습 교수방법을 소개할 것이다. 하나는 갈등활용학습(이하 '갈등학습')이며 다른 하나는 학술논쟁학습(이하 '논쟁학습')이다.

우선 갈등학습의 개요를 살펴보자. 갈등에 관한 교육의 목적은 갈등을 긍정적으로 이해하고, 갈등 해결의 절차를 능숙하게 사용할 수 있는 기능을 습득하는 것이다. 다양한 학생들이 모여 있는 학교에서 학생들의 상호 간 인간관계를 바로 세우고, 긍정적 상호작용이 활발히 일어날 수 있도록 하기 위해 갈등은 자주 발생하는 것이 좋고, 그 갈등을 긍정적으로 다룰 수 있어야 한다. 즉 학교는 갈등을 부정하고 회피

1) 이번 장은 Johnson & Johnson(2002b)의 책 『Multicultural Education and Human Relation』의 한국어 번역서 김영순 외(2010), 『다문화교육과 인간관계』의 8장 '긍정적 관점에서 갈등을 다루는 학교'와 9장 '학술적인 논쟁'의 내용을 상기 장의 맥락에 맞추어 요약하여 재구성한 것임.

하려는 조직체가 아닌 갈등을 긍정적으로 처리하고 다룰 수 있는 조직체이어야 한다. 이러한 전제들이 갈등교육을 학교현장에 적용해야만 하는 원인을 만드는 것이다.

갈등은 일상생활에서 직면하고 긍정적으로 해결해야 할 삶의 자연스러운 일부분이다. 우리 일상에서 갈등을 피하려고 하는 것은 거의 불가능할 것이다. 무엇을 하든지 갈등은 일어나는 법이다. 특히 우리가 매우 비중을 두고 소중히 생각하는 관계 가운데 있을 때나 뚜렷한 목표를 가질 때, 갈등은 특히 자주 생긴다.

인간관계에서 갈등이 생길 때마다 긍정적인 결과로 끝맺음할 수도 있고, 부정적이고 파괴적인 결과로 끝맺을 수도 있다. 긍정적인 결과를 가져온다는 것은 다음 사항들이 전제되어야 한다. ① 갈등을 긍정적으로 극복하고 다룰 수 있는 일련의 절차를 깨달아야 한다. ② 갈등을 극복할 수 있는 기능적인 부분과 전문성을 연습할 수 있는 기회를 가질 수 있어야 한다. ③ 도움과 격려를 바탕으로 학교나 가정에서의 가치나 기준에 따라 갈등을 극복할 수 있는 절차를 사용할 수 있어야 한다.

만약 갈등을 긍정적으로 처리하고 다룰 수 있다면 모든 사람들은 갈등을 극복하기 위해 똑같은 절차를 사용하게 되고, 일련의 절차를 과정에 따라 다룰 수 있는 기능성을 갖게 될 것이다. 학교, 가정, 회사와 같은 조직에서 모든 구성원들은 갈등을 다루는 절차를 똑같이 사용하게 되는 것이다. 이와 같은 긍정적인 동의는 ① 공동의 이익을 극대화하고, 모든 구성원이 만족할 때, ② 토론자가 서로 협동하여 함께 활동할 수 있고, 서로 존경하고, 서로 신뢰하고, 서로 호감을 가질 때, 그리고 ③ 토론자가 미래에 발생할 수 있는 갈등을 더욱 긍정적으로 해결할 수 있다고 판단될 때 긍정적인 동의가 이루어질 수 있다(Johnson & Johnson, 김영순 외 역. 2010: 276f.).

이제 논쟁학습의 개요를 살펴보자. 논쟁학습 역시 다문화 사회가 지닌 다양성에 근거를 둔다. 다양성의 내면에는 경험과 관점의 차이가 존재한다. 세계를 인식하는 방법과 사건을 해석하는 방법의 차이는 더 나아가 불일치를 가져온다. 다양한 개인들이 함께 협동하여 학습할 때, 그들 사이에서는 종종 의견대립이 일어난다. 그러나 불일치는 사고를 정교화시키고, 다른 사람의 경험과 관점을 통찰하게 하며, 보다 친밀하고 긍정적인 관계를 유지하게 한다. 또한 절대다수와 소수자 간에 지속적으로 대화하게 하고, 자유와 평등과 같은 가치들이 우리 사회에 주는 긍정적인 영향에 대해 배우고자 하는 동기를 끊임없이 제공하는 등 잠재적으로 건설적이다. 그뿐만 아니라 토론이 학술적인 작업을 수반할 때, 보다 높은 성취, 창의적인 문제 해결, 학습한 것을 보다 완벽하고 정확하게 유지하는 결과를 가져온다(Johnson & Johnson, 김영순 외 역. 2010: 303f.).

2. 갈등학습과 갈등관리 프로그램

1) 갈등을 다루는 관점

대부분의 학교경영자들은 갈등이 생기지 않도록 억누르고 갈등을 회피한다. 이런 학교는 갈등을 부정적으로 보는 경향이 짙다. 이런 학교경영자가 있는 학교에서는 갈등이 발생할 경우 이를 부정적이고 억압적인 방법으로 처리하고 다룬다. 다시 말해 갈등이라는 것 자체를 부정적으로 본다는 것이다. 그러므로 갈등을 부정적으로 다루는 학교의 경영 목표는 두 가지로 축약될 수 있다. ① 학교에서의 모든 갈등과 대립이 발생하지 않도록 하기 위해 갈등을 억누르고 회피할 뿐 아니라 허용하지 않는다. ② 갈등이 발생하더라도 그 갈등을 최소화시키기 위해 노력한다. 이는 모든 갈등과 대립이 학교에서 발생하는 문제의 근원이라고 여기기 때문이다. 이러한 관점에서 갈등은 본질적으로 부정적이고 파괴적인 요소이다.

사람들은 갈등에 대해 두려움, 근심, 염려, 불안함으로 표출하거나 자기 방어 기제로 반응하기도 한다. 대처하는 방법도 갈등을 회피하는 것이다. 갈등이 되는 인간관계를 피하고 그 관계를 나누는 사람과 만나지 않으며 서로 논쟁을 회피하려는 태도를 취한다. 이처럼 갈등을 해결하기 위한 방법적 절차는 무조건 회피하는 것이 최선이라고 여긴다. 이는 갈등 속에 있다는 것은 비효과적인 것으로 인식하기 때문이다(Johnson & Johnson, 김영순 외 역, 2010: 276).

갈등을 긍정적으로 보는 학교는 갈등을 독려하고, 갈등을 긍정적으로 처리하는 학교이다. 이를 통해 학교에서의 생활 및 교수학습의 질적 향상을 도모하는 학교의 잠재적 능력을 더욱 극대화시킬 수 있다. 갈등에는 다양한 종류가 있으며, 이는 학교생활에서 지극히 있을 수 있는 만연한 것이고 불가피한 것으로 여겨진다. 갈등을 긍정적으로 보는 사람들은 일상생활 중에 갈등을 피할 수 있다 할지라도 그냥 경험하고자 한다. 그 이유는 갈등이 절망적인 것도 심각한 문제도 아니라고 간주하기 때문이다. 오히려 갈등은 문제해결의 일부분이 된다. 의미 있고 가치 있는 많은 일상생활의 유익한 경험들은 갈등에서

야기되는 경우가 많다. 갈등은 필연적일 뿐 아니라 건강하고 당연한 것으로서 학교를 더욱 생기 넘치고 활력 있는 곳으로 만들어 줄 수 있다고 본다.

그러나 모든 갈등이 긍정적인 영향력을 가진다고 할 수는 없다. 갈등을 조절하고 다루는 방법에 따라 다른 결과로 나타난다. 그러므로 갈등을 무조건 억누르기보다는 긍정적인 방법으로 극복될 수 있도록 돕고 격려해야 한다. 또한 갈등을 걱정하고 두려워하기보다는 갈등의 잠재적 가능성을 열정과 관심, 그리고 새로운 전망을 창출해 내는 것으로도 이해할 수 있어야 한다. 그러므로 교사와 학교 경영자들은 갈등의 잠재적 가능성을 긍정적으로 여기고, 갈등을 격려하고, 갈등을 교육적으로 지원해야 한다.

이를 위한 한 가지 방법은 협동 팀을 조직하는 것이다. 학생들은 협동학습 모둠을 구성하여 학습활동을 하고, 교사들도 팀을 구성하여 일하는 것이다. 모둠 내에서 갈등을 다루는 구체적인 방법과 절차를 배워서 학교의 모든 구성원들에게 이 방법을 확산시켜야 한다. 이들이 똑같은 방법과 절차를 사용한다면 갈등은 긍정적인 관점으로 간주될 수 있으며, 나아가 갈등을 긍정적으로 해결할 수 있을 것이다. 긍정적인 관점에서 갈등을 인식하는 학교가 되기 위해서 교수자들은 다음의 몇 가지 논제를 이해해야만 한다(Johnson & Johnson, 김영순 외 역. 2010: 277).

- ▶ 갈등이란 무엇인가?
- ▶ 갈등을 긍정적으로 관리하는 것과 부정적으로 관리하는 것의 차이점은?
- ▶ 갈등을 긍정적인 방법으로 조절하고 다룰 경우 유의미한 결과들은?

▶ 갈등을 극복하고 이를 다루는 방법과 절차를 학교의 구성원인 학생과 교사들이 똑같이 활용할 수 있는 구체적인 방법은?
▶ 갈등을 긍정적으로 조절하고 다루는 방법을 가르칠 수 있는 절차는?

갈등은 마치 태양이 아침에 떠서 저녁에 지듯이 우리의 일상생활에서 끊임없이 일어난다. 그리고 많은 사람들이 갈등을 극복하고 해결하는 기능이 부족하기 때문에 갈등을 긍정적으로 해결하는 방법을 배우는 것은 우리가 할 수 있는 최고의 투자 중 하나가 될 수 있다. 일단 갈등해결을 배우고 나면 그 기능은 모든 관계, 모든 상황에서 효과적으로 사용할 수 있을 것이다. 갈등을 기능적으로 해결할 수 있는 방법을 아는 것은 성공을 위한 경력과 경험을 쌓는 것이다. 따라서 친구나 동료와의 질적인 인간관계를 더욱 향상시켜 줄 것이다.

Johnson과 Johnson(1995a; 1995b)은 네 가지 중요한 갈등의 유형을 분류했다. 여기에 학문적 토론, 개념의 갈등, 관심의 갈등, 발전에 관한 갈등이 속한다. '학문적 토론'은 어떤 개인이 지닌 생각, 정보, 학문적 이론 및 의견이 서로 대립될 때 생긴다. 또한 이렇게 대립되는 개인들이 합의점에 도달하기 위해 노력하는 것이 토론이다. 토론과 밀접한 관계가 있는 것이 '개념의 갈등'이다. 이와 같은 개념의 갈등은 인간관계를 맺고 있는 상대의 생각과 개념이 상호 일치하지 않을 때 발생한다. 다시 말해, 이미 알고 있는 지식과 받아들여진 사실적인 정보가 일치하지 않을 때 생긴다.

하나의 실례로 양이 같은 물을 두 종류의 컵에 부을 때, 하나는 길고 가는 컵에, 다른 하나는 짧고 폭이 넓은 컵에 붓는다고 가정하자. 그렇다면 누구든 각각의 컵이 똑같은 물의 양을 가지고 있다는 것을 안다. 하지만 대부분의 사람들은 시각적으로 길이가 긴 컵이 더 많은 물을 담았다고 생각한다. 이런 개념의 갈등을 이해하기 위해 Johnson과 Johnson(2002b)은 다음과 같은 활동지를 제시한다(Johnson & Johnson, 김영순 외 역. 2010: 279f.).

[활동] 갈등에 대한 생각

짝을 이루어 다음 질문에 대한 답을 적어보라. 여러분은 교사나 전체 반 친구에게 당신의 답에 대해 설명할 수 있어야 한다. 그 과정을 마쳤을 때 다른 짝을 찾고 서로 답을 비교해 보라. 여러분의 답을 개선시키기 위해서 친구들의 아이디어를 활용하라.

1. 갈등은 두 사람이 같은 것을 원할 때 발생한다. 아이스크림이 하나뿐인데 한 사람이 "나는 아이스크림을 원해"라고 할 때, 다른 사람이 "나도 아이스크림을 원해"라고 말한다면 갈등이 일어난다. 이와 같은 예를 생각했을 때 당신은 갈등이 무엇이라고 생각하는가? 당신 스스로 아이디어를 이용해서 갈등에 대한 정의를 기술해 보자.

2. 갈등은 좋은 것인가, 나쁜 것인가? 당신의 생각을 적어보자. 긍정적 갈등, 부정적 갈등의 3가지 사례를 들어보아라. 또한 작은 갈등과 큰 갈등 3가지를 각각 나열해 보라. 아울러 집과 학교에서 접할 수 있는 갈등 3가지를 나열해 보라.

긍정적 갈등	부정적 갈등

작은 갈등	큰 갈등

집에서의 갈등	학교에서의 갈등

3. 무엇이 더 중요한가?

____________ 내가 원하는 것을 갖는 것

____________ 다른 사람과 좋은 관계를 유지하는 것

당신이 체크한 것에 대해 그 이유를 말해 보라.

학교와 교실 안에서 학생, 교사, 교직원들의 관심이 조화를 이루기도 하지만 갈등도 형성될 수 있다. 개개인의 목표를 성취하기 위해 노력하는 행위를 막거나 이를 방해하고 상호 간에 충돌이 일어날 때, 다른 사람의 목표 달성을 위한 노력과 충돌이 일어날 때 갈등이 나타난다. '관심의 갈등'은 개개인의 목표 달성 과정에서 노력과 충돌이 일어날 때 발생한다. 학교와 교실 안에서 학생, 교사, 교직원들의 관심이 조화를 이루기도 하지만, 갈등도 형성될 수 있다. 관심의 갈등이 일어나는 상황의 예시는 다음과 같다(Johnson & Johnson, 김영순 외 역. 2010: 281).

- ▶ 컴퓨터, 책, 옷, 차의 사용과 같은 활용에서 오는 갈등
- ▶ 돈, 옷, 컴퓨터게임, 권력을 획득하는 것과 같은 쟁취에서 오는 갈등
- ▶ 어떤 영화를 볼지, 무엇을 먹을지, 무엇을 할지에 대한 합의에서 오는 갈등

많은 교실에서 교사들은 학습자들 사이에 관심의 갈등을 만들어 낸다. 관심의 갈등은 학습자 간, 학습자와 교수자 간, 교수자 간, 교수

자와 학교 행정가 간에 경쟁함으로써 일반적으로 나타나는 현상이다. 관심의 갈등은 자연스럽게 발생하기도 하고, 고의적으로도 만들어진다. 갈등이 긍정적이냐 부정적이냐를 결정짓는 요소는 갈등의 존재 자체가 아니라 갈등을 극복하고 다룰 수 있는 방법적인 것이다. 갈등은 다음과 같은 점에서 긍정적이라고 볼 수 있다(Johnson & Johnson, 김영순 외 역, 2010: 282).

- ▶ 갈등은 모든 구성원이 자신의 목표를 성취하도록 하는 합의에 이르는 것이다. 개인의 성취를 극대화하고 모두에게 이익이 되어야 하며 모두의 관심을 포함하는 합의를 말한다.
- ▶ 갈등이 결과적으로 서로에게 호감을 갖고 상호 존경하게 하고, 신뢰를 향상시킴으로써 모둠의 관계를 더욱 강화시키는 것이다.
- ▶ 개인의 능력을 강화하여 미래에 발생할 수 있는 갈등을 긍정적으로 해결할 수 있을 때 갈등을 긍정적이라고 본다.

갈등은 다음과 같은 경우 더욱 긍정적으로 작용한다. ① 개인의 다양성을 가치 있게 여기고 다양성이 가르침과 배움, 의사결정, 문제해결을 더욱 풍요롭게 한다는 것을 인식할 때, ② 개인이 공공의 이익을 추구하고 공동의 관심을 이해하며 보편적인 근거를 추구할 때, ③ 개인이 자신의 능력에 대해 자신감을 갖고 동료나 친구의 능력을 신뢰하여 갈등을 해결해 가는 절차를 사용할 때, ④ 개인이 갈등을 효과적으로 다룰 때, 갈등은 보다 긍정적인 것이 된다.

반면, 다음과 같은 경우, 갈등은 더욱 부정적 영향을 나타낸다. ① 다른 사람의 희생으로 한 사람이 이겼을 때, ② 화가 나거나 분개하며 상심하고 의심할 때, 미래의 갈등을 긍정적으로 해결할 수 있는 가능성을 축소시킨다. 갈등이 부정적으로 관리된다면 어떤 조직에 있어서 많은 희생이 따르고 조직의 영향력이 파괴된다. 또한 인간관계가 와해되고 구성원들이 일을 태만히 하게 되는 원인으로 작용하기도 하고, 가르치는 노력과 배우는 노력을 지체시키고 감소시키며 조직의 목적에 대한 개인의 책임과 안전, 사적인 감정을 파괴하기도 한다(Janz & Tjosvold, 1985). 갈등이 잘못 관리된다면 교수자와 학습자들이 가르치고 배우는 것보다도 고민하고 다투는 데 시간을 낭비하게 된다(Johnson & Johnson, 김영순 외 역. 2010: 283).

2) 갈등의 가치

갈등이 긍정적으로 관리되면 상당한 가치가 있다. 그렇기에 중요한 것은 갈등의 발생 여부가 아니라 갈등을 어떻게 관리하는가이다. 갈등이 긍정적으로 관리될 때 바람직한 결과를 풍부하게 가져온다(Deutsch, 1973; Johnson & Johnson, 2000).

우선 갈등은 성취의 양과 질을 풍부하게 하고 높은 수준의 추론을 가능하게 하며, 창의적으로 문제를 해결한다. 두 번째로 판단력과 문제해결력의 질을 향상시킨다. 높은 수준의 정신적인 추론은 갈등으로부터 얻을 수 있다.

또한 갈등은 건강한 인식과 사회적 · 정신적인 발전에 필수적이다. 갈등은 사람을 성숙하게 만든다. 관계는 성장의 다양한 단계 속에서 갈등을 통해 성장할 수 있다. 대부분 성장 과정에서 명령이 제시되면 아동, 청소년, 성인 모두 갈등을 일으킨다. 사람들은 타인의 시각을 받아들이면서 탈자기중심적으로 변화되며, 갈등을 직접 해결해서 위기를 극복할 수 있을 때 자신감을 갖게 된다. 자신감 있는 청소년은 더욱 협조적이고, 앞을 내다보고 행동하며, 참여적이다. 학생들은 공동의 문제를 해결하는 과정에서 협동해서 갈등을 관리하는 방법을 배워감에 따라 정신적으로 더욱 건강해지고 고난과 스트레스를 더욱 잘 조절할 수 있게 된다. 아동, 청소년들이 공동의 문제를 협상을 통해 해결하는 요령과 그 과정을 경험하게 되면, 갈등을 다스려 삶의 도전을 극복하고 예상치 못한 고난에 대비할 수 있게 된다.

갈등은 개인이 행동할 수 있도록 격려한다. 갈등은 관계로 인한 문제를 다룰 동기를 부여하고 강화시킨다. 갈등을 인식하는 것은 엄청난 정신력이 소모되고 집중력을 요구하며, 그 결과로 개인은 갈등을 해결하려는 강한 동기를 부여받고 계획을 실행한다. 갈등이 긍정적으로 해결되면, 학생들을 분노하고 흥분하게 했던 에너지는 학습에 집중할 수 있도록 전환된다. 그러므로 갈등을 긍정적으로 다룰 수 있는 기술은 학생들을 보다 고용에 적합하게 만들고 직업에서의 성공을 높이며 삶의 질을 향상시킨다.

현재 많은 재계의 지도자들은 학교가 일에 대해 제대로 된 시각을 전달하지 못한다고 판단한다. 그리고 그 원인은 학교에서 협동의 중요성과 갈등을 능숙하게 다루는 기술을 배우지 못했기 때문이라고 본다. 학생들은 수많은 갈등을 경험하고 갈등을 효과적으로 다루는데 필요한 기술과 절차를 완벽하게 하는 과정을 통해서 더 높은 단계의 우정과 가족관계를 유지할 수 있고, 직장의 상급자와 동료, 그리고 하급자와의 관계에서도 더 나은 관계를 유지할 수 있다. 또 이를 통해서 더 쉽게 승진할 수도 있다.

갈등과 대립은 배려를 증대시키고, 관계를 개선하고, 사기를 진작시키는 데 필수적이다. 갈등과 대립은 또한 관계를 깊고 풍부하게 할 수 있고, 관계가 스트레스 받지 않게 할 수 있다는 사람들의 신념을 강화시킨다. 아울러 갈등이 해결되면 상대와의 일체감과 관계의 응집력이 생긴다. 유익한 논쟁은 다른 사람과의 작은 긴장들을 많이 해결할 것이다. 분열되었을 때 약간의 갈등과 대립을 이용하는 것만큼 좋은 방법은 없다. 지역사회, 학교, 교실은 구성원들의 정해진 목표를 위해 이질적인 개인이 함께 협력해야 할 체계이다. 갈등과 대립이 건설적으로 관리되면 학교 공동체의 삶의 질은 개선된다.

갈등은 해결해야 할 문제에 대한 인식을 증가시킨다. 갈등은 무엇이 문제이고, 누구와 관련 있고, 어떻게 해결할 수 있는지에 대한 인식을 증가시킨다. 상대방 때문에 생긴 구체적인 문제에 대한 인식은 상대방에 대한 스트레스를 감소시킨다. 또한 갈등과 대립은 변화를 증진한다. 갈등과 대립은 도전에 대한 동기를 만들고 유행에 뒤떨어진 절차, 과제, 구조, 다른 삶을 대하는 습관적인 행동, 개인적인 습관을 변화시킨다. 그뿐만 아니라 갈등은 학생들이 무엇을 좋아하고 어떻게 변해야 하는지 이해하도록 도울 것이다. 무엇이 그들을 성나게 하고 무엇이 그들을 놀라게 하며, 무엇이 그들에게 중요한지, 그리고 어떻게 다른 사람과의 갈등에 집중하는지, 무엇을 안다는 것은 그들이 기꺼이 논쟁하게 하고 갈등과 대립 중에 그들 스스로 많은 것을 배우게 한다. 이러한 인식이 변화를 북돋운다. 변화가 필요할 때, 새 기술을 배워야 할 때, 낡은 습관을 수정해야 할 때가 이때이다.

갈등과 대립은 상대방이 개인적으로 무엇을 좋아하는지를 학생들이 이해할 수 있도록 도울 것이다. 상대방을 안다는 것이 기꺼이 학생들의 인식 — 상대방이 좋아하는 가치, 태도, 견해 — 을 증대시켜줄 것이다. 갈등은 우리들의 삶에 흥미와 관심, 즐거움을 주는 필수적인 요소가 될 수 있다. 갈등 상황 가운데 있다는 것은 어떤 면에서 호기심과 관심 및 흥미를 불러일으킨다. 예를 들어, 정치 · 스포츠 · 사회적 문제에 대한 토론과 논쟁은 개인과 개인 간의 상호작용을 더욱 활발하게 하여 호기심과 흥미를 자아낸다. 능숙한 협상과 대화 및 타협 기술은 사람들의 인생에 더욱 큰 즐거움을 줄 수 있는 요소이다. 이를테면, 많은 사람들은 스포츠 경기나 게임, 놀이와 같은 경쟁적인 활동에서 갈등을 흥미롭게 여긴다. 그럴 수 있는 것은 사람들이 갈등 상황 속에 참여하는 것을 즐기기 때문이다.

갈등을 긍정적으로 조절하고 다루는 방법을 배움으로써 얻을 수 있는 유익함은 배움 시간을 소비하는 비용을 훨씬 능가한다. 비용 분석 관점에서 교사나 학생이 학급 및 학교에서 만들 수 있는 가장 건전한 투자 중 하나는 학생들에게 갈등을 긍정적으로 조절하고 다루는 방법을 가르치는 것이다. 긍정적으로 조절하고 다룰 수 있는 갈등만이 가치가 있다. 다시 말해 갈등이 교육적으로 활용될 때만 가치가 있게 된다. 모든 학교 구성원들이 갈등을 제각기 다른 방법으로 다루고 조절한다면 혼란과 혼돈, 부정적인 결과들이 초래될 것이다. 갈등의 가치를 확인했듯이 모든 학생과 교사들이 갈등에 대해 합리적인 절차와 방법을 사용하면 그 갈등을 해결할 수 있을 것이다.

학습자들은 각각의 생각과 경험이 달라서 갈등이 어떤 방법으로 해결되어야 하는지에 대한 의견도 다양하다. 어떤 학생들은 신체적인 힘의 지배 원리, 즉 폭력과 위협으로 해결해야 한다고 생각하기도 하고, 어떤 학생들은 언어적 공격, 무시, 양보 등과 같은 방법과 절차를 사용해야 한다고 생각한다. 이처럼 교실에서 체계적이지 않은 상이한 방법과 절차로 갈등을 조절하고 다루는 것은 학습자나 교수자에게 혼란과 혼돈을 초래할 수 있다. 학생들이 다양한 문화적 배경, 다양한 인종, 다양한 사회계층 및 다양한 언어적 배경을 가지고 있을 때, 다시 말해 다문화 환경적 상황이 주어질 때 특히 그렇다.

따라서 학급에서 이루어지는 가르침과 배움을 통해 개개인 학생들은 갈등을 다루는 방법과 절차를 이해하고, 똑같은 방법과 절차를 활용함으로써 갈등을 조절할 수 있어야 한다. 즉 모든 학생들은 똑같은 기준을 갖고, 갈등을 해결하는 공동의 방법과 절차에 충실해야 한다. 기준이라고 하는 것은 갈등이라는 상황 속에 어떤 행동이 가장 적절한가에 대한 기대치를 공유하는 것이다(Johnson & Johnson, 김영순 외 역. 2010: 289).

갈등을 해결한다는 것은 교실에서 공통 기준을 가진다는 것인데, 갈등이라는 상황에서 무엇이 가장 적절한 행동이고, 어떤 방법과 절차를 활용해야 하는가에 관한 것이다. 이러한 기준들은 명확해야 하고 공인되어야 한다. 신체적인 폭력, 창피나 굴욕을 주는 행위, 거짓과 속임수가 있어서는 안 된다. 학생들 사이에 있을 수 있는 갈등은 능숙한 대화와 타협을 통해 문제를 해결할 수 있어야 하고, 인간관계를 발전시킬 수 있어야 한다. 학생들뿐 아니라 교사들도 예외 없이 그와 같은 기준들을 따를 수 있어야 한다. 모든 학생들이 갈등에 대한 똑같은 해결 절차를 가진다는 것에 대한 확신이 매우 중요하다. 특히, 학급 학생들의 문화가 다르고, 인종이 다르고, 배경이 다를 때 더욱 그렇다. 다문화 사회의 학교는 문화가 다르고, 인종이 다르고, 언어적 배경이 다른 학생들의 공통 영역이며 공통 관심사이다. 학생들은 서로 알게 되고 다양성의 생명력에 대해 생각하게 되고, 학생들을 하나로 묶는 공통 유산을 내면화하게 되는 것이다(Johnson & Johnson, 김영순 외 역. 2010: 289).

교육계에 알려진 바와 같이 다양성은 창의성의 원천이 되기도 하지만 교실에서 발생할 수 있는 갈등을 다루는 방법을 제공하기도 한다. 또한 다양성은 서로에 대한 의심과 두려움을 허용하지 않는다. 서로 다르다는 것은 서로 인정해 주어야 한다는 것이고, 그 상황 속에 적응해야 한다는 것이다. 모든 학생들이 갈등 해결에 대한 똑같은 절차와 방법을 활용하여 공동체가 추구하는 목표를 성취하고, 학생들의 관계를 더욱 강화시킬 수 있다. 또한 앞으로도 생길 수 있는 갈등을 긍정적으로 해결할 수 있는 능력을 더욱 향상시킬 수 있을 것이다. 그 때문에 학습자들과 교수자는 갈등을 해결하기 위해 활용할 수 있는 똑같은 방법과 절차에 대해 함께 교육을 받아야 한다. 이런 맥락에서 갈등해결을 위한 훈련 프로그램을 개발하고 활용해야 할 것이다.

3) 갈등을 긍정적으로 조절하기

해로운 갈등을 방지하고 교수의 질과 학급생활을 향상시키기 위해, 교실은 긍정적인 갈등이 일어나 서로 격려하는 장소가 되어야 한다. 학생들은 갈등을 긍정적으로 조절하는 방법을 배워야 한다. 폭력, 두려움, 위협, 협박, 어쩔 수 없는 동의, 학대는 교실과 학교 어디에도 자리 잡을 수 없다. 그러나 갈등을 긍정적으로 조절하는 방법에 대한 직접적인 훈련 없이는 많은 학생들은 그렇게 할 수 없을 것이다. 학생들이 요구되는 갈등 해결의 절차와 기술들을 배우고, 교실과 학교의 기준과 가치들이 그 절차의 사용과 기술들을 지지할 때 학생들은 갈등을 긍정적으로 조절할 수 있을 것이다. 학생들에게 그들의 이해관계의 갈등을 긍정적으로 조절할 수 있는 절차와 기술들을 가르치는 데에는 세 단계가 있다(Johnson & Johnson, 김영순 외 역. 2010: 291-299).

첫째, 단계 1은 '협동적인 상황 만들기'이다. 갈등을 긍정적으로 조절하는 첫 번째 단계는 협동적인 환경을 만드는 것이다. 갈등이 크게 일어나는 상황은 그 갈등이 긍정적으로 혹은 부정적으로 조절되는지에 따라 결정된다(Deutsch, 1973; Johnson, 1989). 갈등이 일어나는 두 가지 가능한 상황, 즉 협동적이거나 경쟁적인 상황이 있다. 개인적인 상황에서는 협동적이거나 경쟁적이지 않다. 왜냐하면 개인은 상호작용을 하지 않고 갈등도 일어나지 않기 때문이다.

일단 우리는 경쟁적인 상황을 가정해 볼 수 있다. 경쟁에서는 반드시 패자가 존재한다. 나는 내가 원하는 것을 얻기 위해 상대방을 패배시켜야 한다. 보상은 최고로 잘 수행하는 자에게만 가는 것이다. 경쟁적인 상황에서는 개인은 단지 한 명 또는 몇 명만이 도달할 수 있는 목표를 성취하기 위해 서로에게 대항하여 공부한다. 경쟁적인 상황에서 학습자는 다른 학습자들이 목표를 달성할 수 없을 때 자신의 목표를 달성할 수 있다. 이렇게 학습자들은 경쟁적인 상황에서 개인적으로는 이익이 되지만 다른 모든 사람에게는 해가 되는 결과를 가져온다.

갈등은 보통 경쟁적인 상황에서는 잘 해결되지 않는다. 경쟁적인 상황에서 개인은 전형적으로 모든 적들을 이기는 데 초점을 두는 단기 목표를 갖고, 좋은 관계를 유지하는 데에는 거의 관심이 없다. 다음의 환경들은 경쟁적인 상황의 특징이다(Deutsch, 1973; Johnson & Johnson, 1989).

▶ 의사소통은 회피되는 경향이 있고, 그것이 일어났을 때에는 잘못된 정보나 협박을 포함하는 경향이 있다. 협박, 거짓말, 침묵은 학생들이 서로 갈등을 해결하는 데 도움이 되지 않는다. 경쟁은 상대를 속이거나 유인하기 위한 '유인 전략'이며, 의사소통을 하지 않으려고 하며, 다른 이에 대한 정보를 얻기 위한 첩보수집 행위나 다른 수법을 활용한다.

▶ 다른 사람의 입장과 바로잡기 어려운 동기에 대해 오해를 하거나 왜곡이 자주 있을 수 있다. 학생들은 다른 사람을 부도덕하고 적개심이 있는 사람으로 인식함으로써, 그에 반대하고 적개심과 속임수를 써서 자기만족을 하려 한다. 학생들은 그들 자신이 저지르는 큰 무례는 무시하면서 상대가 저지른 작은 무례는 인지한다. 즉, 인지하는 것에 따라 이중 기준이 존재하게 된다. 사람들은 사건을 그들 자신의 이익이나 행동을 정당화하는 어느 한쪽에 치우친 방법으로 해석하며, 갈등과 협박은 지각과 인지 과정에 나쁜 영향을 미친다. 그래서 생겨난 오해는 바로잡기 어렵다.

▶ 개인들은 서로가 원하고 필요로 하는 것을 이유로 열심히 준비하는 상대방을 의심하고 적개심 있는 태도를 보이며 요구를 거절한다.

▶ 개인들은 다른 사람들의 욕구, 필요, 감정의 정당성을 부정하고 그들 자신의 관심만을 고려하는 경향이 있다.

또한 우리는 협동적인 상황을 가정해 볼 수 있다. 실질적인 협동을 위해서는 모든 모둠들은 성취할 공동의 목표에 전념해야 한다. 모둠 구성원들은 '나는 상대방이 성공하지 않는 한 성공하지 못한다. 상대방이 성공할수록 나에게 이익이 되고 나 역시 성공할 수 있다'라는 생각을 공유해야 한다. 협동적인 상황에서 학생들은 공유된 목표를 성취하기 위해 함께 학습한다. 학생들은 관련된 모든 사람들에게 이익이 되는 결과를 추구한다. 그들은 그들 자신의 안녕이나 성공과 마찬가지로 서로의 안녕과 성공에도 전념한다. 갈등은 보통 협동적인 상황에서 잘 해결된다. 협동적인 상황에서 개인들은 전형적으로 성취할 목표와 다른 사람과의 좋은 관계를 세우는 일 모두에 초점을 맞추는 장기 목표를 가진다. 다음의 환경들은 협동적인 상황의 특성이다(Deutsch, 1973; Johnson & Johnson, 1989).

- ▶ 효과적이고 지속적인 의사소통은 갈등을 해결하기 위해 중요한 기제이다. 협동적인 상황 하에서는 의미 있는 정보에 대한 의사소통은 항상 열려 있고 정직하며, 각각의 사람들은 다른 사람에게 알려주는 일에 관심이 있다. 의사소통은 더욱 빈번하게 수행되며 정확하다.
- ▶ 다른 사람과 그 사람의 행동에 대한 인지는 훨씬 더 정확하고 적극적이다. 자아충족적 예언과 같은 오해와 왜곡과 이중의 기준은 적게 일어나며, 바로잡거나 명백히 하기가 훨씬 쉽다.
- ▶ 개인들은 서로를 신뢰하며 호감을 갖는다. 그러므로 서로의 욕구, 필요, 요구에 도움이 되도록 반응한다.
- ▶ 개인들은 서로의 흥미를 인식하고 상호 간 요구에 대해 편의를 제공하기 위한 해결책을 찾는다. 갈등은 관련된 모든 사람들에게 이익이 되는 방향에서 해결하기 위해 공동의 문제로 정의된다.

다음은 긍정적인 상황을 가정해 볼 수 있다. 갈등은 경쟁적인 상황에서는 긍정적으로 조절될 수 없다. 경쟁적이고 개인주의적인 학습이 교실과 학교에서 우선시될 때, 갈등은 부정적이 될 수밖에 없고 상호 간의 문제를 해결하는 대신에 학생들은 근시안적으로 생각한다. 갈등을 긍정적으로 해결하기 위해서는 교수자는 가장 먼저 협동적인 학습 절차를 주로 사용함으로써 협동적인 환경을 만들어야 한다(Johnson, Johnson, & Holubec, 1998a). 학생들 사이에서 협동적인 관계가 형성될수록 갈등은 보다 긍정적으로 조절된다. 협동적인 학습은 성취를 증가시키고 다른 중요한 교수 결과를 촉진시키기 때문에 협동의 절차를 사용하는 데는 반감이 거의 없을 것이다.

전반적으로 긍정적인 효과에 덧붙여, 협동적인 학습은 장기적으로 바람직하며 사회적 기술을 발전시킨다. 학급과 학교에서 갈등의 긍정적인 해결을 위해 학생들과 교사들은 그들의 장기적인 공동의 관심을 인식하고 어떤 단기적인 갈등의 결과보다 관계를 더 중요시해야 한다. 왜냐하면 협동적인 노력은 개인들이 상호작용하고 그들의 행동이 조화되도록 요구하며, 사회적 기술은 노력을 효과적으로 만드는 중요한 부분이기 때문이다. 특히 기술은 갈등을 긍정적으로 해결하는데 관계가 있다. 경쟁적이고 개인주의적인 학습 절차를 과도하게 사용하는 것은 피해야 한다. 경쟁적이 되면 될수록 학생들은 그들 자신의 관심에만 초점을 맞추게 되고, 갈등은 부정적으로 작용하게 된다.

둘째, 단계 2는 '학술적인 논쟁을 교육으로 이어주기'이다. 이 단계에서는 학술적인 학습의 양과 질을 높이기 위해 지적인 논쟁이 자주 일어난다. 논쟁은 개념상의 갈등을 촉진한다. 학생의 성취, 비판적인 생각, 높은 수준의 합리적인 전략의 사용을 극대화하기 위해서 교사들은 학생들이 지적인 갈등에 참여하도록 할 필요가 있다. 학생들은 자신의 입장을 정하고 그것을 옹호할 수 있어야 한다. 나와 다른 의견을 비판하고 다양한 시각에서 문제를 보며 그것들을 모아 한 가지 입장으로 종합할 수 있어야 한다. 학술적인 논쟁을 자주 사용하면 학생들은 그들의 갈등을 해결하는 기술을 자주 연습하게 된다.

셋째, 단계 3은 '갈등 해결 프로그램 이행하기'이다. 갈등 해결 및 동료 조정 프로그램을 이행하는 것은 다음의 구체적인 세 단계로 구성된다. 학생들에게 문제를 해결하기 위해 어떻게 협상하는지 가르치기, 학생들이 의견을 조정하도록 가르치기, 협상과 조정이 실패했을 때 어른이 중재하기이다(Johnson & Johnson, 김영순 외 역, 2010: 295-297).

(1) 학생들에게 문제를 해결하기 위해 어떻게 협상하는지 가르치기

학생들은 그들의 갈등에 대해 건설적인 해결책을 협상하는 법을 배워야 한다. 두 학생이 같은 시간에 컴퓨터를 사용하기를 원할 때 갈등이 발생한다. 그러한 갈등이 발생했을 때, 해결을 위해 협상해야 한다. 컴퓨터를 사용하고 싶어 한다는 공통적인 욕구를 가지고 있으면서도, 누가 사용할 것인지에 대해서는 서로 동의할 수 있는 협상이 필요하다. 사람은 이기거나 문제를 해결하기 위해 협상할 수 있다. 사람들은 오래된 사이일수록 그들의 관계가 당면한 문제보다 중요시된다. 그러므로 앞으로 다른 논쟁자와 함께 상호작용하거나 일해야 할 때, 그들은 결코 이기려고만 하지 않게 된다. 적절한 관계를 유지하기 위한 협상의 유일한 방법은 문제해결형 협상이다. 학생들은 그 문제를 해결하기 위해 협상하는 절차를 배울 필요가 있다.

(2) 학생들이 학교 친구들 간 갈등을 조정하도록 가르치기

학생들은 그들 스스로 건설적인 해결책을 협상할 수 없을 때 학교 친구와의 갈등을 어떻게 조정하는지 배워야 한다. 조정은 중립적인 제3자인 조정자가 그들에게 허용된 방법으로 둘 또는 그 이상의 사람들 사이에서의 갈등을 해결하는 것을 돕기 위해 개입할 때 존재한다. 조정자는 양쪽의 말을 주의 깊게 듣고, 협상 과정의 각 단계에서 모두가 공정하고 타당하며 실현 가능하다고 믿는 동의에 이르도록 하는 동시에, 논쟁자들에게 효과적인 진전이 있도록 돕는다. 조정은 협상 과정의 연속이며, 보다 효율적이며 효과적인 협상을 촉진하기 위한 전략의 총집합이다. 모든 학생들이 조정자의 역할을 맡는 기회를 갖는 것은 학생들의 협상 기술을 증진시키는 것만큼 중요하다.

학생들은 최초의 협상과 조정 훈련을 받았을 때, 동료 조정 프로그램은 학교 안에서 시행되어야 한다. 매일 2명이 짝이 되어 돌아가며 학급 또는 학교의 조정자로서 역할을 하도록 한다. 그 책임은 돌아가면서 하게 되므로 학생들은 같은 양의 시간 동안 조정자로서 모든 학생들을 돕게 된다.

협상과 조정 절차를 배우는 수업이 계속 진행되면 학생들의 기술은 세련되며 향상될 것이다. 가능하면, 절차는 학술적인 수업으로 통합되도록 한다. 학생들은 수많은 시간 동안 절차들을 밟으면서 그 절차들을 숙달하도록 강조된다. 훈련은 12년의 나선형 교육과정이므로, 절차들은 매년 정교화되고 복잡한 레벨 안에서 이루어질 것이다.

(3) 학생들의 갈등 중재하기

학생들이 동의에 이르도록 협상할 수 없을 때와 조정이 실패했을 때, 교사나 교장 · 교감은 그 갈등을 중재해야 할 것이다. 중재는 교사나 교장과 같은 이해관계가 없는 제3자가 최종적으로 어떻게 갈등이 해결될 수 있는지 판단하여 결정하는 데에 따르는 것이다. 중재자는 주의 깊게 양쪽 이야기를 듣고 결정을 내린다.

교사나 교장으로 하여금 누가 옳고 누가 그른지 결정을 내리도록 하는 과정은, 어떤 쪽도 만족시키기 어렵다. 그것은 중재자에게 분노와 화를 가지고 있는 학생이 적어도 한 명은 있기 때문이다. 보다 중요하게도, 그들 스스로를 논박하는 것은 앞으로 좋은 관계를 가질 수 없게 만든다는 학생들의 신념을 강화시킨다. 이러한 이유들로 중재는 학교와 교실 안에서 갈등을 해결하는 마지막 수단이며, 이러한 방법으로 하는 중재는 협상과 조정의 성공을 격려하기 위한 최선의 방법이다.

3. 논쟁학습의 실천과 적용

1) 학술적인 논쟁과 논쟁학습

Piaget(1950)는 학생들의 인지구조 안에 있는 불균형은 인식의 추론을 다른 단계로 전이시키는 동기가 된다고 주장했다. 그는 동료들 간의 갈등이 자기중심적인 사고에서 다른 사람의 관점에 적응하도록 전환시키는 주요한 요인이라고 믿었다. Piaget는 현재 자신의 인지구조를 구성하는 방법을 가진 사람이 동료들과 협동적인 상호작용을 하게 된다고 주장했다. 갈등은 불가피하게 내부의 불균형과 현재의 경험을 현재 가지고 있는 인지구조로 동화시킬 수 없는 결과를 만들기도 한다. 그리하여 그 사람은 탈중심화를 거쳐 다른 사람들의 견해를 받아들이면서 자신의 인지구조를 조절함으로써 새로운 평형을 찾는다. 이것은 사람들의 인지 구조를 새로운 방법으로 구성하기 위한 욕구를 만들어낸다. Kohlberg(1969)는 도덕성 발달을 설명하기 위해 Piaget의 이론을 받아들였다.

갈등을 연구하는 이론가들은 갈등이 많은 긍정적 효과를 갖고 있다고 말했다. Berlyne(1966)은 개념적인 갈등은 새로운 정보를 탐색하고 이미 가지고 있는 지식을 재해석하도록 동기화하는 지적 호기심을 만들어 낸다고 강조했다. Hoffman과 Maier(1972)는 보다 높은 수준의 문제 해결은 참여하는 구성원들 간의 갈등에 달려 있다고 주장했다. Bruner(1961)는 개념적인 갈등은 지식의 발견을 위해 필요하며, ① 이미 학생들이 알고 이해한 것과 모순되는 현상을 제시하는 것, ② 학생들이 현재 가지고 있는 지식에 근거해서는 설명할 수 없을 것으로 보이는 '불가사의한' 사건들을 제시하는 것, ③ 학생들로 하여금 주장하게 하고 교사 혹은 학생들 간에 의견이 같지 않음으로 인해 일어날 수 있다고 주장했다.

갈등의 위력은 예술 분야에서 확실하게 나타난다. 갈등을 만드는 것은 관중을 사로잡는 용인된 작가의 도구이다. 모든 드라마는 갈등을 중심점으로 삼는다. 각본가와 각색가는 관중의 주의를 끌어 그것을 유지하고 싶을 때, 그들의 관심과 감정적 몰입을 만들고 싶을 때, 관중을 흥분시키거나 놀라게 하고 싶을 때 갈등을 만들어 낸다. 현대 소설의 일반적 규칙은, 만약 갈등이 책의 처음 세 쪽 안에서 표출되지 않는다면 그 책은 성공할 수 없다는 것이다. 반면에 교육자들은 종종 교실 안에서 지적 갈등의 어떠한 부분도 억누르고 때로는 피한다.

희곡 작품에서의 갈등의 위력에 관한 일상의 증명들과 갈등이 가르침과 배움의 중요한 부분이라는 이론가들의 충고에도 불구하고, 교육자들은 대체로 지적 갈등을 피하고 억눌러 왔다. 표준적인 교수 절차가 되기는커녕, 대부분의 대학에서는 지적인 갈등을 만드는 것이 규칙이 아닌 예외이다. 왜 교수들은 학생들 사이에서 지적 갈등을 만드는 것을 피하는 걸까? 그 물음에 대한 답은 다소 수수께끼이다. 만약 교수들이 그들의 가르침에 있어 지적인 갈등의 위력을 이용하고 싶다면, 이 장애물들은 반드시 극복되어야 한다. 교수들에게 그들의 교수법을 바꿀 수 있는 용기를 주고 교육의 중요한 부분에 갈등을 포함하기 위해서는 교수들은 학술적인 논쟁이 무엇인지, 그 결과가 무엇을 촉진하는지, 배움의 상황에서 그것의 사용을 조작하기 위한 절차가 무엇인지를 알아야 한다.

학술적인 논쟁은 두 사람의 생각과 정보, 결론, 이론, 의견이 서로 다를 때와 그 둘이 합의를 추구할 때 존재한다. 논쟁은 아리스토텔레스가 이름을 붙이고 기발한 해결방법, 즉 창의적인 문제해결을 종합하는 데 목적을 둔 신중한 토론(제안된 행동의 단점과 장점의 논의)을 시작함으로써 해결된다. 교사는 학생들이 아래의 다섯 단계를 따르도록 안내한다(Johnson & Johnson, 김영순 외 역. 2010: 307-313).

- ▶ 1단계: 각자의 입장을 조사하고 준비하기. 각 팀은 자신이 맡은 입장을 발전시키는 관련된 정보를 학습하고 다른 팀에게 최선의 사례를 제시할 수 있도록 계획한다. 이 과정의 끝에서 각 팀은 같은 입장을 배정받은 다른 모둠의 팀과 서로의 공책을 교환하여 비교하며, 자신들의 입장에서 최선의 사례를 제시할 수 있도록 한다.
- ▶ 2단계: 각자의 입장을 밝히고 옹호하기. 각 팀은 상대 팀에게 발표를 하게 한다. 팀원은 반드시 발표를 해야 하며, 최대한 설득력 있게 해야 한다. 상대 팀은 메모를 하고, 발표 내용을 학습하기 위해 경청하며, 이해가 안 되는 부분은 발표자에게 명확하게 설명하도록 요구한다.
- ▶ 3단계: 공개된 토론에 적극적으로 참여하기. 학생들은 그들의 입장을 강하고 설득력 있게 입증하고 견해를 뒷받침할 수 있는 사실들을 최대한 많이 제시한다. 모둠 구성원들은 상대팀의 정보와 근거, 귀납적・연역적 추리를 분석하고 비판적으로 평가하며, 상대 팀의 견해를 뒷받침할 수 있는 객관적 사실들을 요구한다. 이렇게 그들은 상대 팀의 주장을 논박하고 반론에 대해 반박

하며 일련의 규칙에 따라 토론한다. 학생들은 사람을 비판하는 것이 아니라 그 사람의 생각을 비판하고, 두 입장을 구별하여 각 입장을 지지하는 증거와 논리의 수준을 평가하는 데 도움을 주는 규칙에 따라 토론한다. 학생들은 토론 주제는 복잡하다는 것을 명심하고, 좋은 보고서를 쓰기 위해서는 양쪽의 입장을 모두 알아야 한다는 것을 명심해야 한다.

▶ 4단계: 서로의 입장을 바꾸어 보기. 각 팀은 서로의 입장을 바꾼 후 설명하게 한다. 학생들은 처음과 반대되는 입장을 주장하면서 더 강한 설득력을 가지게 되며, 상대 팀이 미처 생각하지 못한 새로운 정보를 추가할 수도 있다. 그리고 동시에 양쪽 관점에서 주제를 보려고 노력한다.

▶ 5단계: 최상의 증거와 논리를 공동의 입장으로 종합하고 통합하기. 4명의 모둠 구성원 모두 이제까지의 모든 옹호를 그만두고 그들이 알고 있는 사실과 견해들을 종합하여 양 측 모두 동의할 수 있는 공동의 입장으로 통합하는 것이다. 학생들은 ① 보고서를 완성하고(교사는 글을 쓰는 능력과 증거의 논리적 제시 능력, 발표력으로 보고서를 평가한다), ② 학급 전체에게 결론을 발표하고(4명의 모둠 구성원 모두 발표를 해야 한다), ③ 개별적으로 양쪽 입장을 모두 포함하는 시험을 치른다(모둠 구성원이 모두 기준을 넘으면 각자 보너스 점수를 받는다). ④ 모둠 구성원끼리 얼마나 잘 협동했는지, 다음에는 얼마나 더 효과적일 수 있을지 의논한다.

구조화된 논쟁은 대부분 합의점 찾기, 토론, 그리고 개인주의적 학습으로 구분된다. 토론은 둘 또는 그 이상의 개인이 서로 합의점을 찾을 수 없어 입장 차이를 보일 때 발생하며, 판정인은 누가 자신의 입장을 가장 잘 제시하느냐에 따라 승자를 가려낸다. 예를 들어, 유해 폐기물에 좀 더 강한 제재를 가해야 하는가에 대한 문제에 대해 집단의 각 구성원들이 서로 다른 입장 차이를 보일 때 판정인은 집단의 구성원 중 누가 더 나은 발표를 했느냐에 따라 승자를 가리게 된다.

합의점 찾기는 집단 구성원들의 어떤 불일치나 논쟁을 피하고 일치를 강조하며, 대안과 행동 방침에 대한 사실적인 평가를 피하기 위해 토의를 금할 때 발생한다. 합의점 찾기는 Janis(1982)의 의사결정 집단의 구성원들이 어떤 정책이든 간에 그것에 대한 그들의 의심과 불안을 무시하고 다른 구성원들과 일치될 수 있는 합의점을 선호하는 집단사고(group think)의 개념과 밀접하다. 집단사고의 밑바탕에는 집단의 조화로운 분위기를 유지하려는 강한 동기가 숨어 있다. 각 구성원들은 외부적 위기 극복과 자존감 유지를 위해 서로 의존하게 된다.

개인주의적 노력은 개인이 다른 사람과의 상호작용이 없이 자신만의 방식, 자료를 가지고 작업할 때 발생한다. 그들의 목표는 다른 사람과 관련이 없고 상호 독립적이다(Johnson, Johnson, & Holubec, 1998b). 학습 촉진을 위한 갈등의 절차가 효과적이기 위한 열쇠는 그 과정 내에서의 협동적이고 경쟁적인 요소들을 절충하는 것이다. 위의 설명들은 다음 〈표 3-1〉와 같이 정리될 수 있다.

협동적인 요소가 많을수록 경쟁적인 요소는 줄어들고, 갈등은 더욱 건설적이 된다(Deutsch, 1973). 그러나 협동적인 요소만 있으면 최상의 결과를 낳을 수 없고, 협동과 갈등의 요소가 동시에 존재해야 한다. 그러므로 논쟁은 갈등과 마찬가지로 긍정적 목표와 자원의 상호의존성에 의해 성공적인 수행 여부가 정해진다. 논쟁 속에서 학생들은 양측의 입장을 모두 배우겠다는 의지를 가지고 상대편의 입장을 지지해야 한다. 그래서 모든 모둠 구성원들은 두 입장을 종합하여 합의에 이른다. 이것이 긍정적 목표의 상호의존성 실천에 해당된다. 그러기 위해서는 상반되는 견해와 정보를 배울 필요가 있다. 이 부분은 자원의 상호의존성이라고 볼 수 있다.

〈표 3-1〉 구조화된 논쟁의 요소

구조적 논쟁	토론	합의점 찾기	개인주의적
결론을 도출하기 위한 정보의 분류와 조직	결론을 도출하기 위한 정보의 분류와 조직	결론으로부터 정보의 분류와 조직	결론으로부터 정보의 분류와 조직
제시, 옹호, 입장과 근거의 정교화	제시, 옹호, 입장과 근거의 정교화	제시, 선호, 구체화 입장과 근거	입장에 대한 구두 진술 없음
개념적 갈등으로 귀결되는 반대 의견과 자신의 관점이 정확한지에 대한 불확신으로 인해 도전받는다.	개념적 갈등으로 귀결되는 반대 의견과 자신의 관점이 정확한지에 대한 불확신으로 인해 도전받는다.	개념적 갈등으로 귀결되는 반대 의견과 자신의 관점이 정확한지에 대한 불확신으로 인해 도전받는다.	자신의 관점이 정확한지에 대한 높은 확신으로 귀결되는 단 한 가지 관점만 존재한다.
지적 호기심은 새로운 정보와 관점에 대한 활발한 연구를 촉진한다.	대조되는 정보와 관점에 대해 완고히 거절한다.	차이에 대해 불안해하고 자신의 관점을 완고히 고수한다.	자신의 관점이 정확한지에 대하여 지속적으로 높은 확신을 지닌다.
재개념화, 종합, 통	자신의 관점을 완고히 고수	지배적 의견으로의 빠른 타협	자신의 관점을 고수
높은 성취, 긍정적 관계, 정신적 건강	적절한 성취와 관계, 정신적 건강	낮은 성취와 관계, 정신적 건강	낮은 성취와 관계, 정신적 건강

토론은 긍정적 자원 상호의존성, 부정적 목표 상호의존성, 그리고 갈등으로 이루어진다. 토론에서 학생들은 상대편의 입장을 받아들여야 하며(갈등), 판정인은 누가 이겼는지 결정하고(부정적 목표의 상호의존성), 학생들은 오직 한 측면의 정보만을 가지고 있다(자원의 상호의존성)는 것을 안다. 합의점 찾기는 긍정적 목표의 상호의존성(학생들은 안건에 대해 합의점에 이르러야 한다)과 자원의 상호의존성(학생들은 그들이 반쪽짜리 정보만을 가지고 있다는 것을 깨닫는다)으로 이루어져 있다. 하지만 갈등은 없다. 개인주의적 학습 상황은 상호의존성이나 지적인 갈등 모두 포함하고 있지

않다. 학생들은 어느 쪽도 지지하지 않고 양쪽의 논쟁점을 공부한다.

학생들은 적어도 세 가지 면에서 논쟁의 과정으로부터 이익을 얻을 수 있다. 첫째, 성취하기 위한 노력의 측면이다. 합의점 찾기, 토론, 그리고 개인주의적 노력과 비교하여, 논쟁은 성취하기 위한 더 큰 동기를 부여하는 경향이 있다. 연구된 주제에 관한 정보 검색은 더 광범위하며, 연구된 주제에 대한 숙달과 기억은 더 완벽하다. 광범위하고 다양한 입장을 위해 학습한 원칙들을 종합하는 능력이 보다 뛰어나며, 높은 수준의 합리적 전략 사용이 좀 더 빈번하다. 서로 다른 관점들이 그럴듯하게 발전될수록 문제들을 복잡하게 하는 결정들과 해결책들의 수준이 더 높다. 논의되는 문제에 대한 창의적인 통찰이 빈번히 일어나고, 하나의 관점 이상을 결합시키는 통합이 자주 일어난다. 문제를 해결하기 위해 감정적으로 보다 더 빠져들게 된다. 즉, 그 과정 속에서 자극받아 더 몰두하게 되고, 성취했을 때의 기쁨 또한 높아지게 된다. 전반적으로 보면, 논쟁은 재미있고 즐겁고 신나는 일이다.

둘째, 긍정적인 대인 관계 측면이다. 토론, 합의점 찾기, 논쟁이 없는 것, 개인주의적 노력보다 논쟁은 참가자들 사이에 더 큰 친밀감을 가져오고 사회적 지원을 촉진시킨다.

셋째, 정신적 건강과 사회적 역량 영역의 측면이다. 합의점 찾기, 토론, 그리고 개인주의적인 노력과 비교하여, 논쟁은 보다 높은 학문적 자부심을 갖게 하고, 보다 큰 관점 수용으로 귀결된다. 불일치와 갈등을 건설적으로 다룰 수 있게 됨으로써 개인들은 다양한 다른 사람들과의 상호작용 속에서 일어나는 스트레스를 극복할 수 있게 된다.

구조적인 논쟁의 과정은 협동적인 분위기, 이질적 참가자들, 관련 정보, 사회적 기술, 합리적인 논쟁의 다섯 가지 요소에 의해 촉진된다. 협동적인 분위기의 경우 정보에 대한 의사소통은 경쟁적이기보다는 협동적인 분위기에서 훨씬 더 완전하고 정확하며, 격려되고 원활하게 이루어진다. 협동적인 분위기에서의 논쟁은 반대 견해에 좀 더 열린 마음으로 접근하도록 장려한다. 반면에 경쟁적 분위기에서는 반대자의 견해를 허용하지 않으려고 하고, 반대자의 견해를 그들 자신의 입장으로 통합시키는 것을 거부하는 완고한 태도가 조성된다. 이질적 참가자의 경우 참가자들 사이에서의 이질성은 잠재적인 논쟁을 이끌어내고, 성취와 문제해결을 위한 상호작용 양식, 자료들을 더 다양화시킨다. 참가자들에게 분배된 관련 자료의 경우 논점에 대하여 이용 가능한 자료가 많을수록 문제 해결은 성공적이 된다. 사회적 기술은 논쟁이 구조적으로 관리되기 위해 개개인들은 서로의 능력을 확신하는 반면에 서로의 의견에 동의하지 않는 것이다. 많은 견해로부터 나온 논점을 이해하는 것과 같은 많은 갈등 관리 기술이 필요하다. 합리적인 논쟁은 아이디어 형성, 관련 정보의 수집과 조직, 연역법과 귀납법의 사용, 현재 이해 정도에 따른 임시 결론 내리기 등이 포함된다.

3) 학술적인 논쟁의 구조화

학술적인 논쟁을 위하여 구조화된 체계가 필요하다. 그 이유는 논쟁학습을 통해 협동의 가치를 극대화하고 다문화적인 환경 속의 학습자들이 상호 의존할 수 있는 역량을 갖기 위함이다. Johnson과 Johnson(1995; 2002)에서는 학술적인 논쟁을 이끄는 구조화된 기본 체제를 다음의 4단계로 구분하여 설명한다(Johnson & Johnson, 김영순 외 역. 2010:

317-324).

첫째, 1단계 '수업 이전에 결정하고 준비하기'이다. 교수자는 우선 논쟁의 주제를 정해야 한다. 기록에 의해서 충분히 입증된, 적어도 찬성과 반대 두 개의 입장을 가지고 있어야 한다. 교수자의 관심과 학습 과정의 목적에 따라 어떤 화제를 선택할지는 달라진다. 수학 학습 과정에서의 논쟁은 문제를 풀기 위한 서로 다른 방법에 초점을 맞출 것이다. 과학 학습에서의 논쟁은 석탄(또는 원자력 · 풍력 · 태양열 · 지열 발전)이 에너지원으로 사용되어야 하는지, 유해 폐기물이 훨씬 더 규제를 받아야 하는지, 산성비가 통제되어야 하는지에 초점을 둘 수 있다. 희곡은 갈등에 기반하고 있기 때문에 문학과 관련된 대부분의 어떤 종류의 토의도 학생들로 하여금 가장 위대한 낭만적인 시인이 누구인지 주장하게 하는 논쟁으로 변할 수 있다. 어떤 교과 영역에서도 논쟁학습은 학구적인 학습 태도와 집단의 창의적인 문제 해결을 증진시키는 데에 활용될 수 있다.

교수자는 수업을 위한 학문적이고 사회적인 기술의 목적을 결정한다. 또한 모둠의 규모와 구성을 계획하고 진행해야 한다. 학생들을 무작위의 이질 집단으로 구성하고 구성원을 무작위로 2명씩 짝이 되게 두 팀으로 나눈다. 모둠의 규모는 과제와 관련이 있으나, 한 모둠에 너무 많은 학생이 있으면 비생산적일 수 있다. 한 모둠의 적절한 인원은 대체로 4명이다.

또한 교수자는 교육용 자료를 준비해야 한다. 모둠 구성원들이 자신이 어떤 입장에 배당되었고 어디에서 자신을 지원하는 정보를 얻을 수 있는지 알 수 있도록 교육용 자료를 준비한다. 이때, 교사는 모둠 안에서 다른 팀에게 교육용 자료의 절반을 나누어 주어서 자원 상호의존성을 만들 수 있다. 각 입장에서는 다음의 자료들이 필요하다.

- ▶ 모둠의 과제에 대한 확실한 설명
- ▶ 논쟁 절차에 대한 설명
- ▶ 요구되는 대인관계 기술과 소집단 기술에 대한 설명
- ▶ 옹호하는 입장을 뒷받침하는 논의의 핵심을 요약하고 그 입장을 정의함
- ▶ 옹호하는 입장을 뒷받침하기 위해 상세한 증거를 제공하는 자원과 자료(관련 도서목록을 포함)

둘째, 2단계 '학술적인 과제, 협동적인 구조, 논쟁의 절차를 설명하고 조정하기'이다. 학술적인 과제는 학생들이 과제에 대해서 명확히 하고 수업 목적을 이해하도록 하기 위함이다. 교수자는 학술적인 과제를 설명해야 한다. 이 시점에서 개념, 원칙과 전략에 대한 직접적인 교수를 실시해야 한다. 과제는 기록에 의해 충분히 입증되어야 하며, 적어도 찬성과 반대 두 개의 입장으로 조직화되어야 한다. 과제의 선택은 해당 교과 내에서 교수자의 흥미라든가 교육과정의 목적에 의해서 결정된다.

협동적인 구조는 두 개의 집단 목표를 부여함으로써 긍정적인 상호의존성을 조직화하는 것이다. 교수자가 학습들에게 행할 수 있는 것은 다음과 같다.

- ▶ **모둠의 결정과 그 근거의 성격을 상세하게 열거하는 모둠 보고서 작성:** 모둠 구성원들은 제시된 질문에 대한 답을 결정하는 데 있어서 의견일치에 도달해야 한다. 모든 모둠 구성원들은 높은 질의 모둠 보고서를 작성하는 데에 참여해야 한다. 각 모둠은 전체 학급 구성원들에게 그들의 보고서를 발표한다.

▶ **개별적으로 양쪽 입장에 대한 테스트 수행:** 모둠 구성원들은 논점에 대한 양쪽 입장의 모든 정보를 확실하게 알아야 한다. 테스트에서 좋은 점수를 받도록 서로 도와야 한다.

교수자는 자원의 상호의존성과 보상의 상호의존성 전략을 활용해야 한다. 이는 학습자들 간 상호의존성을 확보하기 위해서 필요한 전략들이다. 전자의 경우 모둠 구성원들 간에 자료를 분배해야 한다는 것이고, 후자의 경우 테스트에서 모든 모둠 구성원들의 점수가 미리 조절한 기준보다 높을 경우에 보너스 점수가 부여될 수 있음을 의미한다.

논쟁의 궁극적인 목적은 모든 학생들의 학습을 극대화하는 것이다. 모든 학생들이 논쟁 절차의 각 단계에 참여할 수 있도록 보장하고, 각 학생을 논점의 양쪽 측면에서 개별적으로 테스트한다. 그리고 무작위로 학생들을 선택하여 모둠 보고서를 소개하도록 함으로써 개별적 책무성을 구조화한다. 교수자는 학술적인 논쟁을 위해 논쟁 절차에 참여하도록 다음과 같은 구체적인 논쟁절차를 제공해야 한다(Johnson & Johnson, 김영순 외 역. 2010: 320-321).

여러분의 전체 목표는 학습하게 될 논점에 관련된 모든 정보를 배우는 것과 다른 모둠의 구성원들이 그 정보를 배우도록 하는 것이다. 그러므로 ① 모든 모둠은 논점에 대하여 가능한 한 훌륭한 보고서를 쓸 수 있고, ② 모든 모둠 구성원들은 평가에서 높은 점수를 받을 수 있도록 노력해야 한다. 논쟁 절차는 여러분이 이와 같은 목표를 달성하는 데에 도움이 된다.

1. 여러분의 입장에 대해서 조사하고 배우고 준비하라

4명으로 이루어진 여러분의 모둠은 2명씩 짝이 되어 나누어졌다. 한 쌍은 찬성 입장에 배정되고, 다른 한 쌍은 반대 입장에 배정되었다. 여러분의 짝과 함께 여러분이 배정된 입장에 알맞은 가장 우수한 사례를 준비하여야 한다.

1) 여러분이 맡은 입장에 대해서 조사하고, 관련된 모든 정보에 대해서 공부하라. 여러분의 입장에 도움이 되는 자료들을 읽고, 자신의 입장을 지지하는 더 많은 자료를 찾아라. 여러분과 입장이 다른 두 친구에게 여러분이 찾아 낸 그 입장에 도움이 되는 어떤 정보라도 주어야 한다.
2) 여러분이 찾아낸 정보를 논제 진술 또는 주장, 이를테면 "조지 워싱턴은 가장 유능한 대통령이었다"와 여러분의 논제를 지지하는 근거, "그는 이러이러한 것들을 성취하였다"와 여러분의 논제를 확실하게 하는 논리적인 결론, "그러므로 조지 워싱턴은 가장 유능한 미합중국 대통령이었다"를 포함하여 설득력 있게 논쟁을 조직하라.
3) 여러분이 맡은 입장이 공정하고 완벽하게 청취될 수 있도록 하기 위해서 그것을 어떻게 효과적으로 옹호할 수 있는지에 대한 계획을 세워라. 여러분과 여러분의 짝이 자신들의 입장을 설득력 있게 제시할 준비가 되어있는지 확인하라. 그래서 반대쪽에서 여러분이 제시한 정보를 이해하고 받아들여서 여러분의 입장이 근거가 확실하고 옳다는 것을 인정하도록 하라.

2. 여러분의 입장을 제시하고 옹호하라

여러분이 맡은 입장에 가장 적합한 사례를 반대쪽 입장의 두 사람에게 제시하라. 여러분의 주장을 설득력 있고 납득이 가게 하여 그들이 여러분의 사례를 공정하고 완벽하다고 생각하며 듣게 만들어라. 하나 이상의 매체를 사용하라. 반대쪽 입장을 주의 깊게 경청하고 배워라. 중요한 내용을 필기하고 이해가 안 되는 것은 어떤 것이라도 질문을 통해 명백하게 하라.

3. 활발하게 의견 차이를 보이는 공개 토론에 참여하라

자유롭게 정보와 아이디어를 교환하면서 논점에 대해서 공개적으로 토론하라. 여러분의 견해를 지지할 수 있는 사실을 가능한 한 많이 제시하면서, 여러분의 입장을 강력하고도 설득력 있게 주장해야 한다. 반대쪽 입장에서 제시하는 증거와 논거를 비판적으로 들어라. 반대쪽 입장의 생각에 대해서 철저히 조사하고 밀어내라. 상대편의 주장을 뒷받침하는 자료에 대해서 질문하고, 그런 후에 반론을 제기하라. 반대 입장에 대해서 주의를 기울여 필기하고 그것을 철저하게 알아두어야 한다. 두 입장의 강점과 약점을 비교하고 상대방의 주장을 반박해야 하고, 여러분의 입장에 대한 공세적인 의견을 방어하고 반박하기 위해 노력하라. 건설적인 논쟁을 위해 규칙을 따라야 한다. 작전 타임 시간에 여러분은 짝과 함께 회의를 하면서 새로운 주장을 준비할 수 있다. 여러분의 선생님은 더 활발한 논의를 권장할 수 있고, 한쪽 편이 곤란할 때 도움을 줄 수도 있고, 고의적으로 반대하는 사람의 역할을 할 수도 있다. 활발한 논쟁에 참여하도록 한 모둠에게 다른 모둠을 관찰하도록 요구할 수도 있고, 전체적으로 토론에 개입하여 교육적 목표를 달성하는 데 기여할 수도 있다. 여러분은 우수한 보고서를 쓰기 위해서 양쪽의 입장을 알아야 할 필요가 있다는 것을 반드시 기억하라.

4. 관점을 전환하라

관점을 전환하고 상대방의 입장에서 가장 좋은 사례를 제시하라. 반대쪽과 역할을 바꾸고, 여러분이 그들인 것처럼 반대쪽 입장을 제시하라. 그러기 위해 여러분이 필기한 내용을 활용하라. 가능한 한 진지하고 강력하게 해야 한다. 여러분이 알고 있는 어떤 새로운 사실들이라도 추가하고, 여러분이 이전에 배운 다른 정보들과도 연관시켜서 상대방의 입장을 정교하게 만들어라. 동시에 양쪽의 관점에서 논점을 보도록 노력하라. 여러분의 반대쪽도 같은 일을 한다.

5. 종합하라

모든 옹호를 그만두어라. 그리고 모든 구성원들이 동의할 수 있는 종합적인 의견을 탐색하라. 양쪽 입장에서 가장 우수한 증거와 논거를 요약하고, 새롭고 독특한 해결책을 형성하는 공동의 입장으로 통합하라. 사실과 근거가 분명하다고 판단될 때 여러분의 생각을 바꾸어라.

1) 모둠의 종합 의견과 지지하는 증거와 근거에 관해 모둠 보고서를 작성하라. 모든 모둠 구성원들은 보고서에 자신들이 동의한다는 사인을 하고, 보고서의 내용을 설명할 수 있으며, 평가받을 준비가 되어 있는지 고려하라. 여러분의 보고서를 전체 학급에 발표하기 위하여 정리하라.
2) 양쪽의 입장에서 테스트를 받아라. 만약에 모든 구성원들의 점수가 미리 정해 놓은 기준보다 높으면, 각각의 구성원은 5점의 보너스 점수를 받게 된다.
3) 모둠이 얼마나 잘 활동했고, 다음에 하게 될 논쟁에서 과제수행이 얼마나 개선될 수 있는지 정리하라. 건설적인 논쟁을 위하여 요구되는 특정한 갈등 기법들은 강조될 수 있다.
4) 여러분의 모둠의 성공과 논쟁 절차의 모든 단계에서 효과적이었던 각 구성원들의 노력에 대해 축하하라.

교수자는 논쟁 중 사용되는 사회적 기술들을 상세히 설명해야 한다. 학생들이 논쟁학습에 긴장하지 않고 잘 준비할 수 있게 도와주어야 한다. 논쟁 절차에 대해 설명할 뿐만 아니라, 흥미 있고 인상적인 방법으로 결정된 논점을 제시하면서 학생들이 역할에 참여하도록 돕는다. 교수자는 학생들이 숙달하고 논증해야 할 사회적 기술들에 대해서 자세하게 설명한다. 논쟁학습 참여 시 학습자들이 알아야 할 사회적 기술은 체계적으로 지적인 입장을 옹호하는 것, 다른 사람들이 옹호하는 입장을 평가하고 비판하는 것, 종합과 합의에 의한 결정을 내리는 것을 포함한다. 학생들에게 알려주어야 할 이러한 논쟁의 규칙들은 다음 설명과 같다(Johnson & Johnson, 김영순 외 역. 2010: 322).

1. 나는 생각에 대해 비판적이지, 사람들에 대해서 비판적인 것이 아니다. 나는 반대편의 아이디어에 도전하고 반박한다. 그러나 그들의 능력과 사람으로서의 가치를 인정한다. 내가 개인적으로 그들을 부인하지 않는다는 것을 나타낸다.
2. 나는 나의 아이디어에 대한 비판으로부터 나의 개인적인 가치를 분리한다.
3. 나는 우리 모두가 한 배를 탔다는 것을 기억한다. 나는 이기는 것보다는 최선의 결정을 내리는 것에 초점을 둔다.
4. 나는 모든 사람들이 참여하고 모든 정보를 숙달하기를 권장한다.
5. 나는 비록 내가 동의하지 않더라도 모든 사람들의 아이디어에 귀를 기울여서 듣는다.
6. 나는 어떤 사람이 말한 것이 분명하지 않을 경우 그 사람이 말한 것을 다시 진술한다.
7. 나는 통합하려고 시도하기 전에 구별한다. 나는 먼저 찬반 양쪽 입장을 지지하는 모든 아이디어와 사실을 구분하고 입장이 어떻게 다른지 명백히 한다. 다음으로 나는 일치점을 확인하고, 의미가 통하는 방식으로 분류하여 모은다.
8. 나는 논점의 양쪽 입장을 이해하려고 노력한다. 나는 반대쪽 입장을 이해하기 위해 반대쪽 관점에서부터 논점을 보려고 노력한다.
9. 나는 내가 그렇게 해야 한다는 명확한 증거가 나타나면 나의 생각을 바꾼다.
10. 나는 주어진 이용 가능한 자료를 통해 가능한 한 최선의 답을 찾는 데 있어서 합리성을 강조한다.
11. 나는 갈등의 황금률을 따른다. 황금률은 상대방이 여러분을 대해 주기를 바라는 그대로 상대방을 대하는 것이다. 상대방이 나의 의견을 귀 기울여 들어주기를 원하며, 그래서 나도 상대방의 의견을 귀 기울여서 듣는다. 나는 반대쪽 논쟁자가 나의 아이디어를 그들의 생각에 반영하기를 바란다. 그래서 나도 상대방의 아이디어를 나의 생각에 반영한다. 나는 상대방이 내 관점에서 논점을 봐주기를 원한다. 그래서 나도 그들의 관점에서 논점을 본다.

앞의 규칙들은 효과적인 논쟁을 위하여 요구되는 특정한 사회적 기술들을 수반한다. 이러한 기술들은 학습자들이 논쟁을 하는 동안 자연스럽게 숙달되고 체화되어야 한다. 또한 교사는 집단 사이의 협동을 조직화해야 한다. 협동학습에서 발견할 수 있는 긍정적인 결과들은 집단 사이의 협동의 조직화를 통해서 전체 학급으로 확장될 수 있다. 학생들이 자신의 입장을 준비할 때 자신과 같은 입장을 준비하는 다른 모둠의 학생들과 협의할 수 있다는 것을 설명한다. 어떻게 하면 가장 효과적으로 자신의 입장을 제시하고 적용할 수 있는지에 대한 생각을 공유할 수 있다. 만약에 한 팀이 자신의 입장을 지지할 수 있는 정보를 찾게 되면, 구성원들은 동일한 입장을 가진 다른 한 팀과 함께 그 정보를 공유할 수 있다. 만약에 학급의 모든 구성원들이 미리 설정한 우수하다는 기준에 도달하게 되면 모두 보너스 점수를 받을 수 있다. 모둠이 자신의 학습 활동을 마쳤을 때 교수자는 모든 구성원들이 다른 모둠의 과업을 끝내도록 돕는 것을 권장해야 한다.

셋째, 3단계 '논쟁이 일어나는 모둠을 관찰하고 필요할 때 중재하기'이다. 학생들이 모둠 안에서 논쟁 절차에 참여하는 동안, 교수자는 학생들이 주어진 과제를 완수해내는 데 있어서 어떤 문제들을 갖고 있는지 살펴보아야 한다. 모둠의 입장을 잘 발표하고 있는지, 반대 의견을 반박하고, 자기 모둠의 입장에 대한 상대방의 반론을 꺾고, 관점 및 생각을 바꾸었는지를 관찰한다. 또한 이런 일련의 학습자 반응들을 종합하면서 어려운 점이 있는지 확인한다. 학생들이 그 과정에서 몇 번의 적절한 행동을 하는지 가능할 때마다 형식적인 관찰 목록표에 표시하여 측정한다. 그리고 예를 들어 설명할 수 있는 학생들의 독특한 행동을 기록하며, 얼마나 자주 일어나고 있는지에 대한 자료를 덧붙인다.

만약 모둠이 학습 과제를 제대로 이해하지 못했다면, 교사는 설명을 통하여 명확한 이해를 돕고, 중요한 개념과 학습전략을 되짚어준다. 그뿐만 아니라 학생들의 질문에 꼼꼼하게 답변해주고, 필요하다면 학습 기술도 가르칠 수 있다. 모둠 활동에서 논쟁의 절차, 즉 그들의 입장에 관한 근거를 조사하고, 발표하고, 상대방의 입장을 반박하고, 자기 모둠의 입장에 대한 상대방의 반론을 꺾고, 관점 및 생각을 바꾸거나 창의적으로 종합하는 과정에 참여하면서 문제가 발생할 수 있다. 이 경우에 교수자는 학생들에게 명확한 설명과 적절한 안내 및 아낌없는 격려를 해주어야 할 것이다. 교수자는 논쟁에도 개입하여 학생들이 모둠 구성원들과 함께 활동하고 논쟁에 적극적으로 참여하는 기술 또한 향상시켜줄 수 있다. 개인과 개인, 모둠과 모둠 사이의 상호작용 기술도 가르칠 수 있다(Johnson, 1993). 또한 논쟁 중 특별히 효과적이거나 숙련된 행동을 관찰하면 더욱 격려하여 강화시킬 수 있다.

넷째, 4단계 '학생 개인 평가 및 모둠의 효과성 평가'이다. 이 단계는 논쟁학습의 마지막 단계라고 볼 수 있다. 이 단계에서는 수업이 마무리되는 정리 단계에서 학생들이 배웠던 내용들을 요약할 수 있어야 한다. 수업에서 배웠던 주요 내용들을 요약하고, 아이디어들을 정리하고 예시를 열거해 보는 활동을 할 수 있다. 교수자가 학습 내용들을 요약 정리하여 유인물로 제공할 수도 있고, 학생들의 마지막 질문에 대답할 수도 있다. 학생들의 활동을 평가하고, 평가 기준표에 따라 피드백을 제공해야 한다. 수치로 표기한 평가뿐 아니라 서술식 평가도 모두 필요할 것이다. 학생들은 최종 보고서의 수준에 따라 모둠 성적을 받고, 논점의 양쪽 입장에서 받은 테스트에서의 수행 결과에 따라 개인 성적을 받는다.

모둠 평가는 모둠 활동을 얼마나 잘 수행했는지를 평가한다. 학생들은 수업의 정리 단계에서 논쟁의 과정에서 도움이 되었던 행동과 도움이 되지 않았던 행동이 무엇이었는지 기술하는 시간을 갖는다. 그리하여 모둠 구성원들은 지속해야 할 행동은 무엇이고 바꾸어야 할 행동이 무엇인지에 대하여 결정을 내려야 한다. 모둠 평가는 각 모둠 내에서 그리고 학급 전체 안에서 수행된다. 모둠 평가에서 구성원들은 얼마나 효과적으로 함께 학습하였는지, 그리고 무엇이 향상되었는지를 평가한다. 학급 전체의 평가에서는 교수자가 학급 전체 학생들에게 피드백을 제공하고, 학생들로 하여금 모둠 활동 중 일어난 여러 가지 에피소드에 대하여 서로 공유할 수 있도록 안내한다(Johnson & Johnson, 김영순 외 역. 2010: 320-324).

위에서 우리는 학술적인 논쟁을 구조화하기 위해 Johnson과 Johnson(2002b)이 제시한 네 가지 단계를 요약하여 기술하였다. 이 네 가지 단계는 ① 수업 이전에 결정하고 준비하기, ② 학술적인 과제, 협동적인 구조, 논쟁의 절차를 설명하고 조정하기, ③ 논쟁이 일어나는 모둠을 관찰하고 필요할 때 중재하기, ④ 학생 개인 평가 및 모둠의 효과성 평가이다. 이러한 네 가지 단계를 구성하는 행동들은 논쟁학습을 협동적으로 구성하고자 하는 교수자와 이 논쟁학습에 참여하는 학습자 모두 주지해야 할 사안들이다.

4. 마무리

이번 장에서는 학습자들에게 협동 기술을 익히게 할 두 가지 전형적인 협동학습 방법인 갈등학습과 논쟁학습에 관해 논의하였다. 날로 다양성이 증가하는 다문화 사회에서 다양성을 통해 학습의 긍정적인 결과를 낳게 하는 것이 교육자의 책무일 것이다. 이를 위해 모든 학습자와 교수자들은 갈등을 긍정적으로 관리하는 과정을 배워야 하며, 학교는 갈등을 긍정적으로 다루는 조직체를 구성하고 체계를 정립할 필요가 있다.

이번 장을 마무리하면서 이 책의 대주제인 다문화교육과 협동학습에 대해 연계할 필요가 있다. 우선 첫째로 갈등학습을 다문화교육과 관련지어 생각해 보자. 우리 인간의 일상생활에서 갈등은 항상 유발되기 마련이다. 갈등들은 통상 자연스럽고 불가피하지만, 잠재적으로 긍정적이고, 학교생활의 정상적인 부분으로 간주될 수 있다. 학생들은 점심시간에 누구 옆에 앉을지, 쉬는 시간에 어떤 게임을 할지, 언제 공부하고 언제 놀지, 언제 말하고 언제 들을지, 누가 바닥에 떨어진 종이를 주울지 고려하는 것에 대해 동의하지 않는다. 학교와 교실에서 학생들 상호 간, 학생과 교사 간 갈등이 늘 존재한다. 그런데 우리의 학교는 일반적으로 갈등이 거부되거나 억압되고, 심지어 갈등을 회피하거나 은닉하며 갈등에 부정적인 조직체가 되었다. 이는 학교 경영자, 교사와 교직원, 학생들 모두에게 갈등에 대한 부정적인 견해가 팽배하다는 사실에서부터 기인한다.

대부분의 학생들이 그들의 갈등을 관리하기 위해 사용하는 과정은 대개 부적절하고 파괴적이며, 갈등을 개선하기보다는 그 갈등 상황을 더욱 악화시킨다. 다른 학생들은 갈등이 어떻게 해결되어야 하는지에 대해 각자 다른 생각들을 가진다. 학생들은 상호 간 다투고, 서로에게 악담을 퍼붓고, 말로 서로를 괴롭히고, 갈등을 무시한다. 또한 그들은 분노를 다른 사람이나 다른 것에 표출하고, 어떻게 복수할지에 대해 끝없는 생각에 잠긴다. 이는 학생들이 건설적으로 갈등을 관리하는 방법에 대해 거의 교육받지 않았다는 반증이다. 교수자는 학생들 스스로 갈등을 찾아내고 긍정적으로 갈등을 관리하는 연습을 시켜야 할 의무가 있다. 이제 교수자는 긍정적인 학교를 만들기 위해, 모든 학생들에게 갈등을 긍정적으로 해결하기 위한 과정을 배우도록 조치해야 한다.

갈등은 갈등을 유발한 문제를 해결할 때 긍정적으로 해결되고, 갈등 참여자 사이의 관계를 강화하며 미래에 그들의 갈등을 긍정적으로 해결하는 능력을 증가시킨다. 긍정적으로 관리된 갈등은 학습, 문제 해결, 건전한 사회적 발달, 변화, 인생의 성공을 촉진시키고 삶을 보다 즐겁게 만든다. 따라서 교수자들은 학생들에게 ① 관계를 위한 협동적인 환경을 만드는 협동학습의 광범위한 사용, ② 교사에 의해 구조화된 학문적인 논쟁, ③ 또래조정 프로그램 등 모든 학생들이 급우들의 갈등을 조정하는 기초적인 협상 과정을 제공해야 한다. 학생들은 이를 통해서 갈등관리를 배우고 실행할 수 있다. 학생들이 자기통제와 자기 자율성을 심어주는 관리 프로그램에 참여하여 스스로 갈등을 긍정적으로 해결하는 방법을 배울 수 있다. 그럼으로써 본질적으로 학생들에게 그들 스스로와 그들의 급우의 행동을 규제하고 통제하는 능력을 길러준다.

둘째, 논쟁학습을 다문화교육과 연계지어 생각해 보자. 논쟁학습은 교수자들의 흥미는 물론 학생들의 흥미와 호기심에 동기를 둔다. 이 논쟁학습은 자신과 다른 의견을 가진 사람들과 협의를 하고 협상을 하는 연습이라고 볼 수 있다. 특히 주장, 반박, 질문 등 열린 사고방식과 사회적 기술을 통해 다문화 사회의 다양한 문제들을 창의적으로 해결하는 데 기여한다. 다문화 사회에서 문화적으로 다양해진 개인들은 그 수많은 다양함으로 인해 갈등이 발생할 수 있다. 그 갈등의 요인들 중 가장 강력한 것은 상대방의 '다른 생각'일 것이다. 이 다른 생각이 차이를 낳기 때문에 상대방의 생각을 읽고 존중하는 연습을 하기에 가장 적합한 방법은 논쟁학습일 것이다. 교사들은 서로 밀접한 관계를 가진 교육적인 절차로써 협동학습과 학술적인 논쟁을 연계하여 활용해야 한다. 학술적인 논쟁은 학생들에게 보다 높은 성취, 친구들과의 보다 긍정적인 관계, 자부심 향상을 포함한 많은 긍정적인 이익을 가져다줄 것이다.

학술적인 논쟁 절차는 협동학습 모둠을 두 팀으로 나누고 그들에게 상반되는 입장의 역할을 주는 것에서 시작한다. 각 팀은 각각 그들의 입장을 발전시키고, 다른 팀에게 그것을 제시하게 한다. 또한 상대방의 입장을 듣고, 상대방에게 반론을 펴고 그 반론을 꺾으며, 그들의 입장을 바꾸거나 다른 입장을 제시하기도 한다. 아울러 모든 주장을 포기하고 두 견해를 모두 고려하여 종합하기 위한 토의에 참여하게 된다. 학술적인 논쟁을 성공적으로 실행하기 위해서 학생들은 개인 간에 또는 모둠 내에서 협동하고, 지적인 연구활동에 참여하고 지적으로 서로에게 도전하고, 다양한 상황들을 정리할 수 있는 능력을 갖게 된다. 그뿐만 아니라 학생들은 다양한 입장을 새롭고 창의적인 결정으로 종합하기 위해 요구되는 기술들을 배우게 된다. 학생들은 또한 자신이 지닌 입장을 강화하기 위해 자료를 수집하고 논리를 연구하고, 지적 입장을 개념화하고 체계화하며, 귀납 및 연역적 논법을 사용하여 학문적이고 논리적인 입장을 제시할 수 있게 된다. 학습자들은 논쟁학습을 통해 다른 입장들을 반박하고, 그 반론을 꺾을 뿐 아니라 정보를 통합하고 다른 견해와 입장을 논리화하는 학술적인 기술들을 경험하게 되는 것이다.

다문화 사회에서 시민은 다른 문화적 배경을 지닌 타자에게 오만함을 지니면 안 된다. 다시 말해 다문화 사회에서 요구되는 시민 윤리는 우리와 다르게 생각하는 사람들로부터 멀어지게 하는 좁은 사고를 경계하는 데 있다. 시민들이 우리 다문화 사회에 직면한 복잡한 문제들에 대해 합리적인 판단을 추구하는 것은 중요하다. 우리의 일상생활에서 필수적으로 접하는 갈등을 어떻게 관리해야 하는지에 따라 다문화 사회의 지속 가능성이 보장될 수 있을 것이다.

이번 장에서 논의한 협동학습의 두 가지 전형으로서 갈등학습과 논쟁학습은 미래 다문화 사회를 살아갈 학습자들에게 시민으로 살아가는 데 필수적인 연습이다. 이런 연습의 기회는 오로지 교수자가 학습자에게 주어야 할 몫일 것이다.

2부
협동학습의 경험과 의미

4장 역할놀이와 협동학습 경험[1)]

1. 역할놀이 기반 협동학습 수업

본 장은 필자가 강의 책임교수로 수행한 인하대학교 핵심교양 과목인 '다문화 사회와 공존의 인문학'을 수강했던 대학생들의 협동학습 경험을 기술한 것이다. 강의 목표로 설정한 협동의식 및 책임감 함양은 다문화 사회에서 요구되는 공존을 위한 시민윤리이다. 특히 청년 대학생들이 역할놀이를 통해 수업참여자 간의 긍정적인 상호의존성을 경험하는 계기를 만들기 위해 기획되었다.

수업은 혼합학습(Blended Learning) 형태의 3학점 배정 교과목으로 주당 총 3시간이 소요되지만 온라인 수업 1.5시간은 주차별 강의주제에 대한 핵심개념들을 이해하고, 웹기반 오프라인 수업 1.5시간은 모둠기반학습(TBL: Team Based Learning) 활용 모둠별 역할놀이를 수행한다. 그리고 이 글은 학습자들이 수업 내에서 수업목표 성취를 위해 모둠을 구성하고, 협동학습을 하는 과정에서 일어나는 상호작용을 관찰한 것

1) 이번 장 3절의 경우 ACE+사업의 우수교육프로그램 연구 김영순 · 정윤경 · 김기화 · 오영섭(2017), "INHA-MOOC의 b-러닝 교과 활용 협동학습 모형 개발" 최종보고서의 연구결과 일부를 수정보완했으며, 4절은 김영순 · 최희(2018)의 교양수업에 참여한 대학생의 협동학습 경험에 관한 연구의 결과를 인용하였다.

이다. 무엇보다 각 모둠 구성원들 간의 상호작용 중에 발생되는 갈등, 경쟁, 교환, 협동 작용들이 어떻게 유기적으로 순환되는가를 참여관찰하고, 모둠활동에 참여한 학생들의 심층인터뷰를 진행함으로써 협동학습의 경험을 고찰하였다.

최근 들어 협동학습은 4차 산업혁명 시대 교육 패러다임의 혁신적 전환이라 할 수 있는 교수자 및 학습자 간의 소통, 학습자들 간의 상호작용의 중요성을 일깨워 주고 있다. 이 글에서 다루는 '다문화 사회와 공존의 인문학' 교양 수업은 다음과 같은 세 가지 목표를 가지고 있다. 첫째, 수업 참가자들의 협동 능력을 키우기 위해 역할놀이를 진행하며, 팀에 부여된 활동 목표를 달성하기 위해 자신의 책임을 다하고 팀원들과 협동하는 방법을 모색하는 것이다. 둘째, 수업의 내용과 모둠 활동을 통해 다문화 사회에서 필요한 다문화감수성을 함양하는 것이다. 셋째, 교수자의 협동학습 수업 운영 역량을 강화시키는 것이다.

또한 '다문화 사회와 공존의 인문학' 교양 수업에서 모둠 활동을 통해 다문화 사회의 다양한 구성원들 간의 협력을 할 수 있는 두 가지 활동 과제를 부여한다. 첫째, 사회적 상호작용 경험하기로 모둠별 구성원들이 갈등, 경쟁, 교환, 협동이 일어날 수 있는 일련의 상황을 설정하고, 이런 상호작용의 기회를 제공하는 것이다. 둘째, 다문화 구성원 이해하기로 우리나라의 대표적인 이주민 유형인 결혼이주여성, 이주노동자, 외국인 유학생, 북한이탈주민 등의 역할놀이를 통해 그들의 문화적응과 한국 사회에서의 삶을 이해하는 것이다.

'다문화 사회와 공존의 인문학' 교양 수업의 강의계획서에 기재된 내용들을 중심으로 강의개요를 살펴보도록 한다. 첫째, 강의 목표는 다문화 사회의 시민으로 함께 살아가는 데 필요한 역량이라고 할 수 있는 다문화시민성과 다문화 사회의 중요한 가치인 '공존'을 이해하는데 목적을 두고 있다. 이를 위해 개인적 차원에서 다문화감수성 확보, 대인적 차원에서는 상호 긍정적인 신뢰감을 형성하는 협동 능력 확보, 사회적 차원에서는 책임 의식, 초국가적 차원에서는 공동체 의식이 필요하다. 이 시대 청년 대학생으로서 미래에 지속 가능한 다문화 사회의 글로벌 리더가 되기 위한 공존을 모색하기 위해 협동학습을 실천한다.

둘째, 강의개요 부분이다. 본 교과목은 필자의 저서『다문화 사회와 공존의 인문학』을 중심으로 한다.[2] 본 교과목은 2016년 인하 MOOC 선정 과목이며, B-러닝 과목(온라인 1.5시간, 오프라인 1.5시간)으로서 온라인에서는 주로 수업에 필요한 개념적인 내용들을 일상생활 사례를 통해 설명하고, 오프라인에서는 문답식 · 토론식 · 문제해결식 수업을 진행한다. 특히 모둠을 조직하고 모둠 내에서 역할놀이를 통해 협동 · 참여 · 연대를 모색한다. 본 교과목은 한국장학재단-인하대 다문화멘토링사업단의 대학생 멘토들을 위한 교양 과목의 성격을 가지고 있으며, 다문화 멘토링 활동시 도움이 될 수 있는 교육내용을 제공한다.

한국 사회는 세계화 · 정보화에 따라 초기 다문화 사회 단계로 진입하였고, 문화적 다양성이 날로 증가하고 있다. 문화다양성은 사회발전 및 사회통합에 기여하기도 하고 저해하기도 하는 이중성을 갖는다. 따라서 시민에게 요구되는 시민성은 새롭게 정의될 필요가 있으며, 이를 본 강의에서는 '다문화 시민성'으로 칭할 것이다. 다문화시민성

2) 2017년 '디비북스'에서 출판되었으며 ISBN은 9791195681211이다.

의 핵심은 바로 공존을 위한 우리 사회 구성원들의 다문화 이해, 다문화 태도, 다문화 행동이라고 볼 수 있다. 이를 위해 본 강의에서는 타자의 개념을 인문학적으로 성찰하고 문화적 다양성을 이해할 수 있는 안목을 기르는 데 주안점을 둔다. 특히 다문화 사회에 가장 필요한 인문학적 가치를 '공존'으로 설정하고, 공존을 이해하기 위한 지식, 이해, 태도, 가치에 관한 학습요소를 도입한다.

따라서 공존을 이해하기 위해 개인과 사회, 문화와 사회, 일상생활과 사회제도 등의 개념적 영역을 살펴볼 것이다. 또한 한국인의 특성 파악을 통해 공존의 주체로서의 우리와 공존의 둘레라고 할 수 있는 사회, 문화, 사회제도 등에 대한 이해를 높일 것이다. 나아가 다문화 사회를 위한 공존의 실천을 위해서 다문화 멘토링 참가하기, 생애사 작성하기를 통한 타자 이해와 사회 활동의 참여와 모색, 다문화시민성을 갖추기 위한 세계시민의 자질과 전 지구적 문제 해결을 위한 방안 모색 등을 일상생활의 예를 들어 설명할 것이다.

강의 진행방식은 온라인에서 설명된 내용에 대해 질문사항을 정리한 뒤 오프라인 수업에서 질문하고 교수자가 일상생활의 사례를 통해 설명하는 오픈 클래스 형태를 띤다. 특히 다양한 배경을 지닌 인하대 동료 학생들 5~6명이 팀을 이루어 문제를 해결한다. 두 차례 정도 일상생활에서 공존 사례를 찾아 역할놀이를 하는 팀플 활동을 한다. 1회차는 경쟁, 갈등, 교환, 협동 등의 사회적 상호작용의 경험을, 2회차는 다문화인 되어보기를 통해 결혼이주여성, 이주노동자, 외국인 유학생, 북한이탈주민의 역할놀이를 실천하여 이들이 접하는 한국 사회의 적응 문제를 실질적으로 체험한다. 이를 통해 공존의 가능성을 모색하고 타자를 배려하는 인성 함양 및 다문화시민으로서 지녀야 할 협동정신을 함양한다. 구체적인 주차별 강의계획서의 내용은 다음 〈표 4-1〉과 같다.

〈표 4-1〉 다문화 사회와 공존의 인문학 강의계획서

주차	구분	내용
1	강의주제	공존의 조건들 알기: 공존의 인문학으로의 여행 출발 효과적인 수강 Tip_OT
	강의내용	다문화 사회에서 인문학이 필요한 이유: 공존의 인문학
	과제	다양한 인적 구성(전공, 출신지역, 학년, 성, 종교, 취향 등 고려)을 바탕으로 한 모둠 구성
2	강의주제	공존의 조건 찾기: 개인과 사회(1)
	강의내용	개인과 사회의 관계, 사회화 과정, 공존과 인간의 관계 등
	과제	모둠 구성을 통한 협동학습 형태 및 협동학습 과제 설명
3	강의주제	공존의 조건 찾기: 개인과 사회(2)
	강의내용	사회적 상호작용, 기능론과 갈등론, 지위와 역할 등
	과제	일상생활 속 사회적 상호작용(갈등, 경쟁, 교환, 협동)의 역할극 준비 1
4	강의주제	공존의 맥락 읽기: 문화와 사회(1)
	강의내용	문화의 본질, 문화의 특성, 문화의 다양성
	과제	일상생활 속 사회적 상호작용(갈등, 경쟁, 교환, 협동)의 역할극 준비 2
5	강의주제	공존의 맥락 읽기: 문화와 사회(2)
	강의내용	문화변동, 문화접변, 문화교류, 다문화 현상 등
	과제	일상생활 속 사회적 상호작용(갈등, 경쟁, 교환, 협동)의 역할극 준비 3
6	강의주제	공존의 둘레 보기: 일상생활과 사회제도(1)
	강의내용	사회제도의 의미, 다양한 사회제도, 가족제도와 결혼 제도 등
	과제	일상생활 속 사회적 상호작용(갈등, 경쟁, 교환, 협동)의 역할극 시연

주차	구분	내용
7	강의주제	공존의 둘레 보기: 일상생활과 사회제도(2)
	강의내용	교육제도, 종교제도 등
	과제	일상생활 속 사회적 상호작용(갈등, 경쟁, 교환, 협동)의 역할극 중간고사 대체 과제 설명
8	강의주제	공존을 위한 한국인의 특성
	강의내용	한국인의 문화유전자 이해, 신명과 흥, 어울림 등
	과제	중간고사 대체 과제 수행 1
9	강의주제	공존을 위한 시민성: 다문화감수성 이해
	강의내용	다문화감수성의 개념, 다문화감수성 발달 단계, 다문화감수서 요수
	과제	중간고사 과제 제출
10	강의주제	공존을 위한 시민성: 협동의식
	강의내용	협동의 개념, 일상생활에서의 협동심 고취 사례 등
	시험 및 과제	중간고사 과제 수정 사항 설명
11	강의주제	공존을 위한 시민성: 세계시민성
	강의내용	지속가능발전목표와 전 지구적 문제해결을 위한 세계시민 교육
	과제	중간고사 과제 수정 보완사항 반영 재제출
12	강의주제	공존을 위한 참여와 모색: 생애사 쓰기
	강의내용	생애사의 의의, 생애사 연구사례 소개
	과제	역할극 2: 다문화인 되어보기(결혼이주여성, 이주노동자, 북한이탈주민, 외국인 유학생) 수행 1
13	강의주제	공존을 위한 참여와 모색: 다문화 멘토링
	강의내용	현재 인하대에서 진행되는 대학생 다문화 멘토링 사업 참여 방법 및 활동 사례
	과제	역할극 2: 다문화인 되어보기(결혼이주여성, 이주노동자, 북한이탈주민, 외국인 유학생) 수행 2

주차	구분	내용
14	강의주제	공존의 인문학 실천하기
	강의내용	강의 내용 요약 및 정리, 실천과제 제시
	과제	역할극 다문화인 되어보기(결혼이주여성, 이주노동자, 북한이탈주민, 외국인 유학생) 시연 1
15	강의주제	기말고사 준비를 위한 Study
	강의내용	수업 강평
	과제	역할극 다문화인 되어보기(결혼이주여성, 이주노동자, 북한이탈주민, 외국인 유학생) 시연 2

2. 역할놀이 모둠 구성 및 모둠 활동

대학생들에게 다문화 사회의 문화 다양성에 관한 경험을 높이기 위해서는 협동학습 모둠 구성 시 동일 모둠 내의 다양성이 고려되어야 한다. 교양 수업인 만큼 학습자의 전공 및 학과의 다양성, 팀원의 남녀 성별 균등 배치 등을 고려한다. 또한 팀을 구성하고, 팀의 리더인 조장을 선발하고, 모둠 명을 선정하는 과정에서도 구성원 모두 자유로운 의사소통을 할 수 있는 분위기를 조성한다. 특히 팀의 조장을 뽑을 때 연령순, 학번순과 같은 서열적 방식으로 진행하지 않는다.

먼저 '조장이 된다면'이라는 주제를 통해 자기소개를 하고, 팀 구성원들이 자발적으로 조장을 선발할 수 있도록 한다. 이 경우 자신을 자연스러운 방법으로 모둠원들에게 소개하기 때문에 첫 대면의 서먹함을 완화할 수 있다. 팀의 모둠 명을 정하는 데 있어서 각 팀의 구성원들은 짓고 싶은 모둠 명과 그 이유를 설명하는 등 팀별로 모둠 명 결정을 민주적인 방법으로 할 수 있도록 한다. 조장이 선발된 후에는 조장이 모둠의 논의사항들에 대한 사회자 역할을 하게 하였다. 2018학년도 2학기의 경우 총 8개 조를 다음 〈표 4-2〉와 같이 구성하였다.

〈표 4-2〉 '다문화 사회와 공존의 인문학' 2018-2학기 모둠 구성

순번	조명	조원	학과	성별
1	멜라닌	박**(조장)	경영	남
		최**	정보통신	남
		하**	스포츠	남
		강**	철학	여
		박**	생명과학	여
2	자주만나	박**(조장)	수학교육	남
		심**	신소재공	남
		양**	기계공	남
		이**	신소재공	여
		정**	고분자공	남
3	공존	이**(조장)	산업경영	남
		박**	신소재공	남
		양**	정보통신	남
		정**	연극영화	여
		김**	행정	남
4	공집합	임**(조장)	전자공	남
		원**	컴퓨터공	여
		이**	컴퓨터공	여
		정**	소비자	남

순번	조명	조원	학과	성별
5	인연	이**(조장)	산업경영	남
		유**	교육	여
		박**	국제통상	여
		한**	고분자공	남
		김**	소비자	여
6	다사다난	박**(조장)	경영	남
		이**	기초의학	남
		윤**	신소재공	남
		박**	전자공	남
		신**	문화콘텐츠	여
7	아프지말자	김**(조장)	공간정보	남
		손**	통계	남
		양**	아동심리	여
		임**	해양과학	남
		허**	신소재공	여
8	굴러들어 온 돌	박**(조장)	전자공	남
		김**	생명과학	남
		이**	전기공	남
		최**	교육	여

〈표 4-2〉에서 보는 바와 같이 실제로 모둠을 구성할 때 학습자들의 전공 및 학과의 다양성을 기초로 하고 남녀의 비율을 고려하였다. 1차시 모둠 구성부터 2차시 모둠 활동, 두 번째 연극 과제를 수행하는 14차시에 이르기까지 주요 차시에 관한 장면은 다음의 사진 모음과 같다.

1차시: 모둠 짜기

2차시: 조장선발 및 자기소개

3차시: 설문지 작성

4차시: 1차 연극 구상(사회적 상호작용)

5차시: 조별 연극주제발표

7차시: 연극 준비(콘티 작성)

9차시: 1차 연극시연

10차시: 연극 동료・조별 평가

11차시: 2차 연극 구상(다문화인 되기)

12차시: 조별 발표 및 토론

13차시: 연극 준비(콘티 작성)

14차시: 2차 연극시연

다음은 조별 역할놀이의 주제 및 내용이다. 강의계획서에 제시된 역할놀이 연극 활동은 총 2회를 실시하게 되어있다. 1차는 일상생활에서 나타나는 갈등, 경쟁, 교환, 협동의 사회적 상호작용 네 가지에 대해 가상적으로, 혹은 실제 경험을 연극을 통해 재현하는 것이다. 2차의 경우 모든 모둠의 참여자들이 각자 다문화인의 역할을 맡아 해당 조가 정한 일상생활의 문화적응에 관한 주제를 연극으로 다룬다. 다음 〈표 4-3〉은 '다문화 사회와 공존의 인문학' 교양 수업에 제시된 모둠별 역할놀이의 주제와 내용이다.

〈표 4-3〉 모둠별 역할놀이 주제와 내용

모둠명	1차 연극 활동 (사회적 상호작용)	2차 연극 활동 (다문화인 되어보기)
멜라닌	주제: 러브인 아시아 내용: 유학적응기부터 결혼까지	주제: 인도에서 온 다문화가정 내용: 직장, 가정, 학교생활의 어려움
자주 만나	주제: 쉐어 하우스 내용: 선의의 공부경쟁, 서로 다른 생활로 인한 갈등	주제: 다문화 대학생 내용: 재중동포, 탈북민, 백인 대학생에 대한 편견 줄이기
공존	주제: 기숙사 내의 갈등 내용: 소음 및 공부경쟁, 오픈하우스 이벤트 참여	주제: 이주노동자 내용: 일터, 병원에서 차별받는 이주노동자의 현실
공집합	주제: 기숙사 담넘기 내용: 협동하여 담을 넘음. 걸리자 서로 갈등, 징계를 받음	주제: 다문화인에 대한 지원 내용: 한 아프리카인이 멘토링 및 지원을 통해서 성장한 이야기
인연	주제: 김장 내용: 시어머니 맘에 들기 위한 경쟁부터 시댁 식구와의 갈등까지	주제: 다문화인의 어려움 내용: 외국인유학생, 탈북민, 중국계외국인이 한국생활의 어려움을 고백함
다사 다난	주제: 대화가 필요해 내용: 각자 바쁜 생활동중 오랜만에 한 자리에 모이는 4남매와 남자친구	주제: 다문화 토크쇼 내용: 이주노동자, 결혼이주여성, 유학생, 새터민의 허심탄회한 토크쇼
아프지 말자	주제: 가족 여행 내용: 여행지를 선택하는 과정에서 가족구성원들의 의견을 반영함	주제: 이주여성노동자 내용: 이주여성노동자의 일과 사랑
굴러 들어온 돌	주제: 문·이과 선입견 내용: 팀플레이 도중 문·이과 선입견으로 발생하는 갈등경쟁을 해결하는 이야기	주제: 다문화인 인터뷰 내용: 일본중도입국학생, 미얀마인 이주민인권운동가, 흑인유학생의 이야기

1차 연극 활동 시 온라인 수업에서 익힌 사회화, 사회적 역할, 사회적 상호작용 등의 개념을 실제 일상생활에서 수행할 수 있는 상황을 설정하고 각자 맡은 역할에 대한 대본을 쓴 후 연극 연습을 수행한다. 2차 연극 활동의 경우는 1차 연극 활동 시 개념화한 사회적 상호작용을 다문화 사회로 확대하여 학습자 스스로가 다문화인이 되어서 그들의 처지를 역지사지의 입장으로 이해하는 활동이다. 다음 일련의 사진은 각 모둠별 1차 연극 및 2차 연극 활동의 역할놀이 모습이다.

'공존'조 1차

'공존'조 2차

'공집합'조 1차

'공집합'조 2차

'멜라닌'조 1차

'멜라닌'조 2차

'자주만나'조 1차

'자주만나'조 2차

'인연'조 1차

'인연'조 2차

'다사다난'조 1차

'다사다난'조 2차

'아프지 말자'조 1차

'아프지 말자'조 2차

'굴러들어온 돌'조 1차

'굴러들어온 돌'조 2차

대학생들은 협동학습 모둠을 통해 역할놀이 대본을 완성하였다. 1차 및 2차 연극 활동 시 동료 수강생들로부터 최우수 역할놀이 조로 선정된 두 개 모둠의 연극 활동 대본을 다음과 같이 제시하였다. 1차 연극 시 지정한 주제인 사회적 상호작용인 갈등, 경쟁, 교환, 협동 등을 주제로 한 '멜라닌'조의 〈러브 인 아시아〉 역할놀이 활동 대본을 제시하였다.

배역: ① 최**: 이다문(한국인 멘토 남)
② 하**: 판 기어오 띠엡(베트남 멘티 여A)
③ 강**: 스 갠 뚜옹(베트남 멘티 여B)
④ 박**: 개화순(어머니)
⑤ 박**: 이해남(아버지)

#1(교환) 카페 안.

카페에서 이다문이 먼저 와서 멘티들을 기다리던 중, 멘티 A, B가 들어온다.
멘토와 멘티들의 첫 만남, 간단한 오리엔테이션과 자기소개를 진행한다.

다문 저 혹시 멘토·멘티 활동 신청하신 분들 맞으세요?

띠엡 네 맞아요.

뚜옹 맞아요! 반갑습니다.

다문 반갑습니다! 안녕하세요.

띠엡은 뚜옹을 한 번 쳐다보고, 다들 자리에 앉는다.

다문 일단 제 소개를 먼저 할게요. 저는 22살 사회교육과 '이다문'이라고 합니다. 저는 베트남에 대해 관심이 많고 베트남어도 배워보고 싶었어요. 그래서 베트남에서 오신 분들이 멘티가 돼서 정말 좋네요. 잘 부탁드립니다.

뚜옹 네 안녕하세요. 이름 스 갠 뚜옹이고 뚜옹이라고 불러주세요. 한국은 정말 멋있고 좋아요. 다문님도 좋은 사람 같아요.

띠엡 반갑습니다. 저는 판 기어오 띠엡이라고 해요. 띠엡이라고 불러주세요. 한국 온지 얼마 안돼서 아직 어색한 것 많은데 멘토님이 많이 도와주세요.

다문 두 분 한국에서 잘 생활 할 수 있도록 잘 도와드릴게요.

셋은 서로 이런저런 얘기를 하고 저녁시간이 됐다.

다문 (띠엡을 보며) 이제 저녁밥 먹으러 가야하는데 뭐 좋아하세요?

띠엡 한국음식 아직 잘 몰라요.

다문 혹시 비빔밥 드셔보셨나요?

띠엡 (고개를 갸우뚱하며) 아…니요?

다문 외국인들이 편하게 먹기 좋은 음식이에요. 한번 드셔보실래요?

띠엡 (미소를 지으며) 네 좋아요.

#2 길거리-식당 안.

띠엡과 뚜옹이 대화를 나누며 서로가 똑같이 다문 첫눈에 반한 걸 알게 된다.

카페를 나와 베트남어로 이야기한다.

띠엡 뚜옹, 우리 멘토 완전 좋지 않아?

뚜옹 맞아 성격도 좋아 보이고, 정말 좋은 사람 같아!

띠엡 저런 사람이 내 남자친구였으면 좋겠다.

뚜옹 내 말이. 완전 내 스타일이야.

앞장서 가던 다문은 말없이 궁금하다는 얼굴로 띠엡과 뚜옹을 쳐다보다가 말을 건다.

다문 (웃으면서) 무슨 얘기를 그렇게 하고 있어요?

뚜옹 (빠르게 다문 옆으로 가면서) 아무것도 아니에요! 빨리 가요. 저 비빔밥 한 번도 안 먹어 봤는데 기대돼요.

다문 진짜 맛있어요. (뒤에 있는 띠엡을 보면서) 배고프죠? 여기 진짜 맛있는 곳이에요, 빨리 와요!

세 사람은 식당 문을 열고 들어간 후 바로 뒤 돌아 나온다.

다문 (배를 문지르며) 아~ 배부르다. 어땠어요?

띠엡 맛있어요! 이런 곳 알려줘서 감사합니다.

뚜옹 맞아요. 잘 먹었습니다.

다문 네. 다음에는 더 맛있는 식당 데려가줄게요. (손을 흔들며) 그럼 다음 주에 봐요.

띠엡/뚜옹 (고개를 숙이며) 네. 안녕히 가세요.

#3(경쟁) 스터디룸 앞.

멘토-멘티 활동이 있는 어느 날, 띠엡과 뚜옹 사이에 다문을 둘러싼 은근한 신경전이 이어진다.

띠엡과 뚜옹은 스터디룸 앞에서 만나 당연히 베트남어.

뚜옹　(엡을 향해 걸어오며) 띠엡! 숙제는 잘 해 왔어?

띠엡　당연하지. 너는?

뚜옹　나도 당연히 해왔지. 너 근데 치마 잘 안 입잖아. 갑자기 웬 치마?

띠엡　아~ 별건 아니고, 끝나고 약속 있어서.

뚜옹　(미소를 지으며) 중요한 약속 인가보네. 네가 치마를 다 입고!

띠엡　근데 너 손에 들고 있는 건 뭐야?

뚜옹　아, 이거. 다문이가 단 거 좋아한다고 해서 감사표시도 할 겸 마카롱 좀 샀어.

띠엡　그렇구나. 아, 저기 다문이 온다.

다문이 두 사람에게 뛰어온다.

다문　(활기차게 웃으면서) 얘들아! 안녕, 많이 기다렸지? 먼저 들어가 있어도 되는데.

띠엡　아니야, 우리도 방금 도착해서 잠깐 얘기하고 있었어. 들어갈까?

뚜옹　(다문의 머리를 보며) 어, 다문이 머리 바뀌었네? 오늘 무슨 날이야?

다문　(띠엡을 그윽하게 바라보며) 아, 오늘 멘토링 끝나고 띠엡이랑 영화 보러 가기로 했거든.

이 때부터 대사는 잠시 정적이 되며 '뚜뚜루뚜' BGM이 깔린다.

뚜옹　(띠엡을 보며) 아…. 진짜?

띠엡　(부끄러운 듯 몸을 살짝 꼬며) 응, 내가 보자고 했어. 너도 같이 갈래?

뚜옹　(애써 웃으며) 그, 그래! 무슨 영화인지 이따 알려줘. 이제 스터디룸 들어가야지.

다문　(두 사람을 스터디룸으로 이끌며) 그래. 숙제는 다 잘 해왔겠지?

#4 식당 안.

한 학기 간의 멘토-멘티 활동이 끝나고 뒤풀이를 하면서 다문이 띠엡을 좋아한다는 사실을 알게 되고 삼각관계는 정리된다.

멘토-멘티 활동의 뒤풀이, 치킨 집에 간 세 사람.

다문 : 얘들아, 한 학기 동안 수고 많았어.

기어오 띠엡 : 다문이 너도 수고했어.~ 우리 한국어 알려준다고 전날 밤새고 그랬다면서! 진짜 너 덕분에 한국어 실력 많이 늘은 것 같아.

스 갠 뚜옹 : 맞아, 너 덕분에 한국에 적응도 빨리 하게 된 것 같아. 고마워!

다문 : 에이~ 난 너희들 덕분에 베트남 문화도 조금 더 이해하게 되고 베트남어 많이

배웠는데 뭘~ 오히려 내가 더 고마운 걸?

스 갠 뚜옹 : (일어나면서) 얘들아 나 포크 좀 가져올게.

- (스 갠 뚜옹이 포크를 가지러 간다.)

다문 : 기어오 띠엡,

기어오 띠엡 : 응?

스 갠 뚜옹 : (몸을 숨기며) 어? 뭐지?

다문 : 이제 멘토링도 끝나서 따로 만날 일 없을 것 같아서, (심호흡 두준 두준) 나 너 좋아해.

기어오 띠엡 : 다… 다문아(감동의 찬 눈빛), 사실 나도 너를 좋아해.

- (스 갠 뚜옹이 걸어오다가 이 것을 듣는다.)

장면을 지켜보던 스 갠 뚜옹

스 갠 뚜옹 : (포크를 떨어뜨리며 혼잣말로) 아 역시 다문이는 기어오 띠엡을 좋아하는 구나….

그에 반해 화기애애한 다문과 띠엡

#5(갈등) 다문의 집 앞-거실.

몇 년 후, 다문과 띠엡은 결혼을 생각하게 된다. 다문은 띠엡을 부모님께 소개해 드리기 위해 집으로 초대하지만 어머니의 탐탁지 않은 반응.

이다문: 자기야 많이 떨려?

판 기어오 띠엡: 음… 솔직히 말하면… 그런 거 같아.

이다문: (상냥한 말투)왜 떨긴 떨어. 자신감을 가져! 우리 부모님도 정말 좋아하실 거야.

판 기어오 띠엡: 알았어. 긴장 안 하고 힘낼게.

(집으로 들어간다.)

이다문: 아버지, 어머니, 저희 왔어요.

판 기어오 띠엡: 안녕하세요.

(부모님, 판 기어오 띠엡을 보고 싸늘한 반응을 보인다.)

아버지: 우선 안으로 와서 앉아요.

어머니: 우리 다문이랑 언제 처음 만났어요?

판 기어오 띠엡: 대학교에서 처음 만났습니다.

어머니: 아...... 그래요? 꽤 오래 만났네요.

판 기어오 띠엡: 네, 맞아요.

어머니: 크흠, 우선 앉아 있어요.

(어머니, 아버지, 방 안으로 들어간다.)

어머니: 나는 별로야.
아버지: 나도 놀라긴 했지만 다문이가 좋다는데 별수 없지.

#6(협동) 카페 안.
고민에 빠진 다문은 아버지께 도움을 청하기 위한 자리를 마련한다.
다문: 아버지, 오늘 시간 내주셔서 감사해요. 제가 이렇게 모신 건 사실….
해남: 괜찮아, 다 알고 있다. 어머니 설득하는 거 도와달라는 거지?
(기어오 띠엡과 다문은 심란한 표정을 짓고 잠시 머뭇거린다.)
기어오 띠엡: 네, 맞아요. 도와주세요. 아버님.
해남: 나도 도와줄 테지만, 내가 돕는다고 다 되는 건 아니다. 중요한 건 띠엡이 네가 직접 네 시어미 마음을 여는 데에 있단다.
다문: 마음을 연다니 어떻게….
(깊은 고민에 빠진 세 사람. 잠시 후 기어오 띠엡이 말을 꺼낸다.)
기어오 띠엡: 저 좋은 생각 떠올랐어요! 베트남 문화로 이벤트 할 거예요.
다문: 무슨 이벤트?
기어오 띠엡: 베트남 음식이랑 옷 같은 거 준비해서 어머니 기분 좋게 하면 마음 열지도 몰라요.
해남: 음…. 그래 좋은 생각 같구나!

#7(협동) 다문의 집 안.
며칠 후, 세 사람은 어머니를 위한 깜짝 이벤트를 준비하고 어머니의 마음은 서서히 풀리게 된다.
-시댁에서 이벤트. 시어머니가 외출해 있는 동안 준비.
어머니의 귀가.
기어오 띠엡: 어머니 들어오세요!
화순(시어머니): 네가 여긴 어쩐 일이냐? (못 마땅한 듯이)
해남: 아, 거참, 당신도 너무 쌀쌀맞게, 일단 들어와 봐요. 새아기가 당신 먹으라고 음식도 준비하고 했으니까.
다문: 네, 어머니. 어서 일로 오셔요.
화순: 내 차려줬다니 먹는다만 그렇다고 맘 바뀌는 일 없다. (약간은 마음을 연 듯이 - 음식 대접은 처음 받아본 느낌으로 캐릭터를 설정… 사람 대 사람으로 감동 받으신.)
기어오 띠엡: 이것도 드셔보셔요. (사둔 사탕 같은걸 주머니에서 꺼내서 조별로 돌린다.
(음식 맛을 본 후 옷도 입힌다.)
기어오 띠엡: 어머니, 다 드셨으면 이쪽으로 와보세요. 이거 베트남 옷인데, 한번 입어 보세요.

화순: 아니 뭘 이런 것까지 입어보라고 하니?(라고 말하면서 입고는 있다. 그리고 입은 웃고 있다.)

해남/다문: 오 잘 어울리네, 당신./ 네, 어머니. 정말 잘 어울리세요.

화순: 호호, 네 엄마가 안 어울리는 옷 봤니?

다 같이 하하호호 하하호호 하하하호호 하면서 씬을 끝낸다.

#8 결혼식장 단상 앞.

몇 개월 후, 다문과 띠엡은 결혼식을 올리게 된다.

스몰웨딩

화순: 우리 아가 나 때문에 맘고생 많았지? 네가 넓은 마음으로 이해해주렴. 앞으로 다문이 잘 좀 부탁하고.

기어오 띠엡: 네, 어머니. 저희 잘 살게요. (눈물 훌쩍)

다문: 좋은날 울지 말고! 사진 한 번 더 찍겠습니다.~ 당신은 셋 하면 부케 던져요. (달려서 대열에 합류한다) 자, 하나, 둘,,, 셋!

(찰칵) 뚜옹이 부케 받으며 모두가 즐거워한다.

2차 연극의 주제는 '다문화인 되어보기'이다. 대학생 학습자들은 이 주제 안에서 일상생활에서 접할 수 있는 역할놀이 활동을 강구하였다. 다음의 내용은 '굴러 들어온 돌'조의 〈다문화 토크쇼〉의 역할놀이 활동 대본이다.

*** 시놉시스**

세계인의 날(5월 20일)을 맞아 다문화 토크쇼 행사가 개최되었다. 다문화 토크쇼의 주제는 '한국사회 내 다문화인의 삶'이다. 다문화 토크쇼 진행자로 인류학자 이영순 씨, 게스트로는 한국에 거주하고 있는 다문화인들이다. 필리핀에서 온 고학력 이주노동자 신필리씨, 인도에서 인하대학교 공과대학으로 교환학생을 온 김가나 씨, 베트남에서 한국으로 시집 온 결혼이주여성 이비엣남 씨, 자본주의 삶을 동경해서 탈북을 한 새터민 리창훈 씨 이렇게 4명이다. 진행자는 한국 내 다문화인에 대한 지식 등을 통해 대화를 이어나가고, 다문화인들은 서로 공감해주고, 차이점을 알아가면서 각자의 문화를 이해해 간다.

* 등장인물

이**: 이영순 - 다문화 토크쇼 진행자(한국인)

신**: 신필리 - 고학력 이주노동자(필리핀인)

박**: 김가나 - 인하대 공과대학 교환학생(가나인)

윤**: 이비엣남 - 결혼이주여성(베트남인)

박**: 리창훈 - 새터민(북한인)

* 대본

1. 무대 위

(다문화 토크쇼 진행자가 진행을 한다.)

이** : (인사) 안녕하십니까. 만나서 반갑습니다. 이번 다문화 토크쇼의 진행을 맡은 인류학자 이영순입니다. 여기에 계신 여러분들 혹시 오늘이 무슨 날인지 알고 계신가요? 네 맞습니다. 오늘이 바로 5월 20일 세계인의 날입니다. 세계인의 날을 맞이해서 자그마한 토크쇼를 준비해 봤는데요, 현재 한국에서 생활하고 있는 다문화인들과 함께 '한국사회 내 다문화인의 삶'이라는 주제로 이야기를 나눠보는 시간을 갖도록 하겠습니다. 현재 한국 내에는 200만 명이 넘는 다문화인들이 살고 있습니다. 그 많은 사람들 중 각각 다른 네 분을 초청하여 각각의 한국사회 적응기를 들어보도록 하겠습니다. 어떤 이야기들을 해주실지 정말 궁금하군요! 자! 박수로 모시겠습니다! (박수갈채가 쏟아진다.)

2. 무대 위

이** : 모두들 반갑습니다. 한분씩 자기소개를 부탁드립니다.

(한 사람의 소개가 끝날 때마다 박수를 받는다.)

신** : 안녕하세요. 필리핀에서 온 신필리입니다.

박** : 안녕하세요. 가나에서 온 김가나입니다. 인하대학교에 교환학생으로 왔어요.

윤** : 안녕하세요. 베트남에서 온 이비엣남입니다. 평범한 주부예요. 호호호.

박** : 안녕하십네까? 북에서 온 리창훈입네다.

이** : 모두들 각자 다른 나라에서 오셔서, 다른 생활을 하고 계시네요. 참 신기합니다. 그러면 본격적으로 각자 자신이 한국에서 다문화인으로서의 생활을 공유하고 공감하며, 차이점도 알아보는 시간을 가져보도록 하겠습니다. 먼저 신필리 씨? 신필리 씨는 필리핀에서 어떤 일을 하셨는지 들을 수 있을까요?

신** : 저는 필리핀에서 명문이라 꼽히는 라살대학 영문학과를 졸업하고 영어강사 일을 했었어요. 필리핀에서 아이들 가르치면서 정말 보람도 많이 느끼면서 일했었죠.

이** : 그럼 지금 한국에서도 같은 일을 하고 계신건가요?

신** : 아니요, 한국에서는 가정부 일 하고 있어요.

3. 신필리의 과거회상

신** : (전화를 받으며) 여보세요?

학원관계자 : 네, 안녕하세요. 저번에 원어민 시간강사 문의 전화 주셨다고 해서 연락드렸어요. 혹시 이미 자리 구하셨나요?

신** : (다급하게) 아니요! 아직 못 구했어요. 저 일하고 싶어요. 저 아이들 잘 가르칠 수 있어요.

학원관계자 : 네~ 정말 열정이 넘치시는 것 같아서 보기 좋네요! 혹시 오늘 학원 방문해 주실 수 있으신가요?

신** : 네! 지금 당장 갈게요! (전화를 끊으며 나갈 채비를 하고 급히 밖으로 나간다.)

(책상에 긴장한 채 앉아있는 신필리, 문이 열리고 학원관계자가 등장한다. 학원관계자는 당황한 표정을 감추지 못한다)

학원관계자 : 아… 베트남 분이세요?

신** : 아니요, 필리핀 사람이에요.

학원관계자 : 죄송해요. 제가 전달을 잘못 받았나 보네요. 유럽 쪽 분이라고 전달받아서 연락드린 건데…

신** : 네? 아… 저 정말, 전 정말 애들 잘 가르칠 자신 있어요.

학원관계자 : 죄송하지만 동남아 분들은 학부모들도 꺼리셔서 저희 쪽에서는 고용하기가 힘들어요.

(신필리는 길을 터벅터벅 걸어간다.)

(현관문이 열리고, 고무장갑과 앞치마를 착용하고 설거지를 시작한다.)

4. 현재 토크쇼 진행

신** : 국적 때문에 제 능력을 시험해 보지도 않는다는 것이 너무 속상해요.

박** : (화를 내며) 주둥아리를 비틀어버리고 싶구만 기레.

박** : 저런, 그 마음 제가 잘 이해하죠. 지금은 익숙해졌지만 처음엔 힘들죠. 많이 힘드셨겠네요.

윤** : 어머어머 나중에 내 자식도 이런 일 겪을까 봐 무섭네요.

이** : 언론에는 많은 다문화인들이 자신이 원하는 직장에서 일을 하는 것으로 나타나지만 실제로는 차별을 받기도 한다고 해요. 신필리 씨 꼭 자신이 원하는 일을 할 수 있기를 바랄게요. 그럼 다음으로 김가나 씨는 한국 살면서 사람들의 편견을 느낀 적 있었어요?

박** : 저번에 친구가 가나에도 TV가 있냐고 질문했었어요. 아프리카라서 다 초원만 있고 이런 줄만 아는 사람들이 많아요.

5-1. 김가나의 과거회상 1

친구1 : 방학 때 고향 돌아가는 거야?

박** : 어, 이번 학기 끝나면 돌아가야지.
친구1 : 가면 뭐하고 놀아? 가나에도 TV 있어?
친구2 : (어이없다는 듯이) 가나에 TV 있지. 이상한 소리를 하네.
친구1 : 그럼 가나에 지하철도 있어?
박** : 아니 지하철은 없지. 버스는 있지. 비행기도 있고, 사자도 있고.
친구1 : 오! 거리에 사자 있어?
박** : 나도 도시사람이고 동물원 가야 사자 있지.
친구1 : 오! 그럼 클럽도 있어?
박** : 그럼. 서울이랑 비슷하다. 빌딩도 있고.

 # 5-2. 현재 토크쇼 진행

이** : 어이가 없는 상황이었겠어요. 한국에서 생활하다가 또 다른 기분 나쁜 일을 겪은 적이 있다던데요. 그것도 말해줄 수 있으신가요?
박** : 아! 지하철에 자리가 나서 앉으려고 했어요. 아줌마가 나보고 "너네 나라나 돌아가. 까만 새끼가 한국까지 와서 뭐하냐!"라고 했었어요. 그리고 길을 가는데 사람들이 '흑형'이라고 했어요. 처음에는 무슨 뜻인지 몰랐는데. 한국말이 조금 느니까 안 좋은 말인걸 알았어요.

 # 5-3. 김가나의 과거회상 2

(길을 걷고 있다.)
행인1 : 어, 흑형이다, 흑형.
행인2 : (하이파이브 자세를 취하며) 요 맨~~
김** : (같이 하이파이브를 하며) 요~~

 # 6. 현재 토크쇼 진행

이** : 저도 이렇게 듣기만 했는데도 기분이 나쁘네요. 제가 다 죄송스럽네요.
박** : 아니에요. 그래도 친절한 사람들이 더 많아서. 한국 좋아요.
박** : 내가 저 상황이었다면 손모가지를 꺾어버렸을 겁네다.
윤** : 진짜 저래요? TV에서 장난치는 줄로만 알았는데 아니구나.
이** : 네. 아직은 한국사회에서 자신과 다름을 자연스럽게 수용하는 능력이 부족한 것이 사실입니다. 갈 길이 멀죠. 그렇다면 이번엔 이비엣남 씨는 한국에서 살면서 어떤 어려운 점을 느꼈어요?
윤** : 다른 것들도 많지만, 집에서 시어머니가 구박을 많이 하셨는데 그게 힘들었어요.

 # 7. 이비엣남의 과거회상

(밥상을 차리며)

윤** : 어머니, 식사하세요.
시어머니 : 얘, 오늘도 된장국이니? 며칠 째 된장국만 먹는 것 같지 않니?
윤** : 죄송해요. 다른 재료가 다 떨어져서요.
시어머니 : 너 지금 나랑 장난하는 거니? 장을 미리미리 봐오든지 했어야지! (한 입 먹더니) 국은 왜 이렇게 짜니? 한국에 온 지가 언젠데 발전을 못하니, 발전을! 저번에 물 양 조절 좀 잘하라고 하지 않았니? 이런 식으로 할 거면 너희 나라로 돌아가!
윤** : 죄송해요. 다음부턴 잘할게요.
시어머니 : 그러게 잘못한 걸 알면서 왜 또 하니? 빨래는 왜 또 저렇게 쌓아놨어? 에휴… 누가 후진국 사람 아니랄까 봐….

 # 8. 현재 토크쇼 진행
(윤**은 눈물을 훔친다)
이** : 정말 시어머니가 너무하신 것 같네요. 혹시 또 다른 사례가 있었나요?
윤** : (흐느끼며) 저희 아들이랑 같이 외출을 하면 사람들이 무시하는 시선이 느껴지죠.
신** : 국적이 달라도 고부갈등은 생기네요. 참 슬픈 현실 같아요.
박** : 제가 아직 결혼을 안 해서 잘은 모르겠지만 마음고생 많이 하셨겠어요.
이** : 자 마지막으로 리창훈 씨. 말씀 안하시면 한국인이라고 생각하겠어요. 리창훈 씨 이야기가 궁금하네요. 어떤 경험을 하셨나요?
박** : 제가 한국에 온 지는 벌써 세 달이 되어가네요.

 # 9. 리창훈의 과거회상
(중국으로부터 오는 여객선이 지나가는 장면, 국정원 사람들의 경호를 받으며 한국에 들어오는 장면, 한국의 거리를 보고 신기해하는 장면, 국정원에서 조사를 받는 장면, 하나원에서 교육을 받는 장면을 차례대로 보여준다.)
박** : 저는 북에 있을 때 항상 남조선에 대한 동경을 가지고 있었습네다. 그래서 전 탈북을 결심하고 중국으로 건너가 한국으로 갈 의사를 전달했디요. 국정원으로부터 사람들이 절 데리러 왔을 땐 너무 기뻐서 방방 뛰고 싶었습네다. 남조선 땅을 밟자마자 국정원으로 가서 조사를 받았습네다. 국정원으로 가는 길에 밖을 봤는데 제가 상상한 그 풍경이였습네다. 북에서는 볼 수 없었던 많은 것들을 눈에 담아내려고 노력했디요. 국정원에서 조사를 받고, 저는 하나원이라는 곳에서 교육을 받게 됐습네다. 한국에 적응하기 위한 교육들을 받을 땐 마치 학창시절로 돌아간 것 같았습네다. 지금도 교육을 받고 있는 도중이라 이 방송에 출연하기 위해 오는 길에 많은 것들을 보고 듣고 느끼고 왔디요. 단지 입을 열면 다른 애미나이고, 머스마고 쳐다보는 시선이 느껴지는 것이 불편할 뿐입네다. 그러고는 알 수

없는 방언을 쏟아내는데, 도통 알아먹지 못하게 씨부리렸디요. 뭐 "대박, 레알 탈북자야?", "탈북자 내 눈 앞에 있는 거 실화냐?" 하나원에서도 알려주지 않는 것이라서 한국에서 오래 살아봐야 알 수 있겠다는 판단이 들었습네다.

 # 10. 현재 토크쇼 진행

이** : 그러셨구나. 하긴 요즘 아이들 말이 참 어렵죠.

박** : 맞아요. 한국말 공부 따로, 신조어 공부 따로 해야 할 판이라니까요.

이** : 자, 이렇게 한국에 사는 다문화인들의 다양한 경험들을 들어봤습니다. 어떠세요? 이분들도 다 같은 사람인 것을 실감하셨나요? 다문화인들은 이 토크쇼를 시청하고 있는 여러분들과 똑같습니다. (정면을 가리키며) 거기! 검은 옷을 입고 계신 남성분! 그냥 멍~ 때리면서 보셨나요? 그렇다면 반성하셔야 되겠죠? 오늘 토크쇼를 시청해주신 모든 분들이 무언가를 느끼고 얻어가셨으리라 믿습니다. 한국 사회 내에서 다문화인들이 차별과 편견 없이 한국인과 공존하여 살아갈 수 있는 그 날이 오기를 바라며 오늘 토크쇼는 이것으로 마치겠습니다. 감사합니다.

3. 역할놀이 협동학습 경험 분석 방법

'다문화 사회와 공존의 인문학' 수업에 참여한 대학생 학습자들의 역할놀이 협동학습 경험의 의미를 탐색하기 위한 자료수집은 다음 〈표 4-4〉와 같이 Sharan과 Sharan(1994)의 여섯 단계(연구집단 조직단계, 계획탐구 및 역할분담단계, 탐구 실행단계, 발표준비단계, 발표단계, 활동 평가단계)의 그룹 탐구 모형을 적용하여 수행하였다. 역할놀이의 단계는 아이디어 교환 및 토론회, 대본 작성 및 수정, 리허설, 본 공연의 순서로 진행되었고 수업이 끝난 후 참여 학생들에게 설문지를 배포하고 그 자리에서 100% 회수하였다(김영순 · 최희, 2018: 152-153).

〈표 4-4〉 역할놀이 과정 탐구 모형 및 자료수집 절차

단계	학습자의 학습과정	교수자의 관찰과정
1단계 수업과정 및 학습 목표 제시	• 학습주제와 방향 제시 • 핵심주제 '갈등, 교환, 협동, 경쟁'	교수자 중심 수업설계
2단계 팀 그룹 형성하기	• 나이, 전공, 성별, 출신지역 등의 다양성을 고려하여 4~5명의 팀 구성	학습자 중심 팀 구성 관찰
3단계 조 이름 짓기, 조장 선출	• 구성원이 조장 선출 • 조 이름 짓기	학습자 중심 조장선출 방법 관찰
4단계 역할극 주제 탐구하고 주제선정	• 구성원들 아이디 교환 및 토론회 • 선출된 아이디어를 주제선정	학습자 중심 스터디, 주제선정 관찰
5단계 내용 구성 및 역할 분담	• 협동 계획 • 스토리 자료 수집 및 공유 • 스토리 정하기 • 각자 개인에 맞는 역할 분담	학습자 중심 역할 분담 관찰
6단계 조별 및 개인 역할 수행	• 각자 맡은 역할에 대한 대본작성 • 대본에 따른 개인의 역할 연습하기	학습자 중심 역할 대본 쓰고 연습
7단계 발표준비	• 개인이 각자 연습한 후 팀 구성원이 모여서 짜임, 추임새 다시 조정하기	학습자 중심 발표 준비
8단계 발표	• 조별 역할놀이 리허설 • 조별 공연 발표	학습자 중심 리허설 및 발표
9단계 평가	• 갈등, 교환, 협동, 경쟁 중심의 평가	교수자 평가
10단계 설문지 및 저널 작성	• 역할놀이 참여 경험에 관한 주관식 설문지 작성 • 역할놀이를 통해서 느낀 점 저널 쓰기	교수자 관찰

연구 수행 과정에서 연구자가 수업을 설계하고 수업조교와 함께 역할놀이 진행과정을 관찰하면서 관찰일지를 작성하였다. 이를 토대로 설문지를 구성하였고, 연구팀 스터디를 통해 주관식 설문지를 구성하였다. 또한 중간고사 과제로 참여 대학생들이 역할놀이를 통해서 경험하고 느낀 점을 저널로 작성하여 제출하도록 하였다. 따라서 이 연구에서는 수업관찰일지, 설문지, 저널, 역할놀이를 위한 대본 등을 자료로 활용하였다.

역할극의 대본은 팀별로 주제를 정해 스토리를 작성하게 하고 핵심주제인 '갈등', '교환', '협동', '경쟁'을 포함하여 각자 맡은 역할에 대한 내용을 구성하도록 하였다. 설문지 구성은 협동학습을 수행하는 과정에서 발생할 수 있는 문제들을 중심으로 질문지를 만들었고, 저널은 협동학습에 참여한 학생들의 개인별 경험을 기술하도록 권고하였다. 수업관찰은 수업설계 시점부터 학생들의 반응을 관찰하고, 팀의 구성과 역할극 대본 구성에 이르기 까지 팀별 · 개인별 수업참여의 과정을 관찰하고 기록하였다.

자료 분석은 현상학적 분석방법을 통해 접근하였다(Giorgi, 1985; 신경림 외 역, 2004). 조별로 진행된 역할놀이에서 학습자 개인이 경험했던 다양한 사례들이 담긴 저널과 주관식 설문지에서 개인적 경험이 담긴 문장들을 발췌하고 줄 단위 분석을 통하여 경험의 의미와 본질을 분석하고자 했다. 분석단위는 텍스트일 수도 있고 텍스트의 일부분인 한 단락, 한 문장, 문장의 일부가 될 수도 있다. 경우에 따라 텍스트 중에 한 단락 단위가 분석단위로서 의미가 있는 것으로 입증되기도 하지만 일반적으로 분량이 적어서 의미 있는 해석을 할 수 없는 경우도 있다(Gläser & Laudel, 2010; 우상수, 정수정 역, 2012).

협동학습 참여 대학생뿐만 아니라 자료 수집 및 분석 단계에서 연구진들 상호간 토론이라는 협동 작업이 수행되었다. 토론은 분석 대상으로서 텍스트가 지니는 다양한 의미를 분석하는 데 기여하기 때문에, 의미 추출과정에서 가능한 한 높은 의견일치를 이루어내기 위한 공동 작업의 과정이다. 이 연구에서는 경험에 초점을 맞춰 줄 단위 분석, 문장 단위, 단락 단위로 의미를 추출하고 의미들과 관련성을 밝히면서 구조를 통합하는 과정이 이루어졌고, 연구팀에서 여러 차례 토론과 논의를 거쳐 자료 분석의 완성도를 높였다.

4. 역할놀이 협동학습 참여 경험의 의미

이번 장에서는 앞서 언급한 바와 같이 교양과목을 수강한 대학생을 대상으로 역할놀이 기반 협동학습을 진행하고, 수업에 참여한 대학생들의 경험과 의미를 분석하였다. 교양과목인 '다문화 사회와 공존의 인문학'은 온라인 수업과 오프라인 수업이 동시에 진행되었고, 온라인에서 배운 이론을 오프라인 수업인 역할놀이를 통해 현실에서 체험할 수 있도록 협동학습방법으로 수행되었다.

이번 절에서는 역할놀이에 참여한 대학생들의 참여 경험을 협동학습 구성요소에서 나타나는 다섯 가지 유형(긍정적인 상호의존성, 개인적 책무성, 개인 간 상호교류, 소집단 및 사회기술, 집단평가) 중에 크게 3가지 유형으로 분류하여 제시하고자 한다. 이번 절에서 채택한 의미 분류는 〈표 4-5〉와 같이 핵심범주 3개와 하위범주 7개의 구성요소로 분류하였다(김영순 · 최희, 2018: 153).

〈표 4-5〉 핵심범주와 하위범주 주제 구분

구분	핵심범주	하위범주
긍정적 상호의존성	상호적 관계로서의 협력	참여와 소통
		낯섦과 두려움의 경계
		사회적 상호관계
개인적 책무성	도덕적인 의무감	자아성찰
		역할에 대한 책임
개인 간 상호교류	화합과 공존을 위한 실천	의견과 표현
		언어적 상호작용의 다양성

위의 〈표 4-5〉에서 핵심범주인 '상호적 관계로서의 협력'은 서로의 공통점을 모르고 유대관계가 없기 때문에 과제에 대한 압박과 두려움이 존재하였으나, 적극적인 참여와 소통으로 낯섦의 경계를 벗어나 서로 의존하는 협력적 상호관계를 나타냈다. 현대는 집단주의보다 개인주의를 선호하는 사회문화로 바뀌면서 개인의 집단을 위한 책임의식이 사라져 가고 있다. 그러나 이 연구에서는 개인의 부족함은 팀 전체에 영향을 준다는 책임의식이 발생하므로 자아성찰을 통해 자신에 대한 책임과 타자에 대한 책임의식을 보여주고 있었다. 이것이 바로 두 번째 핵심범주인 '도덕적 의무감'에 해당된다. 이와 더불어 연구참여자들은 의견과 표현에 대한 인식, 경청과 침묵에 대한 실천적 경험 등 언어적 상호작용을 통해 화합과 공존을 위한 사회적 상호작용을 보여주고 있었다. 이 부분은 핵심범주인 '화합과 공존을 위한 실천'에 속한다.

1) 상호적 관계로서의 협력

협동학습의 효과는 학업성취를 위한 노력, 긍정적인 사회적 관계, 심리적 적응으로 구분하여 나타날 수 있으며, 협동학습에 참여한 구성원 간의 긍정적인 상호의존성이 전제가 된다(Johnson & Johson, 2002; 김명랑 · 박인우, 2009 재인용). 상호의존성은 협동학습의 기본 원리가 충분히 이행될 때 가능하다(김영순 · 최희, 2018: 154-157). 상호의존성은 '상호적 관계로서 협력'의 형태로 나타나는 데, 이 연구에서는 참여와 소통, 낯섦과 두려움의 경계, 사회적 상호관계로 세분화되어 기술하였다.

(1) 참여와 소통

주체적인 의지가 동반되어야 적극적인 참여와 상호적 협력이 가능하다. 협동학습 원리에서 가장 중요시되는 긍정적 상호의존성이다. Johnson과 Johnson(2002b)은 긍정적인 사회적 관계가 학습효과에 영향을 미치는 것으로 구분하고 있는데, 이 연구에서도 상호적 협력이 집단 구성원들 간의 관계에 영향을 주는 것으로 나타났다. 교양과목에서 만난 연구참여자들은 서로 전공이 다르고 학년도 다양하다. 따라서 역할놀이를 위해 서로 시간을 맞춘다는 것은 어려운 일이다. 그럼에도 서로 양보하고 배려하면서 연습시간을 지키기 위한 노력에서 적극적으로 참여하려는 의지를 나타내고 있었다.

연구참여자 3과 연구참여자 10의 경우 팀플레이를 특정 목적 실행을 위한 2차 집단으로 간주하였기 때문에 공통적인 목표를 위해 참여하였지만, 개인과 개인 간에 소통하려는 의지가 없었다. 그러나 팀원이 모두 적극적으로 참여하고 소통하여 생각지 않았던 결과를 얻은 데에 대해 만족함을 드러냈다.

> "점수를 잘 따고자 하는 목적만 있는 2차 집단의 사람들이었고 특정 목적을 달성하기 위해서 만나는 사람들과는 소통이 많이 부족하며, 그렇게 된다면 좋지 않은 결과가 나타날 것이라고 생각했다. 하지만 내가 생각했던 것과 달리, 사람들은 생각보다 열정적이었다." (연구참여자 3)

> "누구나 무임승차 하지 않고 능동적으로 팀플 장소 예약하고 의견도 개진하고, 나이, 학년, 성별 등에 속박 받지 않았다." (연구참여자 10)

좋은 아이디어를 하나 제공하면 더 좋은 아이디어를 발굴하고 나누려는 행위도 엿볼 수 있었다. 연구참여자 3의 경우는 좋은 아이디어를 제공하지 못했지만, 다른 친구들로부터 제공받아 나눌 수 있는 것이 상호의존성의 장점이라고 생각하고 있었다. 또한 연구참여자 7의 경우는 공감을 위해 서로 이해하는 태도가 필요함을 경험을 통해 강조하고 있다.

> "다른 친구들 모두 아이디어 뱅크로서 참신한 의견을 내놓았고 의견 종합 역시 일사천리로 진행되었다." (연구참여자 3)

> "같은 사회에 산다면 그 사회구성원으로서 서로 공감할 수 있는 것을 만드는 것이다. 공감을 위해서는 서로 경청하고 이해하는 태도가 필요하다." (연구참여자 7)

우리의 관계는 상호적이어야 하는 데 일상의 인간관계에서는 실제로 그렇지 못하다. 협동 상황에서 상호적인 관계는 참여와 소통을 전제로 한다. 또한 개인의 이익만을 추구하는 것이 아니라 자신의 것을 나누는 행위를 필요로 하기 때문에 상호의무적 관계라고도 할 수 있다. 이 연구에서는 소통의 행위, 나눔의 행위, 공감의 행위, 수용의 행위를 볼 수 있다. 즉, 상호적 관계로서 소통과 협력을 중시하는 것으로 나타났다.

(2) 낯섦과 두려움의 경계

낯선 것은 매혹적이기도 하지만, 경우에 따라 불안을 야기한다. 낯선 것과의 교류로 인해 우리는 어느 정도의 불안과 환상을 갖기도 한다(Holzbrecher, 2004). 실제로 연구참여자들은 동일한 목적을 달성하기 위해 하나의 집단을 구성하였기 때문에 서로 유대관계가 잘 형성될 것이라고 기대했다. 그러나 역할놀이를 수행하기 위한 첫 모임에서는 낯선 사람들과 협동학습을 해야 하는 상황은 심리적 불편함을 야기한다.

연구참여자 1의 경우 역할놀이에 대한 과제가 제시되었을 때 걱정이 되고 스트레스를 받는 과제라고 생각하고 있었다. 또 연구참여자 3의 경우는 협동학습에 대한 잘못된 인식이 내재되어 있었기 때문에 두려움이 표현되었다. 간혹 무임승차의 경우도 있고, 과제 발표 일에 나타나지 않는 경우도 있고, 이러한 과거의 경험 때문에 역할놀이도 자신이 혼자 감당해야 되는 몫이 되지 않을까 하는 두려움도 발견되었다.

"나는 낯을 가려서 처음 보는 사람들과 말을 편히 하지 못하고 긴장을 하면 손에 땀이 난다. 그래서 처음 수업을 들을 때 너무 두려웠고, 역할놀

이는 너무 걱정이 되고 스트레스 받는 과제였다.” (연구참여자 1)

“팀플에 대한 두려움과 팀플레이는 자고로 누군가는 잠수를 탄다는 정설이 나에게 내재적인 지식으로 자리 잡고 있었기 때문에 두려웠다. 그러나 잦은 소통은 나 스스로 가지고 있던 불신감을 낮추었고 그런 과정에서 불안한 감정이 해소되었던 것 같다.” (연구참여자 3)

연구참여자 2의 경우, ‘내집단’이 아닌 사람들과의 협동학습방법은 여전히 낯설고 부담으로 느끼고 있었다. 모르는 사람들과 만나서 이야기해야 되는 낯선 환경에 익숙해지기까지 무엇을, 어떻게 해야 할지 망설일 때도 있었다. 연구참여자 4의 경우를 보면 낯섦의 경계를 벗어나기 위하여 대화를 통해 서로 이해하려는 노력을 보이고 있었다.

“우리는 낯선 것, 다른 것을 접할 때 기본적으로 부담감을 느낀다. 또한 일주일에 한 번 수업을 듣기 위해 급조된 낯선 사람들에게 자신을 공개하고 의견을 나눈다는 것은 역시나 개인차가 있지만 상당히 피곤한 일이다. 이들은 아직 내 집단이 아니기 때문이다.” (연구참여자 2)

“서로 공통된 주제가 하나도 없었고, 서로 무슨 과를 전공하고 있는지, 어떤 것에 흥미가 있는지 하나도 몰랐기 때문에 어떻게 풀어나가야 할지 막막한 느낌이었다.” (연구참여자 4)

이처럼 개인은 타인과 낯선 환경에 대한 ‘낯섦’과 ‘두려움’을 지각하는 경계선을 갖는다. 그러나 협동학습을 통해 학습자들은 이런 경계적인 행태를 넘게 되고 상호의존적인 관계를 형성할 수 있게 된다. 이 때 협동학습에 참여한 학습자들은 서로 발전하게 되며, 집단은 목표를 향해 약진할 수 있다. 조현준(2009)은 낯선 두려움에 대해 "친밀하다는 외부에 있는 반대말이 아니라, 친밀함 안에 들어와서 친밀함을 가능케 하는 외부에 있는 내적 이질성"이라고 하였다. 친밀한 내부와 낯선 외부가 동시에 발생하는데, 이 과정에서 연구참여자 간의 상호적 관계가 형성된다. 그러면서 서로 공감하고, 배려하고, 협력하는 속에서 낯섦과 두려움의 경계를 벗어나게 된다. 이 연구에서는 낯섦에서 오는 두려움과 팀 구성원에 대한 불신이 내재된 편견이 협동학습에 대한 두려움의 대상이었다.

(3) 사회적 상호관계

긍정적 상호의존성은 학습자들 간의 상호작용을 촉진시키고, 촉진된 상호작용은 집단의 목표 달성을 위한 서로의 노력을 격려하는 행위로 나타난다(김명랑 · 박인우, 2009). 연구참여자 3은 평소에는 거시적인 관점으로 세상을 해석했다고 한다. 서로 다른 전공인, 그리고 처음 보는 사람들과 함께 무언가를 할 수 없다는 고정관념을 가지고 있었기 때문에 협동학습이라는 과정을 통해 직접 체험하면서 미시적 관점에서 다시 바라보게 되는 계기가 되었다. 즉, 선입견에서 탈피하기 위해서는 빈번한 소통을 해야 하고, 이를 통해 상호간 기지고 있던 이질감을 해소해야 한다는 것을 이번 역할놀이를 통해 직접 경험하게 되었다고 한다.

"서로의 역할을 제대로 수행하기 위해서는 서로가 오해하지 않고 선입견을 타파하며 잦은 소통으로 어색함과 이질감을 제거해나가야 한다는 것을 몸소 배울 수 있었다. 서로 다른 학과이고 처음 보는 사람들이었지만, 같은 목표를 위해서 다 같이 열심히 소통하고 열심히 연습하는 것을 보았다. 처음 보는 사람들과 같이 무언가를 할 수 없다는 고정관념을 가지고 있던 나에게 매우 인상적이었다." (연구참여자 3)

"각자의 아이디어를 교환하고, 시간을 할애하고, 역할에 욕심을 부리지 않으며 서로 배려하는 협동, 보다 좋은 아이디어를 선정하기 위한 경쟁과 갈등을 통해 팀 프로젝트에서 사회적 상호작용을 하는 것을 확인했다." (연구참여자 5)

사회적 상호관계는 사람들이 만남이라는 행위를 통해 일상생활 속에서 서로 작용하고 행동하며 반응하는 과정이다. 일상에서 경쟁으로 일어나는 갈등이나 협동은 공존의 사회를 위해 필요한 조건이라는 것을 누구나 알고 있다. 하지만, 사람들이 실제적으로 서로 배려하고 이해하며 공감을 나누면서 각자의 입장을 존중하는 태도를 갖는다는 것은 실제 말처럼 쉽지는 않다.

"처음에는 너무 말들이 없어서 당혹스럽고, 침묵만이 가득했다. 어떻게 해야 하나 고민도 하다가 한 명, 한 명씩 의견을 물어보기 시작했다. 그들의 말에 서로 웃어주고 공감해주고, 칭찬해주니, 그들도 자신감을 얻어 자기생각을 마구 쏟아내기 시작했다." (연구참여자 6)

당일 연주를 할 때도 긴장한 탓에 실수를 많이 한 다른 팀들과 달리 우리 팀은 상대의 속도가 빨라지거나, 박자가 어긋나거나, 강약 조절이 맞지 않을 때 상대에게 신호를 보내주었으며 서로를 의지한 덕분에 심하게 긴장하지 않았다." (연구참여자 7)

연구참여자 5는 잘 알지 못하는 사람들이 관계를 맺고 서로를 배려하고 이해하며, 각자의 입장을 존중하는 태도를 통해 공존하는 방식을 터득하게 되었다고 하였다. 연구참여자 7의 경우는 상호의존성에 대해 긍정적인 인식을 드러냈고, 연구참여자 6의 경우는 공감과 칭찬이 상호작용에 영향을 미친 것으로 보고 있다. Vygotsky는 사회적 상호작용이 일어나는 사회적 상호관계가 지식을 구성하는 가장 중요한 요인이라고 보았다(Vygotsky, 1986; 홍순태 · 이상국, 2013, 재인용). 이 연구에서는 잦은 소통으로 이질감을 해소하면서 서로 배려하고 협동하며 공감과 칭찬 등 사회적 상호관계를 보여주고 있었다.

2) 도덕적 의무감

협동적인 모둠에서 구성원들은 자신이 수행할 역할을 완벽하게 책임져야 모둠의 과업 수행이 순조롭게 진행될 것이다. 이는 개인적인 측면에서 두 가지 부분의 도덕적 의무감을 갖게 한다. 하나는 개인이 자신의 책임과 역할을 이해하고 각성하는 내재적 자아성찰이다. 또 다른 하나는 자신의 역할에 대한 책임을 수행하는 것이다. 이 두 가지가 모둠 구성원들이 서로 공유하고 도와주면서 상호작용을 하는 동인을 제공한다(김영순 · 최희, 2018: 157-158).

(1) 자아성찰

연구참여자들은 개별학습이 부족하면 부족한 만큼 평가를 받지만, 집단 활동에서 평가는 한 사람이 잘못하면 팀 전체에 영향을 준다고 생각하고 있었다. 연구참여자 8은 팀원들이 각자 맡은 역할에 충실했지만 자신이 자연스러운 연기를 못한 점에 대하여 반성적인 회고를 하였다. 이는 자신으로 인해 팀의 평가점수에 영향이 미치는 것에 대한 책임감의 무게로 해석된다. 연구참여자 9의 경우는 자신의 실수가 팀 전체에 영향을 미치기 때문에 '잘못하면 안 된다'는 도덕적 책임감에 대한 인식을 갖고 있었다.

> "스스로 제대로 된 역할극이 처음이라 어색해서 국어책 읽듯이 한 점이 참 아쉬웠다. 각자에게 어울리고 맞는 역할을 맡아서 잘했는데… 하지만, 내가 좀 더 자연스럽게 연기하고 애드리브를 했으면…." (연구참여자 8)

> "사람들 앞에서 발표하는 것을 잘 못해서 연기할 때 떨었던 것 같다. 혹시 내가 실수해서 잘못되면 안 되니까…." (연구참여자 9, 설문지)

연구참여자들은 팀 평가 점수의 부족함에 대한 원인을 자신의 연기에 있을 것이라는 아쉬움과 자기반성을 이야기하였다. 이는 협동학습에서 나타나는 참여자들의 개인적 책무감과 도덕적 의무감에 관련이 있다고 본다.

(2) 역할에 대한 책임

책임이라는 것은 본인과 타자와의 관계 속에서 드러나는 모종의 태도를 지칭하는 개념이다. 우리는 이러한 타자의 부름에 응답해야 할 책임이 있기 때문에 책임으로부터 자유로울 수 없다는 게 레비나스의 주장이다(이유택, 2008). 개별학습 구조의 특성은 학습자 자신이 다른 학습자에게 신경 쓰지 않으며 완성된 과제에 대한 평가와 책임도 개인이 갖는다. 그러나 협동학습 구조는 팀 구성원의 학습에 대한 책임도 함께 부담해야 하기에 서로 공유하고 도와주면서 상호작용을 해야 한다. 이 것이 협동학습 구조와 개별학습 구조의 다른 점이다.

"아무래도 역할극 연습부분에 시간 투자를 더 하지 못한 부분이 아쉬웠다. 또 조장으로서 더 자주 얼굴 보면서 주도했어야 했는데 바쁘다는 이유로 그렇게 하지 못했다." (연구참여자 10, 설문지)

"적극적으로 의견을 제시하지 못했던 점이 아쉬웠다. 평소 다른 사람들 앞에서 자신 있게 의견을 표출하는 것을 두려워하는데, 그 점을 꼭 고쳐야 할 것 같다." (연구참여자 11, 설문지)

연구참여자 10의 경우는 팀워크를 위해 많은 시간을 할애하고 노력을 했어야 했는데 팀 조장으로서 자신의 역할이 부족했다며 자신의 책임으로 인식하고 있었다. 연구참여자 10과 연구참여자 11에게서도 자신의 역할에 대한 책임의식을 볼 수 있었다. 여기에서 핵심적인 것은 자기성찰이며, 이를 통해 자기 자신과 타자에 대한 책임을 알 수 있다.

3) 화합과 공존을 위한 실천

협동적인 모둠에서 각기 다양한 배경의 구성원들은 상호 긍정적인 의존감을 가지고 서로의 차이를 존중해야 맡겨진 과업을 성공적으로 완수할 수 있다. 이는 구성원들의 상호 간 차이를 아우르는 화합의 장이 필요함을 시사하며, 또한 구성원들 간 갈등을 긍정적으로 해결하는 공존의 필요성을 요구한다(김영순 · 최희, 2018: 158-159).

(1) 의견 표현

여기서 일반적 의미의 의견은 '견해를 갖거나, 이해하거나, 평가하거나, 판단하거나 또는 관점을 갖는 것'(박용상, 2003)으로, 어떤 일에 대한 생각을 말한다(손원선, 1997). 이러한 개인의 주관적 생각을 외부로 표출하는 것을 의견 표현으로 정의하고 있다(김경호, 2008). 자신이 지닌 의견을 무조건적으로 표출하기보다는 대화와 협상을 통해서 의견을 조율하여야 한다. 즉, 조화로운 의사소통을 위해 상대방의 의견에 대한 이해와 공감이 필요하다. 개인 간의 상호교류는 긍정적인 대인관계를 필요로 하며, 대인관계 형성을 위해 자신의 대한 이해도 필요하지만, 타인의 대한 이해가 선행되어야 원활한 소통이 이루어질 수 있다.

> "역할놀이 하기 전에는 자신의 의견을 표현하기보다는 절제하며 다른 의견부터 듣는 것이 덕목이라고 생각했다. 그러나 곧 생각이 바뀌었다." (연구참여자 11)

> "침묵을 동의라고 생각한다면 이건 착각이다. 대화의 분위기를 만들고 질문을 통해 상대방의 생각을 캐내어 표현하도록 해야 한다." (연구참여자 2)

> "역할놀이 준비하면서 이렇게 순조롭기만 한 것이 아니었다. 서로 의견도 충돌하고 팀원들과 내가 원하는 부분이 많이 달랐다. 그렇지만 의견을 내고 타협점을 만들고 서로 양보하다 보니 결과가 좋게 나온 것 같다." (연구참여자 9)

연구참여자들이 협동학습에 참여하면서 가장 많이 접한 현상이 바로 자신의 생각을 외부로 표출함으로 자신의 의견이 표현되었다고 생각하는 것이다. 연구참여자 11은 자신의 의견을 표현하기보다는 절제하는 것이 '덕목'이라고 생각했지만 협동학습을 통해 자신의 의견을 표현하고 대화가 필요함을 경험하였다. 또한 연구참여자 2는 침묵은 동의가 아니며, 상대방의 생각을 캐내어 표현하도록 해야 한다고 하였다. 연구참여자 9의 경우 의견은 충돌하지만 의견을 내고 타협점을 찾는 것이 좋은 결과를 얻는 방법임을 깨닫고 있었다.

특히, 연구참여자 9와 연구참여자 2는 서로 표현하는 것을 중시하고 있었다. 상대방의 표현을 부정적인 형식으로 받아들이면 감정이 섞이게 되고 감정은 오해와 불신을 가져다주게 된다. 따라서 서로에 대한 긍정적인 인식과 이해가 증진되어야 한다. 연구참여자들은 의견표현과 의견조율 등을 통해 상호교류를 촉진하고 있었다.

(2) 언어적 상호작용의 다양성

동일한 목표나 다른 가치관을 두고 대립하는 갈등과 공동의 목표달성을 위해 행하는 구성원 간의 협동은 사회적 상호작용을 위한 주요 요소이기도 하다. 갈등과 협동이 존재하는 인간관계로서 이것은 화합과 공존을 위한 또 다른 형태의 상호교류 방식이라고 할 수 있다. 그러나 상호작용이나 상호교류에서 일차적으로 일어나는 행위가 바로 언어적 상호작용이다. 즉, 팀 구성원 간에 중심이 되는 수단은 언어적 상호작용이다.

"자기 주장만 강조하지 말고 친구들의 이야기를 잘 들어주고 의견을 조

정하는 것이 필요하다." (연구참여자 12)

"개인적으로 처음에는 너무 소극적이고 말이 없어서 '적극적인 사람이 아닌가 보다'라고 생각하고 넘어갔던 학우가 엄청난 연기력을 보여주며 연극을 성공적으로 이끌어 줘서 너무 재미있었고 고마웠다. 그 학우가 말이 없었던 것이 아니라 또 다른 표현방식인 경청이었다는 것을 나중에 알게 되었다." (연구참여자 6)

또한 비언어적인 의사소통에도 민감하게 주의를 기울여야 한다는 교훈을 얻게 되는 계기가 되기도 한다. 연구참여자 6도 '말이 없고 소극적인 학우'라고 예상했던 팀원이 상대방의 의견을 경청하고 있었던 것이며, 이를 실천으로 보여준 것임을 역할놀이를 통해 깨닫게 되었다. 그러나 경청과 침묵은 다르기 때문에 잘 파악해야 한다. 경청은 연구참여자 12처럼 자기 주장만 하지 않고 친구의 이야기를 잘 들어주고 의견을 조정하는 데 중요한 역할을 하지만, 침묵의 경우에는 자칫하면 '동의'로 착각하게 된다. 하지만 침묵은 또 다른 생각을 갖고 있다는 비언어적 표현방법 중의 하나이기도 하다.

5. 마무리

이번 장은 대학교의 다문화교육 관련 교양과목을 수강한 대학생을 대상으로 역할놀이 참여 경험은 어떠했으며, 특히 다문화감수성을 높이기 위한 역할놀이 학습과정에서 협동학습 경험의 의미는 무엇인지를 분석하고자 하였다. 이를 위해 본 교양수업은 다른 협동학습과 달리 온라인과 오프라인 수업을 동시에 진행하는 b-러닝을 활용하였고, 이론과 실천이라는 두 가지 목표를 설정하였다. 즉, 학습자들이 다문화 사회에서 시민이 지켜야 할 이론적 개념에서 머무르는 것이 아니라 실제 역할놀이를 통해 타자를 이해하고자 했다. 따라서 이 수업은 협동학습을 통해 배운 지식을 심화 · 발전시켜나가는 형태로 설계하였다. 이에 대학생들이 역할놀이를 통해 협동학습 경험의 의미를 탐색하는 것은 의미가 있다고 할 수 있다.

연구결과로 대학생 협동수업 참여 의미는 세 가지 부분으로 구분하여 설명할 수 있다. 긍정적 상호의존성 부분에서 '상호적 관계로서의 협력'을 볼 수 있었다. 실제로 연구참여자들은 학업성취라는 하나의 목적을 달성하고자 모였지만, 서로의 공통점도 모르고 유대관계가 없기 때문에 친밀한 것 같지만 낯선 환경에서 과제를 수행해야 한다는 압박감을 받고 있었다. 그러나 서로 의존하고 상호적 관계로서 적극적 참여와 소통으로 긍정적 상호작용이 나타났으며, 이러한 작용을 통해 낯섦과 두려움의 경계에서 벗어날 수 있음을 경험했다.

개인적 책무성 부분에서는 '도덕적 의무감'을 알 수 있었다. 집단 공동체 문화였던 우리 사회문화는 서구의 문화를 받아들이게 되면서 집단주의보다 개인주의를 선호하게 됐다. 개별학습과 달리 협동학습은 개개인이 노력하지 않으면 팀 전체에 피해를 줄 수 있다는 의식을 갖고 있다. 개별학습은 개인이 노력하지 않아도 스스로 책임지기 때문에 부담이 없다. 그러나 협동학습은 '책임'이라는 굴레에서 쉽게 벗어나지 못하게 된다. 이 연구에서도 자아성찰과 역할에 대한 책임, 타자에 대한 책임의식을 보여주고 있었다.

개인 간 상호교류 부분에서는 '화합과 공존을 위한 실천'으로 나타났다. 자신의 의견을 무조건 어필하기보다는 대화와 협상을 통해 의견을 조율하는 것으로 나타났다. 또한 경청과 침묵에 대한 실천적 경험으로써 언어적·비언어적 상호작용에 대한 중요성을 볼 수 있었다. 즉, 협동학습에서 나타나는 개인 간 상호교류는 서로의 생각을 교환하고 표현함으로써 언어적 상호작용을 통해 화합과 공존을 위한 사회적 상호작용이 일어나고 있음을 알 수 있다.

대학생들의 협동학습 경험에서 나타난 결과는 다문화 사회의 문화적 다양성이 증가하는 상황에서 타자들을 이해하는 데 기여할 것이다. 협동학습은 단순히 서로 의존하고 협력하여 학습효과를 증진시키는 작용도 있지만, 협동학습에서 나타나는 도덕적인 의무감은 공존하는 사회를 만들어가는 초석임을 알 수 있다. 또한 협동학습은 화합과 공존을 위한 실천이라는 것을 보여주고 있다. 따라서 이질적이고 익숙하지 않다는 이유로 교수자들이나 학습자 모두 협동학습에 관한 배타적인 인식을 갖는 것보다 협동학습을 통해 공존하고 화합하는 다문화 사회에서 다 함께 살아가는 법을 터득하도록 해야 할 것이다. 나아가 다문화 사회를 살아나가는 시민 윤리로서의 타자 이해를 위한 협동학습을 모든 학교와 교실에서 진지하게 실천해 나가야 할 것이다.

5장 현지조사와 협동학습 경험[1)]

1. 팀 단위 현지조사의 필요성

최근 4차 산업 혁명으로 인해 미래를 준비하는 고등교육의 패러다임이 변화하고 있다. 미래 사회에서 요구되는 인재상은 물론 역량 역시 기존 고등교육과는 다른 양상으로 나타나고 있다. 미래학자들은 현재 존재하는 직업의 대부분은 인공지능(AI)에게 위임될 수 있고, 프로그래밍, 리터러시 등 원초적인 창조를 가능케 하는 크리에이티브 집단이 지식과 권력을 갖게 된다고 예견한다. 이런 맥락에서 고등교육기관인 대학의 교과목 개발과 교수법의 개선은 미래 시대를 살아가게 될 현재의 학습자들이 다가오는 불확실한 사회문화적 환경에 적응할 수 있고, 삶의 질을 보장 받을 수 있는 도전적인 역량 계발에 기여할 수 있다고 본다.

이번 장은 필자가 재직하고 있는 인하대학교 사범대학 사회교육과의 전공선택 과목 '지역문화의 탐구'에서 수행한 교수자와 학습자의 협동학습 경험을 기술한 것이다. 이 과목에서는 의사소통 능력 및 협

1) 이번 장은 김영순 · 김기화 · 오영섭(2019), "현지조사 프로젝트 협동학습 수업모형 개발" 최종보고서의 연구결과 일부를 수정 · 보완했다.

동의식 함양과 같은 역량 중심의 교육과정 운영을 효율적으로 수행하였다. 사회교육과 전공 학습자들이 현지조사 수행을 통해 어떻게 협동학습에 참여하고 있는지, 학습자들은 무엇을 배우는지 등을 관찰한다. 또한 교수자 측면에서는 학습 모둠 조직이 어떤 방식으로 현지조사에 운영되는지를 현지조사 방법이라는 수업의 틀을 통해 실질적으로 이해하고, 모둠 조직을 효율적으로 통제하기 위한 교수법 모형에 주목할 수 있다. 이 글에서 중심이 되는 현지조사는 그 자체가 교실 밖 협동학습의 전형이라고 볼 수 있다. 협동학습은 실제로 유아부터 초등학교, 중 · 고등학교, 대학교, 대학원까지 다양한 측면에서의 연구가 이루어져 왔다. 이러한 연구는 협동학습방법, 모형, 전략이나 협동학습에 관한 교사들의 인식에 관한 연구들이 다수를 이루었다.

대학생을 대상으로 한 연구를 살펴보면 김기정(2003), 박용한(2010), 안도희 · 김유리(2015), 등이 있으며 이들은 협동학습이 학업성취도나 교우관계, 자기주도학습에 영향을 미친다고 분석하였다. 또한 홍순태 · 이상국(2013)은 대학생을 대상으로 협동학습을 통해 언어적 상호작용을 분석하였고, 박지회 · 고장완(2016)은 협동학습 맥락에서 의사소통능력의 매개효과를 연구하였다. 이미아(2017)는 대학생의 협동학습 수행의 기본 요소 반영 정도와 협동학습 양식에 따른 수업만족도 차이를 분석하였고, 박민정(2007)은 대학원생을 대상으로 프로젝트 기반 협동학습 경험을 탐색하였다. 그러나 대학생을 대상으로 현지조사를 통한 협동학습 경험에 관한 연구는 찾아보기 어렵다.

협동학습의 장점은 유치원에서부터 대학원에 이르기까지 모든 교실에서 사용할 수 있다는 것이다. 대부분의 협동학습에 대한 다양한 접근 방식은 중등교육에 초점을 맞추고 있으며 연구들도 중등교육에 머무르고 있다.

이 장에서는 현지조사 프로젝트 기반 협동학습이 중요 개념이다. 우선 현지조사에 대해 살펴보면 전문영역에서는 이를 현지조사(field work)라고 칭하며, 문화인류학 연구방법의 전형적인 방법으로, 야전이라고 할 수 있는 현장에 나가 자료를 수집하고 이론이나 가설을 검증하는 과정을 의미한다. 주로 자연과학을 포함하는 실험과학에서는 연구대상에 관한 어떤 가설을 검증하기 위하여 실험실에서 미리 통제되거나 설계된 실험을 행한다. 그러나 문화인류학에 있어서는 인간 사회와 문화를 연구 목적에 맞도록 미리 통제하거나 실험설계를 할 수가 없으므로 실험실의 대용으로 있는 그대로의 사회적 상황 속에 문화인류학자가 직접 들어가서 현지조사를 행하는 경향이 있다.

사회적 상황을 구성하는 기본요소는 행위자(actor)와 장소(place) 및 활동(activity)이다. 문화인류학자는 그러한 사회적 상황 속에 들어가서 비교적 장기간(흔히 1년에서 2년)에 걸쳐 연구 대상 사회의 행위자들과 함께 살면서 그들이 일상적으로 생각하고 행동하며 상호작용하는 활동을 관찰하고 질문하여 자료를 수집한다. 또한 연구자가 그 사회 속 행위자들이 활동한 결과로 생겨난 인공물이나 예술작품 또는 지역사회 기타의 일체를 상세하게 기록함으로써 민족지 자료를 수집한다. 이것이 현지조사의 일반적인 형태라고 볼 수 있다. 필자가 수업에서 수행한 현지조사는 문화인류학에서 이루어지는 것을 수업에 적합하게 변형하여 적용한 것이다. 따라서 실제 현지조사를 위한 연습으로 이해할 수 있다. 특히 '지역문화의 탐구' 수업에서는 다음 사항들을 강의의 중점으로 삼아 진행하였다(김영순 · 김기화 · 오영섭, 2019: 1-3).

본 강의에서 중점을 두고 있는 사항은 자율성을 기반으로 하는 자기주도적 수업 설계, 현장 조사를 통한 현장역량 강화, 팀워크를 기반으로 하는 협동학습 실천과 책임의식, 교과서 내용에서 지역문화로, 지역문화에서 글로벌 문화 탐색으로의 확장적 사고 함양 등으로 정리될 수 있다(김영순 · 김기화 · 오영섭, 2019: 4-10).

첫째, 자율성을 기반으로 하는 자기주도적 수업 설계이다. 본 강의는 수강생인 학습자들과 함께 만들어 가는 '열린 수업'의 형태를 갖는다. 학습자들이 팀을 구성하는 단계에서 답사할 지역을 선정하는 등 전반적인 수업 설계를 교수자와 협의하여 진행한다. 이때 교수자는 답사지 선정의 기준을 정해 준다. 4~5인으로 구성된 1개 모둠은 지역문화 현장 답사를 효율적으로 실천하기 위해 전체적으로 거주지의 지근거리 위주로 팀을 구성하며, 답사현장 선정 역시 모둠 구성원들이 합의하에 결정하도록 한다. 모둠 구성, 답사지 선정, 답사계획서 1차, 예비답사, 답사계획서 2차, 현지답사, 답사보고서 작성, 답사보고서 발표 등에 이르는 전 과정을 모둠 구성원들이 협의하여 결정할 수 있도록 한다. 이를 통해 개인의 책무성은 물론 자기주도적 학습 설계가 가능하도록 한다.

둘째, 현장 조사를 통한 현장역량 강화이다. 사회과 수업에서 강조되는 사회문화 현상의 비판적 이해, 현장 중심 수업 설계 등의 역량 강화를 위해 지역문화 현장 조사는 중요한 매개가 된다. 실제로 현장에서 얻은 정보들이 어떻게 지식으로 형성되는가를 체험할 수 있게 된다. 또한 향후 사회과 교육현장에서 교사로서 현지답사의 안전성 확보, 협동학습 수행, 현지인들과의 소통 체험 등을 통해 현장역량 강화가 가능할 것이다.

셋째, 팀워크를 기반으로 하는 협동학습 실천과 책임의식이다.

팀을 구성하고 팀이 수행하게 될 과제를 구체화시키는 단계에서 협동이 필요하다. 특히 '무임승차(free rider)'가 발생하지 않도록 팀 내에서 개인별 책임과 공동 책임을 결정하는 데 참가하고 이를 지키기 위한 노력을 할 수 있다. 팀별 과제를 수행하는 데 있어서 자기 책임은 물론 공동 책임을 완수하는 데 있어서 소집단 토의 활동을 통해 창의적 아이디어 공유, 뜻하지 않게 다가올 수 있는 문제점에 대한 창의적 해결 등을 경험할 수 있다.

넷째, 확장적 사고 배양을 위한 창의 융합 수업 실현이다. 본 강의는 학생들이 자신들만의 창의적 사회과 교재를 구안하도록 현장 탐구 능력, 지역문화 콘텐츠 제작 능력 등을 격려하고 이를 지원한다. 앞에서 밝힌 바와 같이 본 강의는 교과내용상 지리, 역사, 일반사회 등의 융합적 학습활동이 가능하다. 지역문화에서 가장 중요한 특색 있는 지역의 선정 과정에서 인문지리적 영역과 자연지리적 영역을 아우르는 지리 교과 영역, 지역의 시간적 흐름에 따른 사건들의 재조망 차원에서의 역사적 접근, 이와 더불어 해당 지역의 사회, 문화, 정치, 경제 등의 일반사회 영역들을 다루게 된다. 이는 사회과의 '인간과 공간(지리)', '인간과 시간(역사)', '인간과 인간(일반사회)' 학습영역을 통합하는 융합수업의 실현이 가능하다. 또한 지역문화가 지니는 문화다양성들은 글로벌 층위에서 세계 문화의 다양성을 이해하는 데 공헌할 수 있다. 이는 지역문화의 가치가 세계문화로 확장할 수 있는 확장적 사고를 가능케 할 것이다.

이번 장은 예비 사회과 교사들인 사회교육과 학생들을 대상으로 한 현지조사 수업에서 활용된 협동학습의 참가경험에 관한 내용으로 구성되어 있다. 특히 대학생의 협동학습 경험을 예비 사회교사 전문성 확보, 학습자 역량 확보, 학습자 간 상호협력, 학습자-교수자 간 상호협력 영역을 구분하여 기술하였다. 연구참여자들은 협동학습에서 개인의 성장이 자신이 속한 집단 내 구성원들의 노력에 따라 달라지며, 개인의 성장 역시 집단 공동의 목표 성취와 긴밀하게 상호 영향을 준다는 점을 인식하게 된다. 이러한 협동학습의 장점을 이번 장에서 참여 대학생들의 경험을 통한 진솔한 이야기를 경험할 수 있을 것이다.

2. 팀 단위 현지조사 수업 설계

이번 절에서는 필자가 진행하였던 지역문화 탐구 교과목의 개요를 기술할 것이다. 교과목 목표, 교과목 개요로부터 주차별 강의 주제에 이르기까지 현지조사를 위한 사전 활동, 본시 활동, 사후 활동을 중심으로 기술한다. 교과목의 목표는 미래 사회과 교육 현장에서 기여할 예비 사회과 교사들의 현지조사(field work) 능력을 함양시키는 것으로, 사회과 교육의 지역화 교육과정을 수행하기 위한 지역문화를 탐색하기 위해 자료수집, 자료 분석 등의 탐구 능력을 기르는 것이다. 또한 사회과의 목표인 민주시민성 함양을 위해 필요한 '다양성 존중' 차원의 지역문화 교재를 구성하는 데 있어서 필수적인 지역 문화콘텐츠 제작 능력을 함양하는 것이다.

본 교과는 지역사회와 학교 간의 문화교육적 연계, 즉 2009 개정 교육과정과 2015 교육과정에서 강조하는 창의적 체험활동과 자유학기제 등의 체험형 학습에 기여하기 위해 기획되었다. 특히 일반사회, 지리 등의 교과를 아우르는 통합사회 교육 차원에서 현장의 산지식을 학교와 교실 차원으로 소급시키는 능력은 사회과 교사들에게 필수적이다. 이와 같이 지리, 역사, 일반사회 전반에 걸친 지역문화에 대한 이해는 지역화 교육과정과 지역의 학습을 효율적으로 수행하게 하는데 기여할 것으로 사료된다. 본 과목을 통해 사회과 지역학습 방법론을 터득하고 나아가 문화의 이해, 지역 및 지역문화의 이해에 기여할 것이다. 가장 중요한 학생들의 활동 계획을 정리하면 본 강의는 학생들의 자기주도적 수업 운영, 팀별 협동학습을 통한 창의적 문제해결과 책임의식 고취, 현지조사를 통한 현장 기반 수업 역량을 강화할 수 있는 다양한 활동을 수행하게 된다. 주요 내용을 제시하면 다음과 같다(김영순 · 김기화 · 오영섭, 2019: 4-5).

첫째, 본 강의는 기본적으로 학생들의 팀별 협동학습 방식, 소집단 토의 활동 중심, 팀워크 기반 창의적 문제 탐색 및 문제 해결 등의 방식으로 운영된다. 교수자의 역할은 단지 수업의 멘토, 보조자, 안내자로서 학생들의 활동을 모니터링 한다. 학습자들이 주어진 문제에 대해 스스로 탐구하고 동료들과 토의를 통해 문제를 해결해 나가는 과정을 통해 학생들은 사회과 의사소통 능력과 협동학습 노력, 자기주도적 창의학습 능력을 기를 수 있으며, 실제 현장에서 부딪칠 수 있는 여러 가지 문제를 해결하는 기반 경험을 쌓게 된다.

둘째, 현장역량 강화를 위해 현지 조사를 실시하여 해당 지역의 주민, 지역전문가들을 심층면담하고, 다른 지역과 경계 지을 수 있는 독특한 지역의 문화 내용을 콘텐츠화할 수 있도록 한다. 특히 해당 지역 내의 실제 중 · 고등학교 사회교사를 면담하여 이들에게 현장 답사 내용을 검토하도록 한다. 실제로 이들에게서 학교 현장의 생생한 이야기를 듣고, 사회과 교재 제작 및 답사보고서 발표 평가를 받는다. 답사 내용을 근거로 사회과 교재 제작을 위한 콘텐츠 구성에 대한 자문을 받도록 한다. 이를 통해 예비 사회과 교사로서의 현장연구 능력을 함양한다.

본 강의는 답사라는 활동을 강조함으로써 기본적으로 학생 주도적 수업을 지향한다. 교수자는 보조자로서 학생들의 주체적·실천적·창의적 활동을 지원하는 역할을 담당한다. 학생들 스스로 지식을 구성하고 현장을 이해하여 바람직한 사회과 수업을 기획하고 수행할 수 있도록 학생 중심의 다양한 수업 방법을 적용한다. 주요 수업 방법은 팀 빌딩 학습(TBL), 협동학습, 토의학습 등이다. 특히 협동학습은 소집단 활동을 통해서 팀워크를 중심으로 이루어진다. 토의학습의 경우 창의적 문제 해결을 위한 의견 개진, 토론 방식에 관한 지침을 주고 학습자들이 이해하고 자신의 의견을 개진하는 방법을 터득한다. 이런 수업 방법을 통해 본 강의는 학생들이 팀별 활동을 통해 문제의 본질을 정의하고 대안과 해결점을 창의적으로 탐색할 수 있도록 하여, 학생들의 사회과 의사소통 능력과 문제 해결 능력을 강화할 수 있도록 계획하였다.

또한 수업의 특징은 창의 융합 학습의 시도이다. 이는 사회과 내 통합사회 교과 내용(지리, 역사, 일반사회)을 융합하는 데 기여할 수 있다. 본 강의는 지역이라는 키워드를 구성함에 있어 통합사회과학적 접근 방식의 창의 융합 학습을 의도하고 있다. 교과 내용으로서는 지리, 역사, 일반사회 특히 인류학적 안목을 강화시키고 있으며, 학습방법으로서는 답사, 토론 등을 통해 의사소통 능력 향상에 기여한다. 또한 차시별 콘텐츠 구성에 있어서 '독-토-논(독서-토론-논술)'이 일체화될 수 있도록 지역 문화 자료 찾기를 위한 독서, 답사계획서 및 결과보고서 작성 등을 위한 토론, 이를 작성하기 위한 논리적 글쓰기 단계인 논술 등이 이루어지게 한다. 이런 일련의 창의적 융합적 학습과정을 통해 학습자들을 창의적 · 융합적으로 사고할 수 있도록 유도한다.

또 한 가지 강조되는 수업방법은 플립 러닝이다. 본 수업에 필요한 지식, 이를테면 지역문화 개념, 지역문화 연구방법, 지역문화 답사 보도 사례 등을 인하대 교수 학습 프로그램 블랙보드를 이용, 수업 사전학습이 가능하도록 플립 러닝을 운영하도록 기획한다. 본 강의는 학생들 스스로가 주요 지식을 온라인을 통해 먼저 공부하고 수업 시간에 이를 정리 · 심화 · 확장할 수 있도록 하였다. 융합 학습과 플립 러닝을 통해 창조적 지식 기반 사회에서 자기주도적 지식을 습득하고 재구성하는 능력을 배양할 것이다.

협동학습 평가에 있어서도 기존 수업 방법과는 다른 방식을 도입해야 한다. 그것이 바로 상호 평가 방식이다. 이는 교수자에 의한 일방적인 평가가 아니라, 수업에 참여하는 학습자 주체에게 자기 평가, 팀 내 팀원 상호평가, 팀 간 팀별 평가가 가능하게 하여 평가의 다원화와 수평적 평가체계를 경험하게 한다. 그럼으로써 협동학습에 참여한 대학생들이 예비교사의 자질인 공정성을 함양할 것이다.

평가의 다양성을 확보하여 다양성을 존중하는 예비교사 자질 함양에 기여할 것이다. 협동학습에서의 평가 역시 앞의 2장에서 설명한 바와 같이 협동학습을 중심으로 하는 열린 수업에서 중요한 영역이다. 협동학습의 특성인 책임감, 상호 간의 소통, 긍정적인 상호의존 등을 포함하여 과정 평가, 결과 평가를 구분하여 다음 〈표 5-1〉과 같이 구성한다.

〈표 5-1〉 협동학습의 평가 방법 및 내용

항목	비율 (%)	역량	활동	평가
과정 평가	40%	자율책임 역량 공감협동 역량 의사소통 역량	• 팀별 〈답사계획서 1〉 및 〈답사계획서 2〉 작성 완성도 및 질적 평가 • 역할분담표 및 역할분담의 적절성 여부	• 성실도, 과업 수행 능력의 향상도 • 동료와의 협동과 의사소통 능력의 향상도
결과 평가	20%	창의사고 역량 글로벌 역량	• 팀별 답사보고서 작성	• 답사활동에 따른 자료 수집, 분석의 타당성 • 현지 답사보고서의 현장성 제고 • 세계시민성 함양을 위한 적용 방안
	20%	지식 활용 역량 의사소통 역량	• 답사보고서 및 관련 사회과 단원 수업 시안 발표	• 좋은 사회과 교재 및 수업지도안 구안 여부 • 지역화 교육과정을 사회 수업에 실현시키는 적용 능력
출석 및 기타 (수업 참여도 및 태도)	10%	자율책임 역량 공감협동 역량	• 출석 수업 참여도	• 성실도, 적극성

다음 〈표 5-2〉는 강의 계획을 현지조사를 중심으로 크게 세 가지 단계(현지답사 이전기, 현지조사기, 현지조사 이후기)로 나누어 활동 개요를 제시한 것이다.

〈표 5-2〉 주차별 활동개요

단계	구분	활동 개요	비고
1단계	현지조사 이전기 (1~6주차)	• 오리엔테이션 • 팀 구성 및 역할 정하기 • 답사현장 선정 • 답사계획서 작성을 위한 문헌 연구 • 관련 교과서 단원의 지역화 교육과정 분석 • 답사계획서 작성 및 발표	• 답사지 선정 요건 제시 • 기존 답사보고서 분석 • 교수자에 의한 답사 가능 예상지역 설명(인천 차이나타운 일대, 안산 다문화 특구, 안산 고려인 마을, 인천 논현동 사할린센터 일대, 인천 검단 신도시 일대 등) • 답사계획서 작성 시안 소개
2단계	현지조사기 (7~12주차)	• 현지답사 계획에 따른 현지답사 실시 • 예비 답사, 1~3차 답사 • 답사에 따른 자료 수집 및 분석 • 인터뷰 전사하기, 전사자료 분석하기 • 답사 시 발견한 자료에 대한 팀별 토의	• 현지답사 시 대두될 수 있는 안전 계획 수립 여부 • 답사 시 태도, 복장 규정 등 검토 • 팀별 구성원들의 업무 분담의 적절성 확인 • 인터뷰 목록 검토 • 연구노트 작성 및 답사계획서 작성 요령
3단계	현지조사 이후기 (13~15주차)	• 답사보고서 작성 및 답사 시 수집한 자료의 목록화 • 교과서 단원에 따른 답사 자료의 콘텐츠화와 교재 제작의 가능성 탐색 • 답사보고서를 기초로 한 답사 보고회 개최	• 답사보고서 작성을 위한 업무 분담 • 답사결과의 콘텐츠화 방법론 제시 • 자기평가, 팀 내 동료평가, 팀 간 평가 절차 및 방법 제시

다음 〈표 5-3〉은 현지조사를 중심으로 세 가지 단계별 활동내용을 주차별로 주제 및 활동내용, 과제 및 준비물, 해당 활동 후 기대되는 역량, 수업방식을 기술한 것이다.

〈표 5-3〉 주차별 강의계획서

주	주제 및 활동내용	과제 및 준비물	역량	수업방식
1	[수업소개 및 개관] ▸ 오리엔테이션 - 강의계획서 리뷰 - 주요과제 및 수업일정, 평가방식 안내 - 수업진행 방식 안내 및 협의 - 모둠 구성을 위한 조건 안내 및 팀빌딩(답사지를 고려한 거주지 지근거리에 따른 구성) ▸ 훌륭한 사회 교사상과 수업 - 훌륭한 사회 선생님은 어떤 선생님인가?(나의 경험과 생각 나누기) - 사회 선생님과 현장 답사는 어떤 관계인가?	과제: 사회과 교사가 답사를 해야 하는 이유 작성(I-Class) 플립러닝 [flipped learning]: 블랙보드에 제시된 자료를 기반으로 바람직한 수업의 조건 학습	의사소통 공감협동 자율책임	강의: 수업 진행 방식 안내 발표 및 토의: 내가 생각하는 사회 교사상과 현장연구의 필요성
2	[사회과 현장조사 분석] ▸ 사회 교과서의 지역화 교육과정 실현을 위한 현장 답사의 의의 - 사회과에서 현장답사를 통해 얻는 이점은? - 사회과 교과서에 등장한 현장 분석 능력(공간, 사건, 인간 등) ▸ 교과서 콘텐츠 분석 방법과 의의 탐색 - 사회문화 교과서에 등장한 현장의 콘텐츠 분석 - 현장연구를 위한 답사지 선정	- 현행 사회교과서 및 사회문화 교과서의 현장 지역 분석 플립러닝 [flipped learning]: - 답사 가능한 지역의 선정 조건과 예상 답사지의 개황 설명을 블랙보드에 제시 - 지역문화 및 현장이 기술된 교과서 분석 방법을 다룬 논문 PDF 소개	공감협동 의사소통	토의: 교과서 분석 내용 토의, 답사지 선정을 위한 조건 및 후보지 논의 강의: 교과서 분석 내용을 담은 논문 소개, 토의 결과 정리

주	주제 및 활동내용	과제 및 준비물	역량	수업방식
3	[질적연구와 문화기술지 답사보고서 분석 1] ▸ 현지답사를 위한 연구방법 터득 - 사회문화 탐구방법으로서 질적 연구 방법의 절차와 내용 숙지 - 답사보고서를 문화기술지 형태로 제작하기 위한 내용 학습 ▸ 기존 유명 문화기술지 분석 - 베네딕트의 『국화와 칼』 - 레비-스트로스의 〈신화적 사고〉 - 기어츠의 〈발리의 닭싸움〉 등 분석	플립러닝 [flipped learning]: 질적연구의 절차와 내용 사전 학습 - 현지조사의 방법(참여관찰, 심층인터뷰 방법) - 베네딕트의 『국화와 칼』 등 내용 검토	의사소통 창의사고 공감협동	협동학습(모둠활동) 1: 온라인으로 예습해 온 내용 공유, 심화, 확장 협동학습(모둠활동) 2: 기존 유명 문화기술지 내용 및 작성 방법을 위한 비판적 검토 및 분석
4	[질적연구와 문화기술지 답사보고서 분석 2] ▸ 마을지, 문화기술지, 디지털 에스노그래피의 개념과 차이 설명 - 〈마을 문화기술지와 스토리텔링〉의 내용 체계 토의 - 디지털 에스노그래피인 한국학중앙연구원의 향토문화전자대전의 콘텐츠 토의 ▸ 자료수집방법으로서 참여관찰법 및 심층인터뷰 기법 터득 - 개방관찰, 집중관찰, 선별관찰 등의 관찰 기법 이해하기 - 심층인터뷰를 위한 개방형 질문, 반구조화된 질문 목록 작성하기 실습	과제: 나만의 플립러닝 [flipped learning]: - 〈마을 문화기술지와 스토리텔링〉의 내용 체계 확인 - 디지털 에스노그래피인 한국학중앙연구원의 향토문화전자대전의 제작과 활용 검토	의사소통 창의사고 지식활용 공감협동	협동학습(모둠활동1): 답사보고서 작성을 위한 문화기술지 작성 및 형식 토론 협동학습(모둠활동2): 참여관찰법과 심층인터뷰 질문 목록을 위한 협동 활동

주	주제 및 활동내용	과제 및 준비물	역량	수업방식
5	[답사 지역 선정 및 사전 문헌 조사] ▸ 문화기술지 작성 방법, 질적연구 수행 절차, 참여관찰과 심층인터뷰의 종합적 이해 ▸ 답사지 선정을 위한 대상 답사 지역의 문헌 조사 - 각 모둠별 답사지역의 상이성에 따른 상호 이해 - 각 모둠 답사지역의 문헌 조사 내용 토의	플립러닝 [flipped learning]: - 팀별 답사지 선정을 위한 문헌 자료 조사 - 답사지 관련 블로그 등의 인터넷 자료 수집 및 정리	자율책임 공감협동 의사소통	협동 학습(모둠 활동)1: 팀 내 개인이 조사한 답사지역의 문헌 및 인터넷 자료 발표 및 토의를 통한 의견 수렴 협동학습(모둠 간 상호활동)2: 타 모둠에서 토의 결과 발표내용 검토
6	[답사를 위한 답사계획서 작성 및 발표] ▸ 안전한 답사를 위한 예상 답사 경로 등 답사 활동 전반에 걸친 계획서 작성 - 팀별 답사계획서 작성(답사일정, 답사내용, 역할 분담 등) - 최소 3차 이상의 현지답사와 답사지역 구성원들을 대상으로 한 참여관찰, 심층인터뷰를 위한 질문 목록 작성	플립러닝 [flipped learning]: - 기존 답사계획서를 I-class에 탑재하여 사전 학습 가능 - 현장 조사 시 답사지역 구성원을 대상으로 한 참여관찰의 주안점과 심층인터뷰 질문지 검토	창의사고 지식활용	협동학습(모둠 활동): 모둠별 답사계획서 작성 강의 및 토의: 안전한 답사활동을 위한 안전 지침 안내
7	[답사활동 1: 예비 답사와 답사계획서 최종안 작성] - 모둠별 답사지역에 대한 예비 답사 - 예비답사 결과를 반영한 답사계획서 수정 및 보완	플립러닝[flipped learning]: - 답사지역의 날씨, 지형 조건 등 사전 확인 ※ 현지조사 현장 지도	자율책임 창의사고	협동학습 1(모둠 활동): 예비 답사 실시 협동학습 1(모둠 활동): 모둠별 답사계획서 최종안 작성
8 ~ 9	[답사활동 2: 본 답사 1차] ▸ 답사계획서에 따른 1차 답사 - 개방형 관찰 프로세스 진행 - 주요 제보자 확보 - 주요 지역문화 탐구 대상 선정 (3~5개)	과제: 답사일지 작성을 통한 타 모둠의 활동 사항 상호 평가 및 이해 ※ 현지조사 현장 지도	자율책임 의사소통 창의사고 지식활용	-협동학습(모둠 활동): 본 답사 1차 실시 -강의 및 토의: 1차 본 답사 시 고려사항

주	주제 및 활동내용	과제 및 준비물	역량	수업방식
10 ~ 11	[답사활동 3: 본 답사 2차] ▸ 답사계획서에 따른 2차 답사 - 선별 관찰 프로세스 진행 - 주요제보자 인터뷰 실시 - 주요 지역문화 탐구 대상 조사 및 자료 수집	과제: 답사일지 작성을 통한 타 모둠의 활동 사항 상호 평가 및 이해 ※ 현지조사 현장 지도	자율책임 창의사고 지식활용 공감협동	협동학습(모둠활동): 본 답사 2차 실시 강의 및 토의: 2차 본답사시 고려사항
12	[답사활동에 대한 피드백 및 3차 최종 답사 계획 논의] - 1·2차 답사에 대한 피드백 - 각 팀별 중간보고를 통한 최종 답사 계획 수립	과제: 1·2차 답사결과를 반영한 중간보고 구두 발표 준비 ※과제에 대한 피드백 제공: 팀별 발표한 중간보고서에 대한 개별적 피드백 제공	자율책임 창의사고 공감협동	답사 중간보고 및 3차 최종 계획서 시연(팀별 15분 이내) 중간보고서 참관기 작성 협동학습(모둠활동): 1·2차 답사에 대한 팀내 피드백 및 팀간 상호 이해
13	[3차 최종 현지답사] - 1·2차 답사에 대한 피드백을 반영한 3차 답사계획에 의한 최종 답사 - 집중관찰 프로세스 수행 - 심층인터뷰 보완 - 각종 자료 수집 보안	- 3차 현지 답사계획서에 의헌 발표 및 제출 ※ 현지조사 현장 지도	자율책임 의사소통 창의사고 지식활용 공감협동	협동학습(모둠활동): 본 답사 3차 실시
14	[답사보고서 발표 1] - 각 팀별 답사보고서 발표 - 평가지표에 따른 교수자, 팀 구성원, 팀 간 상호 평가, 전문가 평가 병행	과제: 수업 참관 보고서 제출 ※ 팀별 발표에 대한 팀별·개별 피드백 제공	자율책임 의사소통 창의사고 지식활용 공감협동	팀별 발표(20분 이내) 발표 참관 보고서 작성

주	주제 및 활동내용	과제 및 준비물	역량	수업방식
15	[답사보고서 발표 2] - 각 팀별 답사보고서 발표 - 평가지표에 따른 교수자, 팀 구성원, 팀 간 상호 평가, 전문가 평가 병행 ▸ 발표 후 결과 분석 - 수업 시연 준비 과정, 시연 과정 등에서 느끼고 생각한 점 나누기 ▸ 한 학기 수업 정리 - 안전한 답사와 좋은 사회 수업을 위한 '경험에서 교훈 찾기' - 현장 기반 수업과 훌륭한 사회 교사상에 대한 의견 나누기 ▸ 교수 효능감 기반의 교과 운영 및 학습효과에 대한 학생 만족도 조사(FGI 및 개방형 설문 조사 병행)	- 현지 조사와 사화과 수업의 연관성에 관한 의견 나누기 - 협동학습 및 팀플에 대한 의견 나누기 - 최종 생각 쪽지 제출(좋은 사회 수업, 좋은 사회 교사상에 대한 생각 정리)	자율책임 의사소통 창의사고 지식활용 공감협동 글로벌	팀별 발표(20분 이내) 자유로운 대화 및 토의

앞서 밝힌 바와 같이 이번 장은 대학생 학습자들이 현지조사 연구를 수행하면서 모둠활동을 수행하는 과정 속에서 협동학습의 양상을 고찰한 것을 분석하고 기술하였다. 수업 참여자인 12명의 학습자들은 협동학습을 위하여 4개의 모둠을 만들고 각 모둠당 3인으로 구성하였다. 모둠은 조장과 기록자, 발표자로 구성되며 역할은 한 달 동안 유지되고 한 학기 동안 1인이 각 역할을 수행하도록 하였다. 특히 2장의 협동학습 수행 절차에 따라 ① 모둠 구성 방법, ② 모둠의 리더 정하기 및 역할 정하기, ③ 모둠의 이름 정하기, ④ 모둠의 현지조사 장소 선정의 과정으로 진행함으로써 학습자들의 참여를 높이고자 하였다. 위와 같은 과정 속에서 모둠원 모두 참가하면서 적극적인 수업 참여를 유도하고자 하였다.

3. 현지조사와 협동학습 연구방법

1) 현지조사 방법

학습자들이 현지조사에 들어가기 전에 준비해야 할 중요한 작업은 연구과제를 정당화하고 전반적인 연구계획을 수립하는 일이다. 그러한 작업을 위해서는 자기가 연구하려는 문제의 소재와 자료의 종류 등을 포함한 문화인류학의 일반적인 배경을 충분히 알아야 한다. 자기의 연구대상에 관하여 다른 어떤 연구자가 연구를 했으며 무엇을 연구했는지, 그리고 이미 출판된 관련 선행 문헌으로는 어떤 것들이 있는지에 대한 지식을 가져야 한다.

현지조사는 문화인류학, 민족학을 비롯하여 구비문학이나 구술사 등 여러 학문 분야에서 현지 자료를 수집하는 데 활용하는 연구방법의 하나이다. 현지조사를 위한 문제를 설정할 때에는 연구주제에 관한 특수한 이론에 바탕을 둔 가설을 세워야 한다. 그리고 가설이 현지에서 검증될 수 있는지에 대해 밝혀야 한다. 그러므로 현지조사를 위한 연구계획에서는 주요 개념들을 명백하게 규정하고 조작할 필요가 있다. 그러고 나서 자료수집에 필요한 표본추출이나 관찰, 면접, 측정, 검증 등의 절차 및 방법과 기술들을 구체적으로 밝혀야 한다.

현지조사의 절차와 방법은 특수한 연구문제와 연구대상, 집단의 특성, 문화의 여러 양상들, 연구자의 개성 등에 따라 각기 다양하게 선택될 수 있다. 어느 한 가지로 일반화해서 제시하기가 어렵다. 그러나 문화인류학의 현지조사를 처음 시작할 때에는 참여관찰, 면접법, 주요 정보제공자 등의 세 가지 접근방법을 사용한다.

▶ 참여관찰(participant observation): 조사자가 현지에 들어가 장기간 그곳의 사람들과 함께 살면서 기회가 있을 때마다 되도록 많은 사회적 상황에 직접 참여하여 특정한 사회적 상황의 행위자와 장소 및 활동을 관찰하고 기록하는 것이다(Spradley, 1980).

▶ 면접법: 현지조사에서 직접 관찰할 수 없는 행위와 사건들에 대하여 질문해서 답을 얻는 것이다. 예를 들면 과거에 일어났던 사건이나 신념과 태도 등, 생각하고 느끼는 것, 조사자의 참여를 금지하여 관찰이 불가능한 행위와 사건들에 대해서는 면접을 통해서 자료를 얻을 수밖에 없다. 그러나 면접에는 한계가 있다. 응답자가 알고 있으며 말할 수 있는 것이어야 질문에 응답을 할 수 있다. 또한 응답자가 기꺼이 말하려고 할 때에 면접이 가능하기 때문이다. 면접 중에서도 조사자가 미리 질문을 작성하여 조사표 또는 면접지침을 사용하는 형태를 공식적 면접(formal interview)이라 하고, 기회가 있을 때마다 자유롭게 수시로 적절한 질문을 하는 형태를 비공식적 면접(informal interview)이라고 한다.

▶ 주요 정보제공자(key informant): 자기 자신의 문화에 대해서 잘 알고, 또 그것에 대하여 조사자에게 기꺼이 얘기해 줄 수 있는 사람을 가리킨다. 그러한 사람들은 조사연구의 목적을 쉽게 이해하고, 전체 문화의 예비적인 윤곽을 체계적으로 설명해 줄 수 있다.

그 밖에 현지조사에 사용되는 방법과 기술로는 가족구성, 혼인관계, 성별·연령별 인구, 직업, 수입, 교육수준 등 기초적인 인구학적 사항들에 대한 가구조사 또는 센서스를 행하는 한편, 지도 작성, 녹음, 사진, 계보, 통계와 역사적 문서, 생활사, 투사적 심리검사, 표본추출 등의 방법과 기술을 사용하기도 한다. 대부분의 현지조사자들은 당면한 특수한 상황과 연구문제들에 따라서 위와 같은 여러 가지 방법과 기술들을 선택적으로 사용한다. 상이한 여러 가지 방법과 기술들을 사용하면 광범위한 자료를 수집할 수 있을 뿐 아니라, 그러한 자료와

방법들을 대조하여 상호 보완할 수도 있다. 그렇기 때문에 학부에서 관련 학문을 수련할 때 미리 현지조사를 약식으로라도 경험하는 것이 일반적이다.

2) 현지조사와 자료수집

이 연구에서는 현지조사에 참여한 대학생들의 협동학습 경험을 살펴보고 그 경험을 기술하였다. 이를 위해 사용된 주된 자료수집 방법은 FGI(Focus Group Interview)와 참여관찰법이다. 앞서 기술한 바와 같이 면접은 사건이나 행동에 대해 연구참여자의 의미를 이끌어낼 수 있어 유용한 자료수집 방법이며(Marsshall & Rossman, 1995), 참여관찰은 연구참여자의 경험에 깊이 들어가 더 많은 자료들을 수집할 수 있는 방법이다(Flick, 2009). 주로 사용하는 자료수집 방법인 FGI는 참여자가 경험 시간의 이전과 이후를 비교하여 설명하는 반면에, 참여관찰은 연구자가 인간의 오감을 사용하여 환경 내에서 어떤 상호작용이 발생하는지 발견하게 한다(Erlandson, Harris, Skipper, & Allen, 2006).

첫째, 포커스 그룹은 구체적인 주제에 대한 자료를 모으는 데 집중하는 특별한 집단으로, 유사하거나 같은 경험을 가진 집단이 모여 경험과 의견을 나눈다(Schwandt, 2007). 본 프로젝트 수업에 참여한 대학생들은 협동학습이라는 공통된 교육경험과 수업과정에서 상호 간의 밀접한 관계를 형성하게 되어 '협동학습 경험'이라는 주제에 대해 집중적인 대화를 만들어 낼 수 있다. 또한 참여자들은 타인의 이야기를 통해 자신의 경험을 탐구하고 발견하게 된다. 그룹 토론을 통해 주제에 대한 깊이 있는 이해와 통찰을 갖게 되고 자신의 견해를 통해 풍부한 이야기를 생성하게 된다.

둘째, 학습현장에 머무는 동안 연구자는 상황에 따라 관찰자로서 유연하게 다양한 입장을 취하게 된다. 소극적 참여자의 태도로 관찰자 역할만을 수행하기도 하며, 관찰과 적절한 참여를 동시에 취하기도 한다. 대학생들의 협동학습 과정을 관찰하며 연구자로서 궁금한 점이 생기면 수시로 질문하며, 그들이 다양한 상황과 마주하게 되었을 때, 어떠한 의미를 부여하는지 탐색하게 된다. 현장에서 보고, 듣고, 느낀 것들을 메모하고, 현장을 떠나면 즉시 참여관찰일지를 작성하여 현장에 대한 생생함을 기록으로 남긴다. 참여관찰은 어떠한 상황과 그곳에서 벌어지고 있는 바에 대하여 조망하기 위해 광범위한 서술관찰(descriptive observation)로 시작하게 된다(Spradley, 2006). 자료수집 초기에는 협동학습에서 일어나는 다양한 상황에 대해 관찰 범위를 정하지 않으며, 폭넓은 시각을 가지려고 노력한다. 연구자가 학습현장에서 머무는 동안 몇 가지 의미 있는 상황들을 포착하게 되며, 발견된 의미 있는 상황에 대해 집중관찰(focused observation)을 실시한다. 이어서 협동학습에서 발견되는 핵심적인 맥락에 대해 선별관찰(selective observation)을 이룬다.

이 장에서는 협동학습 수업에 대한 연구로 Spradley(2006)의 발전식 연구단계(Developmental Research Sequence, D.R.S)와 질적연구 분석방법에서 주로 사용되는 의미범주화를 통해 주제를 도출한다. 우선, FGI를 통해 수집 · 전사된 자료들을 반복해서 읽고 의미 있게 나타난 단어와 문장들을 추출하고, 다음으로 의미범주화를 영역별로 구분하여 비교 · 대조 · 분류 과정을 통해 주제를 만든다. 이때 대학생들이 수행했던 중요한 경험을 바탕으로 주제를 도출한다. 이 글에서는 다중사례 연구방법과 현장연구가 혼합되어 있는 특성으로 분석방법 또한 의미 범주화를 통한 주제 도출과 발전식(D.R.S) 연구단계를 활용하는 것이 적절하다.

Spradley(2006)의 발전식 연구단계는 12단계로 구성되어 있다. 처음에는 광범위한 초점으로 시작하다가 7단계부터 10단계까지 몇 가지 선택된 영역에 대해 집중적인 연구로 좁혀지기 시작하는데, 상황에 따라 독립적으로 이루어지기도 하고 나머지 단계와 동시에 수행되기도 한다. 이 저서를 위한 연구과정에서는 자료수집 초기에는 주로 서술적 질문과 관찰을 실시하고, 중요한 상황이 포착되면 질문이나 관찰범위를 초점화해 이를 분석하고 질문 내용을 보완하며, 상황에 따라 필요한 영역의 자료수집과 분석을 수행한다. 이처럼 자료수집과 분석과정은 분리된 것이 아니기 때문에 연구범위의 구조적 여러 단계가 동시에 수행되기도 하며 단일 단계의 수행이 이루어지기도 한다.

1단계에서 3단계까지의 과정은 자료수집 시작부터 종료될 때까지 수행되는 단계로, 1단계는 연구에 유용한 정보를 제공할 수 있는 연구참여자를 선정하는 과정이며, 2단계와 3단계는 문화기술지의 자료수집 방법인 심층면접, 참여관찰 그리고 다양한 자료수집에 관한 내용이다. 4단계에서 5단계까지는 낯선 연구현장에 대한 전체적인 맥락을 파악하는 단계로 참여자들의 언어와 문화를 발견하고 큰 틀에서의 공통경험을 탐색한다. 7단계에서 10단계는 의미 있는 상황을 포착하고, 부분적인 영역에 대한 면접과 집중적인 관찰로 분류와 대조를 통해 주제를 발견해 나가는 단계이다. 11단계에서는 위의 단계에서 나타난 영역 간의 관계를 살펴보고 전체적인 핵심 주제를 도출한다. 마지막 12단계는 문화기술지 글쓰기 단계이다. 12단계를 수행한 결과 대학생 학습자들은 모둠별로 답사보고서를 제출한다. 이와 같은 답사 보고서에는 자료수집 및 분석과정은 물론 현지조사 결과를 기술한다.

본 수업의 경우 현지조사활동을 사전활동-체험활동-사후활동으로 구분하여 설계하였다. 사전활동의 경우 현지조사의 장소 선정, 해당 장소에 대한 정보 수집을 위한 문헌연구를 협동으로 수행하였고, 체험활동은 현지조사 답사활동으로 구성하였다. 또한 사후활동은 현지조사에서 수집한 자료를 통해 수업을 계획하고, 교재를 위한 콘텐츠 구성 등의 협동학습을 수행하였다. 현지조사 답사활동은 다음과 같이 3차에 걸쳐 진행하였다.

■ **1차 현지조사 개요**

일시	2018년 9월 20일	장소	인천시립박물관

■ 2차 현지조사 개요

일시	2018년 10월 31일	장소	인천이민사박물관

■ 3차 현지조사 개요

일시	2018년 11월 22일	장소	인천무형문화재전수관

3) 자료수집 및 분석

이번 절은 현지조사 기반 협동학습 모형을 구축하기 위해 한 학기 동안 수업에 참여한 학생들의 특성을 기술한다. 수업에 참여한 11명의 학생들을 3개 모둠으로 구성하였다. 수업 이후 참여경험을 탐색하기 위해 모둠 구성원들을 모둠과 동일하게 3개의 FGI 그룹으로 나누어 약 2시간 동안 집단 인터뷰를 진행하였으며, 이와는 별도로 개방형 질문지를 통해 이들이 함양한 역량을 고찰하였다. 3개 FGI 그룹과 연구참여자로서 수업 참여 학생들의 일반적 현황은 다음 〈표 5-3〉과 같다(김영순 · 김기화 · 오영섭, 2019: 18).

〈표 5-3〉 FGI 참여자 현황

모둠	연구참여자	이름	성별	구분
1조	1	장○○	남	조장
	2	박○○	여	
	3	강○○	남	
2조	4	임○○	여	조장
	5	이○○	남	
	6	이○○	여	
	7	서○○	남	
3조	8	구○○	남	
	9	박○○	여	
	10	이○○	남	조장
	11	나○○	남	

연구참여자들을 대상으로 한 질문은 크게 세 가지, 즉 협동학습 수업 참여 경험, 예비 사회교사로서의 전문성 함양, 인하대에서 강조하는 인재 역량 확보 경험이었다. 개괄적인 질문 내용을 중심으로 질문지를 만들었다. 이를 위해 연구진들은 협동학습 이론과 인하대가 강조하는 역량에 관한 스터디와 별도의 회의를 실시하였다. 또한 여기 제시한 질문을 기본으로 실제 인터뷰 시 '가추법적 방법'[2)]을 활용해 질문을 심화하였다. 다음에 제시한 질문 목록들은 대학생들의 협동학습 경험을 묻기 위해 고안된 것이다.

2) 가추법이란 기존의 연역법과 귀납법과는 다르게, 현상을 있는 그대로 관찰하며 단서가 되는 것들을 수집하여 현상을 제일 잘 설명할 수 있는 가설을 도출해내는 사유 방식이다.

1. (조장에게 질문) 자신의 팀에 대해서 설명해 주시겠습니까?

2. 세 차례 현장답사에 대하여 사전, 현장답사, 사후로 나누어서 경험과 생각을 나누어 주시기 바랍니다. 답사 차수별로 구분지어 답해주시기 바랍니다.

구분	본인의 역할과 소감	현지조사 협동학습에 대한 소감
1차 답사: 인천시립박물관	본인은 협동학습에서 어떤 역할을 하셨습니까?	본인이 속한 팀의 협동학습은 어떠했습니까?
2차 답사: 이민사 박물관		
3차 답사: 인천무형문화재전수관		

3. 현지조사 협동학습 경험
  1) 현지조사 협동학습에서 긍정적인 경험과 부정적인 경험은 무엇인가요?
  2) 현지조사 협동수업에서 가장 요구되는 것은 무엇이라고 생각하나요?
  (책임감, 긍정적 상호작용, 의사소통능력, 타인에 대한 공감 배려 등)
  3) 필드워크 협동학습 과정에서 갈등은 없었나요? 있었다면 어떻게 해결했나요?
  4) 현지조사 협동수업에서 자신의 역할
  - 팀에 기여한 것은 무엇이며 부족하고 아쉬운 점은 무엇인가요?
  5) 본 교과목에서 성취하고자 했던 것은 무엇이며, 어느 정도 성취가 되었다고 생각합니까(개인 목표에 있어 학습적·비학습적인 요소)?

4. 현지조사 협동수업에서 무엇이 개선되면 좋을까요?

5. 교수자와의 상호작용은 어떠했으며, 수업(팀 활동, 목표달성)에 어떤 영향을 미쳤나요? 필드워크 협동수업에서 교수님의 어떤 역할이 중요하였습니까?

이들 연구참여자의 현지조사 수업을 통한 학습목표 성취 및 예비 사회교사로서의 역량을 알아보기 위한 질문은 다음과 같다.

6. 자료조사 방법은 실제로 어떠했으며 어떤 경험을 하였습니까?

7. 지역문화를 탐색하기 위한 자료수집, 자료 분석 등의 탐구 능력이 함양되었습니까? (사회과 교육의 지역화 교육과정 수행에 필요 요인)

8. 예비 사회과 교사로서 현지조사를 통해 얻어낸 자료를 활용한 사회과 수업 수행능력이 함양되었습니까?

뿐만 아니라 대학생들의 역량 확보에 관한 질문을 과제형으로 제시하였다. 학습 참여자들에게 심화적인 답안 작성을 위해 1주일간의 시간을 제공하였다. 제시한 질문은 인하대학교의 미래 인재육성을 위한 역량 강화 영역들을 토대로 작성하였다.

9. 세부목표로 설정한 다음과 같은 핵심역량에 대해서 이해할 수 있습니까?

핵심역량		질문
자기 형성 人	자율 책임	1. 본 수업은 민주시민 양성을 책임질 예비 사회과 교사로서 사회 수업을 자기 주도적으로 계획하고 수업전반을 책임질 수 있는 자율성뿐만 아니라 윤리성과 책임성을 이해하는 데 도움이 되었습니까?
	의사 소통	2. 본 수업은 지역문화 탐구 과목의 핵심 가치인 문화다양성 존중이라는 측면에서 다양한 배경의 구성원들과의 의사소통을 수행할 수 있는데 도움이 되었습니까?
창의 도전 人	지식 활용	3. 본 수업을 통해서 지역문화의 고유한 특성을 드러낸 문화자료들을 수집하고, 체계적으로 콘텐츠화할 수 있었습니까?
	창의 사고	4. 본 수업의 다양한 문화 내용으로부터 탐색한 가치들은 본인이 확장적으로 사고하고 창의성을 확보하는 데 도움이 되었습니까? 더 나아가서 예비교사로서 창의 수업을 하는 데 도움이 되었습니까?
나눔 실천 人	공감 협동	5. 본 수업은 지역문화의 다양성 수집을 통해 얻을 수 있는 다양성 존중의 가치라는 측면에서 학습자(조원)의 다양한 요구와 특수성을 이해하고 협력적 의사결정을 통해 문제해결을 하는데 도움이 되었습니까?
	글로벌	6. 본 수업을 통해서 지역문화 탐구에서 얻어 낸 역량을 글로벌 문화 탐구의 영역으로 확대할 수 있는 자신감을 가질 수 있었습니까?

이러한 심층면담의 질문 목록은 연구팀에서 공동으로 고안했으며, 이 목록을 기초로 모둠별 조장을 대상으로 그룹 인터뷰를 수행하였다. 또한 연구참여자들이 학기말에 제출한 자아성찰일지에 나온 내용들을 핵심 주제별로 추출하여 정리하였다. 이번 장에서는 이들의 협동학습 경험 중 계발된 역량을 중심으로 기술하였다. 다음의 장면들은 한 학기 수업 종료 시점에서 각 모둠별로 심층인터뷰를 진행하는 모습이다.

인터뷰 질문은 위에서 살펴본 바와 같이 크게 협동학습에 참여한 개인경험과 역할 수행, 예비 사회과 교사로서의 미래 교수자적 자질 함양, 인하대학교의 인재상에 적합한 역량 확보 사항으로 구분될 수 있다.

4. 팀 단위 현지조사 경험의 의미

이번 절은 치열한 경쟁학습을 기반으로 한 학습문화의 맥락하에서 벗어나 학습자 간의 상호조화와 협동이 전제로 이루어지는 현지조사 기반 협동수업에 집중한다. 특히 대학생의 협동학습 경험과 의미를 예비 사회교사 전문성 확보, 학습자 역량 확보, 학습자 간 상호협력, 학습자-교수자 간 상호협력 영역을 구분하여 탐색하였다. 협동학습에서 개인의 성장은 집단 내 구성원들의 노력에 따라 달라지며, 이때 개인의 성장은 집단 공동의 목표 성취와 긴밀하게 상호 영향을 준다.

협동학습에서 집단의 성과를 위한 다른 구성원들과의 상호협력과 같은 긍정적인 활동은 개인의 성장을 고무시키며, 결과적으로 다른 사람들과 함께 성장하는 동인을 제공한다. 현지조사 협동수업에 참여한 대학생들은 집단 공동의 학습 목표 달성에 대해 긍정적으로 평가하고 있었는데, 이는 집단 목표뿐만 아니라 개인적인 학습 성취와 성장의 의미를 포함하고 있다.

1) 예비 사회과 교사로서의 전문성

현지조사 기반 협동수업은 예비 사회과 교사들의 지역문화 탐구능력을 함양하기 위해 마련된 사회교육과 문화교육의 영역에서 제공된다. 사회교육과에서는 법교육, 정치교육, 경제교육, 사회교육, 문화교육 영역의 교과내용학과 사회과 교수방법론과 같은 교과교육론 영역의 커리큘럼이 제공된다. 이러한 사회교육과 커리큘럼은 예비교사로서 사회현상에 대한 비판적 시각과 자료수집 및 분석 능력을 갖추는 데 기여한다. 특히 이번 현지조사 협동학습 수업을 통해 연구참여자들은 미래에 교사가 되었을 때 직접 수업에 활용할 수 있는 수업의 '롤모델'을 경험했다고 한다(김영순 · 김기화 · 오영섭, 2019: 23-25).

(1) 사회현상에 대한 비판적 시각 함양

연구참여자들은 현지조사 협동수업 경험을 통해 교사로서 갖추어야 하는 비판적 사고력이 함양된 것으로 보인다. 지금까지 과제 수행 시 정해지거나 단편적인 틀에서 과제가 이루어졌다면, 본 수업에서는 다른 관점을 적용해 보는 시도가 이루어졌다. 연구참여자들은 지금까지 사회현상에 대해 맹목적으로 인식했거나 큰 관심을 갖지 않았다면, 이 수업을 통해 비판적인 사고를 하게 되었다고 평가하고 있었다. 현지조사 협동수업 경험은 예비교사가 갖는 자기효능감에도 긍정적인 영향을 미치는 것으로 해석된다. 졸업 후 교직에 진출할 사범대 학생들이 지니는 사회현상에 대한 관점은 향후 학교현장에서 학생들을 지도할 때 영향을 미치게 된다.

> "현장 답사를 하고 교과내용과 연결을 하고 또 **은 비판 사회현상에 대해서 그냥 특정 관점이 아닌 다양하게 비판적 관점을 (…) 학생들 가르칠 때도 도움이 될 거 같고…." (연구참여자 5)

> "다른 수업에서 늘 똑같은 주제로 쓰는데 진부하게 느껴지는 주제 그런 것들로밖에 그칠 수가 있는데 한 번 탐방을 하고 갔다 오다 보니까 그게 참신한 것이 많이 나오는 것 같아요. 예를 들어서 교실에만 앉아서 철도에 대해서 이렇게 이야기를 했다. 그러면 그냥 역사만 이야기하고 오고

이게 어떻게 이런 진부한 것밖에 못 나왔을 거 같고…. 근데 갔다 와보고 그 철도를 '아, 일제에 의해서 이렇게 놓였구나!'라는 사진 이런 것들을 보고 오니까 문화를 보는 관점을 엮을 수 있다고 생각하니 참신한 게 나오더라구요." (연구참여자 6)

(2) 자료분석 및 탐구능력 함양

현지조사 협동수업은 궁극적으로 현장에서 탐구한 자료들을 바탕으로 모둠 활동과 현지조사 보고서 작성에 필요한 콘텐츠를 재구성하는 과정을 연습하는 것으로 이해될 수 있다. 학습자들은 현지에서 방대한 자료들을 조사하고 분석해서 새로운 지식을 창출해 내는 것을 학습한다. 현지조사 협동수업을 경험한 연구참여자 1은 문화콘텐츠를 보는 안목이 높아졌다고 했는데, 이는 다양한 경로를 통해 수집된 자료를 주제에 적합하게 분석하는 학습과정을 통해 인지적 강화가 이루어진 것으로 볼 수 있다. 즉, 현지조사를 위해 구성된 모둠 집단은 성공적인 결과물을 만들어 내기 위해 유용한 자료 선별하기, 조작하기, 새로운 지식 창출하기의 공동 활동을 반복하게 된다. 이때 학습자 개인은 자신이 맡은 역할을 능동적으로 수행함으로써 자료를 분석하고 조작할 수 있는 능력이 함양된다.

"현지조사를 나감으로써 각자 자기 자신에게 와 닿았던 작품들이 있을 거라고 생각돼서 자료 수집이 남들이 올려놓은 게 아닌 자기만의 작품들을 보면서 안목들이 좀 더 발달되었다고 생각하고요. 그리고 자기만의 작품들을 각각 의견들을 모아서 보다 보면 콘텐츠가 되고 그걸 또 자료분석을 하면서 또 알게 될 수 있어서 그런 능력이 향상되었다고 생각합니다." (연구참여자 1)

"일단 갔다 와서 자료를 많이 수집했잖아요. 그런 걸 통해서 사실 저희가 어떤 주제로 갈 것인지에 대해서 그 많은 자료들을 보고 분석해서 이런 주제가 맞겠다. 저희가 볼 수 있는 그런 것들이 이제 생기는 거구요. 그리고 이제 골라서 버리고 필요한 것들 중에서도 또 한 번 더 걸러내고 발췌하고 그런 능력들이… 아! 이런 취지에서는 이런 게 더 낫겠다. 이렇게 생각할 수 있는 것들이 좀 더 생긴 것 같아요." (연구참여자 7)

(3) 사회과 수업의 롤 모델 경험

예비 사회과 교사들인 연구참여자들에게 현지조사 협동수업은 향후 교육현장에서 활용할 수 있는 좋은 수업의 롤 모델이 되고 있었다. 사회과 교육을 전공하고 있는 대학생들은 본 현지조사 모둠활동 수업을 통해 예비교사로서 현장중심 수업의 필요성을 인식하고 있었다. 하지만 현지조사 협동수업이 교사 임용고시의 준비에 밀려 주로 형식적으로 수행되는 상황에서 학습자들은 어떻게 실행해야 하는지 막연할 수밖에 없다. 연구참여자들은 현지조사 협동수업에서 자신이 경험했던 긍정적인 학습효과를 향후 수업을 설계할 때 적용할 계획을 밝혔다. 그들은 전체적인 현지조사 협동수업 틀을 적용할 의견을 보였고, 현장으로부터의 자료 생성 방법을 익히고 교사 역할을 경험한 것으로 나타났다.

"수업기법을 공부하면서 이 수업기법을 사용할 때는 어디에 나가서 직접 봐야 되는지 학생들이 학교에서만 보다가 현장에 나가서도 볼 때 그런 활용을 할 수 있을 거 같아요." (연구참여자 2)

"저희가 실제로 답사를 다닌 것처럼 아이들이 교실에서 교사가 갖다 주는 자료만 또 보는 게 아니고, 아이들을 데리고 직접 현장조사를 나올 때 수업을 참고해서 체험활동을 진행하면 훨씬 더 양질의 교육을 제공할 수 있을 것이라는 생각이 들었습니다." (연구참여자 8)

2) 인하대 인재상 역량 확보

수업기획자이자 진행자인 필자는 수업 모형을 인하대의 교수학습개발센터 지원으로 연구하기 때문에 필히 인하대의 3대 인재상(자기형성인, 창의도전인, 나눔실천인)에 부합하는 수업을 설계해야만 했다. 인하대 3대 인재상은 다시 6가지 세부 핵심역량을 중심으로 설정되는데, 이는 다음과 같다. ① 자기형성인은 자율책임과 의사소통, ② 창의도전인은 지식활용과 창의사고, ③ 나눔실천인은 공감협동과 글로벌이라는 역량을 가진 인재이다. 그러므로 수강생들은 본 교과목을 수강한 이후에 6가지의 핵심역량을 함양할 수 있도록 하였다(김영순 · 김기화 · 오영섭, 2019: 33-38).

(1) 자기형성人 역량

인하대학교의 인재상은 첫째, 자기형성인으로서 성실성을 바탕으로 자기관리능력과 학습능력을 겸비한 인재이다. 본 교과목은 자기형성인의 자율책임과 의사소통이라는 핵심역량을 추구한다. 본 교과목을 수강한 대학생들은 예비 사회과 교사로서 자율책임, 문화다양성 측면에서 원활하고 민주적인 의사소통의 수행과정을 경험하였다.

학습자들은 민주시민을 양성하는 예비 사회과 교사로서 수업을 자기주도적으로 계획하고 수업 전반을 책임질 수 있는 자율성과 책임감을 학습하였다. 사회과 교사는 수업 전반에 걸쳐서 수행되는 수업의 전 과정을 계획·준비·실행하는 일련의 과정을 거친다. 본 수업의 학생들은 예비 교사로서 이러한 일련의 과정을 경험하면서 자기주도적인 교수 능력을 함양하였다.

> "수업시간에 교수님과 수강생들이 다 함께 현장답사 가는 시간이 있었습니다. 그 경험들을 통해, 미래에 예비 사회과 교사로서 수업을 어떻게 준비할지에 대해 생각했습니다. 또한 학생들보다 박물관을 미리 체험함으로써 해서는 안 될 것들을 알아서 학생들에게 가르쳐 줄 수 있을 것입니다." (연구참여자 1)

연구참여자들은 자신이 참여한 수업에서 자신의 책임을 잘 수행했는지를 성찰하고, 교사로서의 책임감을 경험하였다. 학생들은 한 과목의 수강생으로서 수업에 참여하는 수동적인 입장에서 벗어나서, 본 수업이 지향하는 사회과 교사로서의 책임감과 더 나아가서 윤리적 측면을 고려하게 되었다.

> "형식에 얽매이지 않고 자율적으로 조별로 자기들만의 수업 콘텐츠를 제작해 보면서 다양한 수업을 구성하게 되었습니다. 그리고 그 과정에서 우리가 제작한 콘텐츠가 학생들에게 적합한 수업인지를 확인하고, 준비한 자료가 윤리적 측면에서 문제가 없는지 판단해 보면서 자율성, 윤리성, 책임성을 이해하게 되었습니다." (연구참여자 3)

연구참여자들은 본 수업의 핵심가치인 문화다양성 존중이라는 측면에서 다양한 배경을 가진 조원들과 의사소통을 행하는 경험을 하였다. 또한 학습자들은 협동학습의 과정과 답사를 통해 상호긍정적인 의존과 협력적인 의사소통을 배우게 되었다.

본 수업은 협동학습이라는 교수학습모형을 기반으로 설계되었다. 교수자는 모둠을 구성할 때, 구성원들의 나이, 출신지역, 성별 등의 다양한 배경을 활용하여 다양한 사람과 만나서 협력할 수 있도록 의도적으로 구성원들을 배치하였다. 학생들에게 이러한 다양한 배경을 지닌 조원들과의 만남에서부터 결과물로서 현지답사보고서를 작성하는 모든 과정이 의사소통을 하는 통로가 되었다.

"모둠활동으로 진행되는 수업방식에 따라 조원들과 함께 조사하고, 자료를 수집하여 결론을 도출하는 과정을 반복했다. 그 과정에서 모둠구성원들과 지속적인 의사소통 시간을 가지며 서로의 의견을 조율하고 합칠 수 있도록 노력하였다." (연구참여자 2)

"조를 구성하는 것에 있어서도 이질적인 집단으로 구성함으로써 문화다양성을 존중한 것 같습니다. 남녀 고르게 구성하고, 각자 다른 지역출신으로 구성하면서 다양한 의견을 나눌 수 있어서 좋았습니다." (연구참여자 3)

본 수업의 핵심적 내용 자체가 지역문화를 바람직하게 이해하는 것이기 때문에 거시적으로 문화와 문화다양성을 파악하는 시간을 가졌다. 다시 말해서 지역문화 자원을 답사활동을 통해서 직접 보고, 듣고, 느끼는 것이다. 연구참여자들은 현지조사 답사과정을 통해서 배운 학습내용이 문화 간 의사소통 능력과도 연관이 있다고 보았다.

“인천시립박물관, 인천이민사박물관, 인천무형문화재전수관 등의 답사를 통해 다양한 문화의 차이를 인정하고 존중하는 태도를 기를 수 있었다. 또한 이를 바탕으로 다양한 성장배경을 가진 조원들과 협동수업을 하면서 문화다양성을 인정하고자 노력하였다.” (연구참여자 6)

(2) 창의도전人 역량

인하대교의 두 번째 인재상은 창의도전인으로서 창의적 사고력을 바탕으로 논리적 판단과 분석력을 갖춘 인재이다. 본 교과목은 창의도전인의 지식활용과 창의적 사고라는 핵심역량을 추구한다. 본 교과목을 수강한 수강생들은 답사자료를 콘텐츠로 체계화하는 방법을 통해 확장적이고 창의적인 사고를 배양하였다. 학습자들은 지식을 창의적으로 재구성하는 법을 경험하였다. 교수자들은 학생들에게 지식을 전달하기 위해서 수업자료를 가지고 학생들의 수준에 적합한 지식으로 체계적으로 콘텐츠화할 수 있는 능력이 요구된다.

본 수업을 수강한 학생들은 예비교사로서 답사를 통해서 확보한 지역문화 자료를 체계적인 지식으로 재구성하는 연습을 거쳤다. 학생들은 답사의 전 과정을 거치고, 지역문화자원의 소중함을 깨달으면서 지식활용 역량을 함양하였다. 본 수업은 현지조사 프로젝트 기반 협동학습 모형을 사용한다. 현지조사는 사전활동-체험활동-사후활동이라는 순환적 과정으로 이루어져 있으며, 학생들은 3회의 현지조사를 위한 답사활동을 통해서 이런 과정을 반복 숙달할 수 있었다. 연구참여자들은 이러한 과정을 통해서 지식이 구체적인 결과물로 도출되는 것을 이해하였다.

"본 수업은 필드워크로 나가는 수업입니다. 필드워크로 나가기 전에 대략적인 문헌연구와 간단한 인터넷 조사를 하게 됩니다. 그리고 필드워크를 나가면서 필요한 자료를 수집하고 조마다의 주제에 맞게 콘텐츠를 정하고 조사하였습니다. 필드워크를 하고 난 후, 조원들끼리 모여 모았던 자료를 주제에 맞게 분류하고, 체계적으로 콘텐츠화할 수 있었습니다." (연구참여자 1)

본 수업은 인천이라는 지역의 문화와 역사를 수업의 주제로 사용하며, 지역문화의 축적된 총제라 할 수 있는 박물관을 활용하였다. 수강생들이 거주하거나 학업을 수행하는 지역의 향토자원을 활용하는 경험을 하면서, 지역에 새로운 관점을 가지게 되며 애향심을 기르고 지역문화의 정체성을 확인할 수 있었다. 본 수업의 학생들은 자신이 거주하고 있는 지역에 얼마나 효과적인 학습 자료가 있는지를 확인하고 예비교사로서의 학습현장을 준비를 하는 계기가 되었다.

"인천이라는 지역의 문화를 단지 교실에서 이론적으로 배우는 것이 아니라 직접 보고 듣고 느끼며 지역문화를 경험할 수 있었다." (연구참여자 2)

"중구에는 개항장 일대에 근현대 개항문화유적지가 인접해 있어서 그와 맞게 차이나타운, 각국공원, 건물복원 등 중구만의 특색을 드러낸 무언가를 하기 쉬워 보입니다. 수업 때 갔던 박물관 외에도 방문하는 지역의 콘텐트화가 쉬울 것 같습니다." (연구참여자 10)

연구참여자들은 기존의 지식에서 더 나아가 확장적이고 창의적인 사고를 경험하였다. 교수자는 지식의 전달자이면서 새로운 지식의 탐구자이다. 예비 사회과 교사들인 학습자들은 본 수업을 통해서 현지조사를 수행하고 국제학술대회까지 참가하면서 평소에 경험하지 못한 경험을 통해서 자신의 사고가 확장되는 것을 실제로 체험하였다.

> "총 세 번의 답사를 통해 다양한 문화에 대하여 학습하였고, 자연스럽게 우리와는 다른 문화를 인정하고 존중하는 태도 및 가치관을 형성하게 되었다. 이러한 가치관은 우리만의 문화와 가치관에 갇혀 있던 것에 벗어나서 교사로서 필요한 창의성 또한 기를 수 있었다. 이를 바탕으로 학생들이 즐길 수 있는 사회과 수업을 창의적으로 계획하는 데에 도움이 되었다." (연구참여자 6)

> "창의성을 증진시키는 것은 잘 모르지만 확장적으로 사고하는 것은 도움이 되었습니다. 박물관 답사보고서를 이용해 저는 그런 프로젝트에 참여할 수 있을 줄 꿈에도 몰랐습니다. 교사가 되어 현장에서 수업할 때 활용하기 좋을 것 같습니다." (연구참여자 10)

(3) 나눔실천人 역량

인하대의 세 번째 인재상은 나눔실천인으로 공감협동 능력과 글로벌의 역량이라는 핵심역량을 추구한다. 본 교과목을 수강한 수강생들은 협력적 의사결정과 글로벌 문화탐구에 대한 자신감을 경험하였다. 또한 학습자들은 협력적 의사결정을 통한 문제해결능력을 체험하였다. 교사가 나눔과 배려의 가치를 가지고 수업에 임할 때, 그 가치는 학생들에게 투영된다. 그러므로 교수자는 스스로 나눔과 배려의 가치를 내재화해야 한다. 본 수업의 수강생들은 협동학습의 과정과 답사내용, 교수자의 역할을 통해서 이러한 가치를 이해할 수 있었다.

협동학습의 전제 자체가 모든 구성원들이 협력을 통해서 학습하는 것이다. 이런 점에서 학생들은 협동학습에 참여하면서 나눔과 배려의 가치를 배울 수 있다. 그러므로 예비교사로서 학생들은 본 수업을 통해서 이러한 공감협동의 가치를 경험할 수 있었다.

“저의 조에 가장 나이가 어린 친구랑 5살 이상의 차이가 났습니다. 지역문화자료를 수집하면서 서로 그 자료에 대해 느끼는 바가 달랐고, 자료에 대한 생각도 달랐습니다. 그러나 인터넷과 같은 보조자료를 활용하면서 서로가 가지고 있는 특수성을 조금이나마 이해할 수 있었으며 결과를 도출하는 데 있어 합의점을 찾을 수 있었습니다.” (연구참여자 7)

“여러 번의 답사 및 교수님의 강의를 통하여 다양한 문화에 대한 지식, 그리고 다양한 문화를 있는 그대로 존중하는 가치관을 형성하게 되었다. 이는 조원들과 협동수업을 할 때 다양한 문화적 사회적 가치관과 태도를 지닌 조원들을 이해하고 존중해서 하나의 과업을 협동적으로 달성하는 데 큰 도움을 주었다.” (연구참여자 6)

바람직한 참교사가 되기 위해서는 교사들을 이끌어 줄 수 있는 참교수자가 있어야 한다. 훌륭한 교수자가 되기 위해서는 롤 모델이 존재해야 한다. 협동학습에서 발생할 수 있는 상황에서 교수자의 적절한 개입이 중요하다. 교수자를 통해서 학습자들의 갈등이 중재되고 협동학습이 활발히 진행되는 것을 경험하였다.

“앞서 언급한 것처럼 하나의 주제를 정해도 조원들마다 생각하는 방향이 달랐습니다. 예를 들어 한국의 최고 철도인 경인선을 두고도 기능론적인 사고를 하는 학습자가 있는 반면, 갈등론적인 사고를 하는 학생들도 있었습니다. 연구 주제의 결론을 내야 하는 상황에서 주제를 폭넓게 이해할 수 있도록 교수자의 도움이 있었습니다. 이러한 상황에서 교수자의 안내나 팀원들과의 적절한 토론이 문제를 해결하는 데 도움이 되었습니다." (연구참여자 5)

연구참여자들은 지역문화 탐구에서 얻은 역량을 바탕으로 글로벌 문화 탐구로 이어지는 자신감을 가지게 되었다. 이러한 경험은 본 수업이 영어 수업 및 다양한 글로벌 경험을 제공하고 방법론과 내용에서 적절한 지식을 제공함을 통해 얻게 된 것이다. 본 수업은 주로 영어 강의로 진행되기 때문에 수강 학생들은 영어에 대한 두려움이 있었음에도 불구하고 영어에 대한 자신감을 얻었다. 그뿐만 아니라 학기말에 열린 국제학술대회의 포스터 발표에 참여하면서 국제적 감각을 획득할 수 있었다.

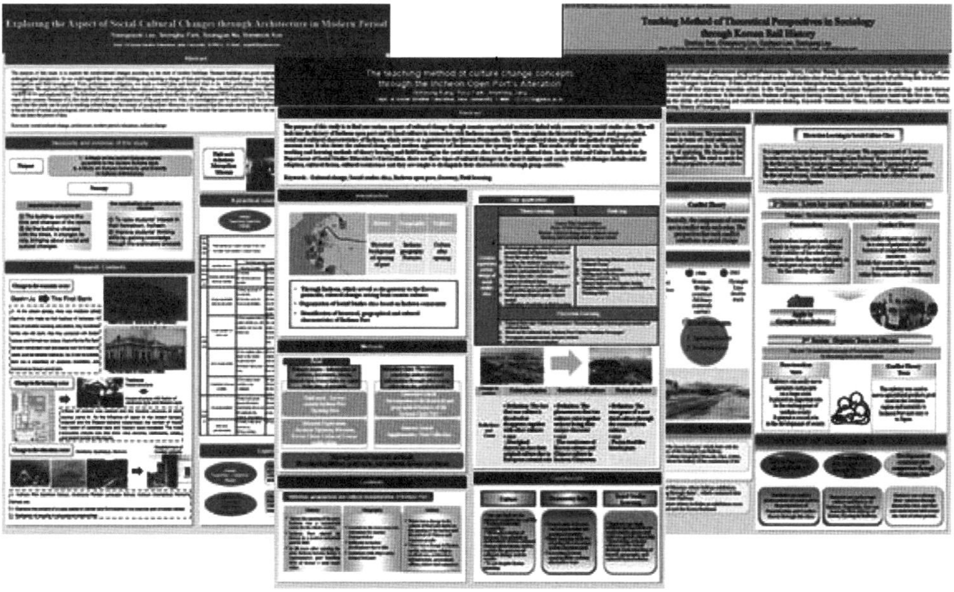

"본 수업은 영어로 진행되는 수업이고 필드워크로 나가면서 현지조사를 약식으로나마 경험할 수 있었습니다. 그리고 ICME라는 다문화국제학술대회에 참가할 수 있었습니다. 이는 학부생 신분으로 매우 이례적인 경험이라 생각합니다." (연구참여자 1)

"강의가 영어로 이루어지며 결과물 또한 영어로 작성하였고, 이러한 경험은 어떤 활동을 할 때 영어로 결과물을 만들어 제출할 수 있다는 생각을 가지게 해주었습니다. 또한 이러한 생각은 지구촌 시대에 다양한 문화의 사람들에게 지역문화와 같은 특정한 내용을 전달할 수 있다는 생각으로 이어졌습니다." (연구참여자 11)

방법론적 측면에서 지역문화 탐구와 글로벌 문화 탐구는 다를 바가 없다고 본다. 연구참여자들은 지역문화를 연구한 경험을 글로벌 문화 탐구에 대한 시도로 자연스럽게 연결시켰다. 또한 지역문화에 관한 지식을 확장하여 세계문화 탐구로 연결시킬 수 있는 자신감을 가지게 되었다.

"지역을 잘 아는 것은 결국 글로벌을 위한 첫걸음이라고 생각하고 그 역량과 자신감을 기를 수 있었습니다." (연구참여자 4)

"본 수업에서 가장 먼저 배웠던 것은 자료의 힘이었습니다. 지역문화를 이해하는 데 있어 박물관을 답사하고 그 과정에서 얻는 자료를 바탕으로 지식의 영역을 확장시키는 것이었습니다. 이러한 경험을 통해서 자신이 위치하고 있는 지역의 문화나 역사적 배경을 이해하려면 어떻게 해야 하는지 그 방법을 정확히 배웠다고 생각합니다. 수업에서 배운 내용을 바탕으로 글로벌 문화를 탐구한다면 보다 더 쉽게 접근할 수 있다는 자신감이 생겼습니다." (연구참여자 5)

3) 학습자 간의 상호작용

현지조사 협동수업의 성공적 요인으로 학습자 간의 상호작용이 강조되었다. 긍정적 상호의존은 협동학습에서 중요한 관건이다. 이와 같은 상호의존이 자신의 역할을 결정하고 실행하는 계기가 되는데, 참여자들은 긍정적 상호의존을 바탕으로 학습 성취에 이르게 된다. 또한 타자와의 관계에서는 학습자로서 서로를 동등한 객체로 인식하고 친밀감을 형성하게 된다(김영순 · 김기화 · 오영섭, 2019: 27-30).

(1) 긍정적 상호 의존

개별과제 수행에서 성취하기 어려웠던 학습과업이 협동학습 구조에서 실현되는 경우가 있다. 이는 협동학습 과정에서 경험한 집단 내의 긍정적 상호의존성(positive interdependence)이 학습효과에 영향을 미치기 때문이다. 본 현지조사 협동학습에 참여한 학습자들은 학업수행에서 스스로 취약한 점이 무엇인지 구체적으로 인식하고 있었으며, 다른 구성원들이 자신의 부족한 부분을 보완해 주었다고 이야기하였다. 모둠의 구성원으로부터 도움을 받은 학습자는 집단에서 자신이 기여할 수 있는 일을 능동적으로 수행하게 되는데, 이는 다른 학습자를 도와주는 역할을 포함한다. 결과적으로 학습자 간에 주고받았던 긍정적 상호보완은 연대감을 형성시키고, 나아가 공동체의식으로 발전하게 된다.

Johnson과 Johnson(2002)은 협동학습에서 도움을 제공하고 도움을 받아들이는 긍정적인 상호의존성을 경험하게 되는데, 긍정적 상호의존성의 경험은 협동학습의 질을 결정짓는 중요한 요소로 보았다.

본 연구결과에서도 협동수업에 대해 긍정적인 반응을 보인 대부분의 참여자들은 상호의존성을 경험했을 가능성이 크며, 학습효과의 측면에서도 만족하고 있었다.

> "제가 약간 그런 역사 부분에 대해서 얘기하는 게 있었는데 여기서 제가 이런 역할을 수행하면서도 되게 미안하고 아쉬웠던 건 제가 아직 좀 역사에 대한 공부가 좀 약간 얕아서 약간 모르는 부분도 많아가지고 그러한 점은 조금 아쉬웠지만 다른 조원들이가 모르는 부분은 다 같이 인터넷으로 해 와서 이런 게 되게 고마웠던 거 같아요." (연구참여자 9)

(2) 친밀감 및 상호 존중

현지조사 협동학습 수업에 참여한 연구참여자들은 과제 수행에 앞서 선행되어야 하는 것으로 집단 구성원 간의 친밀감 형성을 제시하였다. 대부분 협동수업에서 처음 만나는 소통 참여자와 집단을 형성하게 된다. 학습자는 집단의 목표를 이루어 나가는 과정에서 다른 학습자들과 관계를 어떻게 설정해 나아갈지 결정하며, 집단 역동에 따라 관계는 변화하기도 한다.

협동학습은 공적 활동이지만 구성원 간의 사적인 친밀감에 따라 학습결과는 달라질 수 있다. 집단에서는 나이, 학년이나 능력에 따라 서열이 생기기도 한다. 협동학습에서 서열은 암묵적인 권력구조를 형상하고 집단 역동은 경직되며 친밀감은 기대하기 어려워진다. 참여자들은 집단 내에 위계가 형성되지 않도록 노력하고 있었으며 학습자라는 동등한 위치에서 협업을 이루어 나가고 있었다.

"친밀감이 바탕이 되어야 한다고 생각하는데 저의 조는 ○○ 오빠가 저희 보다 나이가 많은데 권위적인 게 아니라 오빠처럼 하고… 저희도 오빠한테도 이렇게 하면 어때요? 자연스럽게 이렇게 하다 보니까 '○○ 오빠!' 이렇게 반갑게 인사하고 개인적인 이야기나 친분 관계가 있다 보니까 서로 동등한 객체로서…." (연구참여자 4)

"이번 팀 활동에서는 동등한 위치에 있는 게 제일 중요해요. 동등한 위치에 있을 때 이걸 전제로 해야 의사소통도 되는 거고, 서로 존중해야 해줄 수 있는 거고… 또 상대방의 의견이 내가 제일 필요하고 받아들이는 것도 수용의 모드가 되고 있는 거 같아요." (연구참여자 5)

(3) 역할 균형과 조화의 경험

현지조사 협동수업에서 참여자들 대부분은 다른 구성원과 갈등을 경험하지 않았던 것으로 드러났다. 협동수업에서 특정 구성원의 무임승차는 갈등의 원인이 되는데, 역할 분배에 있어 자발적인 참여가 이루어졌으며, 긍정적인 상호보완성이 작용한 것으로 해석된다. 참여자들은 이전의 협동학습 경험에서 어려웠던 점으로 균등한 '역할 분담'이라고 토로하였다. 그만큼 협동수업에서 역할 분담은 민감한 이슈가 될 수 있는데, 자신이 더 많은 기여를 했지만 같은 보상, 즉 점수를 받는 것이 불공평하다고 느끼기 때문이다.

협동수업에서 강조되는 책임감이 본 연구결과에서 부각되지 않은 이유는 역할이 골고루 분배되어 책임감의 무게는 상대적으로 느끼지 못했기 때문으로 해석된다. 자발적으로 역할을 맡았다면 수행하려는 책임감도 높고, 역할에 대한 불만은 상대적으로 적다. 각자의 맡은 역할을 책임 있게 수행하고 부족한 부분을 서로 보완해 나갔기 때문에 이상적인 협동학습이 이루어진 것이다.

> "예전에는 역할 배분을 할 때 좀 어려움이 많았었는데, 여기서는 말을 안 해도 자연스럽게 자신의 역할들이 다 정해져서 너무 좋았던 거 같아요." (연구참여자 5)

> "각자 역할을 잘 분배해주고 그래서 불만이 없어요. 저는 주제를 잡고 형은 가능성을 제시해 주고 나머지 두 분은 자료에 대한 검증, 조사 이런 것들에 대해서 확실하게 양쪽을 잡고 해주니까. 그래서 갈등이 없었던 이유 중에 하나가 밀어 주는 사람이 있으면 당겨주는 사람이 있어야 되는데 그게 좀 잘 맞아서 더 잘 되었던 거 같아요." (연구참여자 6)

4) 교수자-학습자 간의 상호협력

성공적인 현지조사 협동수업의 요인으로 교수자-학습자 간의 상호협력 관계가 부각되었다. 현지조사 협동수업에서 교수자와 학습자는 더 빈번하고 밀접하게 상호작용이 이루어지기 때문에, 교수자와 학습자와의 관계형성은 학습동기를 유발하는 핵심요인이다. 본 현지조사 협동학습 경험 연구에서 얻은 결과는 교수자의 즉각적이고 정확한 피드백이 학습효능감을 높여주는 것으로 나타났다는 점이다. 또한 학습 촉진자로서의 교수자 역할은 학습자의 자율성을 존중하고 구성원 간의 상호작용을 증가시키게 된다(김영순 · 김기화 · 오영섭, 2019: 31-32).

(1) 적극적인 의사소통

현지조사 협동수업 진행 시 교수자는 인접한 거리에서 학생들의 학습과정을 확인하고, 필요한 부분에 대해서는 바로 피드백을 제공한 것으로 드러났다. 연구참여자들은 낯선 현장에서 무엇을 어떻게 해야 할지 모르는 경우가 많고, 학습이 제대로 이루어지고 있는지 학습과정에 대해 확신을 받길 원한다. 이때 교수자의 정확한 피드백은 학습효능감에 영향을 주는데, 긍정적 · 부정적 피드백 모두 유용할 수 있다. 부정적 피드백을 통해 서로 격려하며 새로운 방향을 제시할 수 있으며, 긍정적 피드백을 통해 자신감을 갖게 되어 학습효능감은 더욱 높아지게 된다.

협동학습에서 교수자가 진행사항에 대해 추상적인 피드백을 준다면 학습자들은 진행이 잘 되고 있는 것인지 알 수가 없다. 그 때문에 오히려 불명료한 피드백은 집단효능감에 부정적인 요소로 작용한다(문지윤 · 신태섭, 2015). 본 수업은 언제든지 교수자에게 학습과정에 대해 부담 없이 질문할 수 있는 자유로운 분위기가 조성되었다. 연구참여자들은 교수자의 수업 전체를 관리할 때는 안내자로서, 개별적으로는 학습요구에 적합한 피드백을 제공한 것과 같은 적절한 역할수행에 대해 높이 평가하고 있었다.

> "처음에 답사 갔다 온 거에 대해 보고서를 쓰고 검사를 받고 나서 교수님이 피드백을 즉각 즉각 해주셔서 저희가 많은 감동을 받고 그랬거든요."
> (연구참여자 1)

> "항상 교수님께서 조별로 다니시면서 어떻게 진행이 되고 있는지 뭐 어

려운 점은 없는지 봐주시고 피드백을 해주셔서. 원래 협동학습을 할 때 교수님한테 질문을 하기가 좀 불편한 게 많았었는데… 이 수업에서는 교수님한테 저희가 편하게 '이 부분은 어떻게 할지 모르겠다' 질문도 많이 드릴 수 있어서 좋았고, 현지조사 나갔을 때 교수님이 직접 앞에서 설명해 주시는 게 저는 가장 인상이 깊었던 거 같습니다." (연구참여자 3)

"저희가 활동을 통해서 이야기를 하자고 했을 때 교수님의 피드백이 바로바로 일어나요. 바로바로 즉각적인 피드백이 받았었고, 다 파악을 해서 교수님이 '이거는 좀 적절하지 않은 거 같아' 이렇게 적극적으로 피드백을 해주셨거든요." (연구참여자 4)

(2) 학습자의 자율성 존중

교수자는 현지조사 협동수업 시 학습자의 자율성을 극대화하는 의사소통 전략을 활용한 것으로 나타났다. 특히 현장중심으로 학습이 진행될 때 교수자는 구체적인 설명이나 정보를 제공하기보다 학생들 스스로 탐색하고 지식을 구성할 수 있도록 하였다. 학습자들은 다른 구성원들과 협력을 통해 학습전략을 세우게 되며, 집단 내의 피드백을 통해 자체 평가를 수행하였다.

이순덕 · 김가연(2015)의 연구에서는 학습공동체 활동 후 자기주도적 학습능력 향상에 유의미한 변화를 보였는데, 이는 학습공동체에서의 상호작용의 결과로 보인다. 교수자가 학습과정에서 학습자의 자율성을 존중할 때 집단 내에서는 더 자유로운 학습활동이 촉진되며, 결과적으로 자기주도적 학습능력이 향상되는 것으로 해석된다.

"학습목표를 세우고 본인들이 학습전략을 선택하고, 성취를 하고 이런

부분들이 도움이 되었던 거예요." (연구참여자 5)

"그렇게 하다 보니까 저희가 더 많이 생각하게 되더라구요. 근데 교수님이 엄청 구체적으로 어떻게 해라라고 하셨으면 그게 교수님이 하시는 과제가 되지 않았을까. 근데 교수님께서 그냥 힌트만 주시는 정도로 피드백을 해주시니까 저희가 더 많이 생각을 해볼 수 있었던 거 같아서 좋았던 거 같고…." (연구참여자 9)

5. 마무리

다문화 사회에서 다양한 문화적 배경을 지닌 개인들 간의 갈등이 상존할 수 있는 것은 당연한 것이다. 그러나 이런 갈등을 함께 어울림의 공존으로 가져가는 것은 그 해당 사회의 지속가능성의 보장은 물론 개인의 삶의 질 향상에도 기여한다. 필자는 2017년에 단독 저서 『다문화 사회와 공존의 인문학』을 통하여 공존이란 평화롭고 안정된 상태가 아니라 네 가지 사회적 상호작용인 경쟁, 갈등, 교환, 협동의 과정이 해당 사회 구성원 간에 활발하게 이루어지면서 서로를 이해할 수 있는 제도와 생활 방식을 만들어 가는 동적 상태를 의미한다고 주장한 바 있다.

우리는 이러한 사회적 상호작용이 타자와의 일상생활에서 무의식적으로 빈번하게 이루어진다는 것을 인지하지 못한다. 우리의 일상생활 속에서 개인 간에 수많은 관계들이 형성되는데, 그러한 관계에 사회적 상호작용의 역학이 작동한다는 것, 그리고 상호작용이 협동으로 귀결된다는 것을 알아야 한다. 또한 협동 안에서 갈등과 경쟁 그리고 교환이 발생하면서 공존을 위한 변증법적 과정이 일어난다는 것을 인식해야 한다. 이 수업에서 대학생 학습자들은 현지조사를 통해 사회적 상호작용을 활발하게 경험되고, 자신의 임무 완성이 팀의 성공은 물론 타인들과 선을 이루는 방법임을 인지한다.

대학생 학습자들은 현지조사 협동수업을 통해 역지사지의 입장에서 다문화 배경 이민자들의 문화적응 과정에서 나타나는 처지를 이해하고, 나아가 공존의 가치를 인식하게 되었다. 아울러 대학생 학습자들은 다문화 사회에서 타자가 오히려 나를 이해하기 위한 도구라는 사실을 실감하게 되며, 또한 타자에 대한 인정과 협력 그리고 타자에 대한 존중감 및 연민과 연대가 필요함을 느낄 수 있었다.

문화 안에 존재하는 각 개인들의 '만남'과 '관계'가 역동적으로 이루어지는 것이 '상호문화성'이다. 이러한 역동성은 '나의 것'과 '낯선 것'을 동시에 표현하며, '낯선 것'과의 접촉은 언제나 나 자신에 대한 지각모델에 따라 성찰이 이루어진다는 것을 보여준다. 교육학의 관점에서 성찰한다는 것은 타인과 낯선 것을 이해하고자 하는 시도이자 자기 자신을 이해하는 기회가 될 수 있다(Holzbrecher, 2004). 상호문화적 관점으로 타자를 바라보는 것은 다문화 사회를 살아가는 우리에게 필요한 것으로서, 자아와 타자 사이의 개인의 문제를 넘어서는, 문화와 문화 간에 역동적으로 이루어져야 하는 성찰의 과정으로 행해져야 하는 것이다. 따라서 '상호문화성'은 문화 간 경계를 허물고, '초문화성'과 '다문화성'을 극복할 수 있는 문화적 침투와 상호작용을 허락하는 다문화 사회의 기본 철학이다.

이러한 상호문화적 관점을 교육학적으로 실천할 수 있는 유일한 학습방법이 바로 협동학습이라고 본다. 특히 현지조사는 구성원들이 무한책임을 지녀야 공동의 목표를 완수하고 성공 여부를 가름할 수 있는 교육의 장이다. 본 연구는 치열한 경쟁학습을 기반으로 한 사회문화적 맥락 하에서 벗어나 학습자 간의 상호 조화와 협동이 전제로 이루어지는 현지조사를 기반으로 한 협동수업의 경험과 의미를 탐색하였다. 특히 지식의 공유 및 확장, 공동의 학습 목표 달성, 학습자의 역량 확보, 예비 사회과 교사의 전문성 확보 영역을 구분하여 기술하였다. 협동학습에서 개인의 성장을 위해 집단 내 구성원들의 노력이 불가피하며, 이때 개인의 성장은 집단 공동의 목표 성취와 긴밀하게 상호 영향을 준다.

협동학습에서 집단의 성과를 위해 타자와 지식을 교류하는 등과 같은 긍정적인 활동은 개인의 성장을 고무시키며, 결과적으로 타자와 함께 성장하는 의미를 구축하게 된다. 현지조사 협동수업에 참여한 대학생들은 집단 공동의 학습 목표 달성에 대해 긍정적으로 평가하고 있었는데, 이는 집단 목표뿐만 아니라 개인적인 학습 성취와 성장의 의미를 포함하고 있다. 현지조사 기반 협동수업의 성공적 요인으로 학습자 간의 상호작용이 강조되었다. 상호의존은 자신의 역할을 결정하고 실행하는 계기가 되는데, 참여자들은 긍정적 상호의존을 바탕으로 학습 성취에 이르게 된다. 또한 타자와의 관계에서는 학습자로서 서로를 동등한 객체로 인식하고 친밀감을 형성하게 된다.

대학생들이 경험한 현지조사 협동학습에 나타난 결과가 주는 시사점은 다음과 같다. 협동학습은 단순히 서로 의존하고 협력하여 학습효과를 증진시키는 작용도 있지만, 학습자들은 현지조사 활동을 통해 수행한 협동학습에서 나타나는 도덕적 의무감이 공존하는 사회를 만들어가는 초석임을 알 수 있게 된다. 사람들은 치열한 경쟁사회에서 생존방법부터 터득해야 하기에 경쟁학습구조에 익숙해져 있다. 경쟁적인 학습 분위기는 서로 상생할 수 있는 협동학습 분위기로 전환되어야 하는데, 이를 실현할 수 있는 교수법이 체험활동을 전제로 하는 현지조사 협동학습이라고 판단한다. 이번 장에서 다룬 현지조사 활용 협동학습은 다문화 사회의 시민 윤리 강령으로 간주되는 타자 이해를 위해 기여할 것이다.

6장 열린 수업과 협동학습 경험

1. 미래 교사 역량을 위한 협동학습

현대사회는 인구의 초국적 이동과 첨단 기술의 발달로 인해 정치, 경제, 문화, 산업 등 사회 전반적으로 혁신과 변화의 흐름이 이어지고 있다. 이른바 4차 산업 혁명이란 문명과 문화의 전환은 교육 패러다임의 변화를 가져왔고, 나아가 그 변화를 당위적으로 요구하고 있음을 교육현장에서는 자각할 필요가 있다. 특히 예비 교사 양성을 목적으로 하는 교원양성기관은 이런 변화에 민감하게 반응하여 미래 사회를 대비할 교원 양성의 정책과 방법을 모색해야 한다. 사회 구성원으로서 시민은 사회의 지속 가능성과 발전을 주도하는 주축이 된다. 따라서 시민이 가진 역량을 개발하는 것이 시민 양성의 기본이 되어야 한다. 이런 의미에서 민주시민, 세계시민, 미래시민 등 다양한 사회적 측면의 특성들에 유연하게 대처할 수 있는 시민 양성의 중요성이 대두되고 있다(김영순 · 윤현희 · 이영희, 2018).

사회과 교육의 영역에서 교육 활동은 시민으로서 갖추어야 할 역량을 강화하는 수단이 된다. 끊임없는 지식과 정보의 창출, 급격한 사회적 변화에 따라 시민에게 요구되는 능력 또한 점차 다양해지고 있다. 사회 전반에 대한 지식을 기반으로 한 공동체 구성원으로 살아갈 수 있는 정의적 태도 이외에도 핵심역량으로 부각된 창의적 사고력, 문제해결력, 의사소통능력, 실천하는 태도 등 변화에 대처할 수 있는 시민의 자질을 갖추어야 한다.

교사는 교육의 질과 효과를 담보할 수 있는 인적 자원이자, 교육 실행 주체라 할 수 있다. 교사는 사회의 흐름에 민감하게 반응하고, 미래 시민을 양성할 수 있는 지식과 정보를 습득해야 하며, 그것을 교육현장에 도입하고 활용할 수 있는 교수 역량을 갖추어야 한다. '교육은 교사의 질을 능가할 수 없다'라는 말을 흔히 듣게 된다. 이 말은 우수한 인재가 교육자가 되어 교육의 일선에서 학생지도를 하는 것이 교육의 효율성을 올릴 수 있다는 의미일 것이다. 이런 맥락에서 교육을 실행하는 교사의 역할이 중요하며, 급격한 사회 변화에 대처할 수 있는 교수적 역량을 기르는 것이 강조되고 있다. 교사의 역량 강화와 관련하여 미래 교육을 책임질 예비교사의 역량의 재구조화와 교사양성 과정 전반에 걸쳐 교수학습방법의 변화가 필요하다는 의견이 제기되고 있다(손유진, 2004).

우리나라의 예비교사 교육은 교육자로서의 전문성 신장과 직접적으로 연계되지 못한다는 한계를 가진다(장언효, 2002). 실제로 예비교사 교육의 문제점과 관련된 연구들은 교사 양성과정이 이론중심 수업을 행하고 이론과 현장과의 괴리가 있으며, 학교 현장의 실제적 문제를 반영하지 못한다는 한계 등을 지적하고 있으며 이와 더불어 예비교사 교육 프로그램 개선방안을 모색해야 함을 주장하였다(김순희, 2009; 성열관, 2005; 이정선, 2005; 이지현, 2009; 조덕주, 2009). 따라서 교원양성 과정의 한계점을 극복하고 세계의 다부문적 변화에 대처할 수 있는 예비교사 교육으로 전환되어야 한다(김민정, 2010).

교사교육의 방향은 구성주의 이론을 기반에 둔다. 교사는 경험을 통해 과거의 경험에 기초한 새로운 구성적 지식을 끊임없이 생산할 수 있는 지식 재구성자로 거듭나야 한다(한승희, 2000). 예비교사들의 교사교육에 관한 학습과 다양한 경험은 교육적 가치관과 교사로서의 인식과 태도를 형성하는 바탕이 된다. 예비교사 양성과정에서 형성된 가치관과 태도는 교육현장까지 이어진다(김희필 · 김영용 · 김효심, 2008). 실제로 여러 연구들에서 교사의 경험을 통해 형성된 지식과 사고 능력, 학습능력 등이 교수자로서의 인식과 태도 및 교수활동에 긍정적으로 작용하고 있음이 보고되고 있다(손유진, 2004; 송연숙, 2004; 엄미리, 2010).

전술한 바와 같이, 경험은 교사의 교육적 인식과 태도를 형성하는 기반이 될 뿐 아니라 교수활동의 다양성과 질적 제고를 유도할 수 있는 중요한 교육적 수단이 된다. 이러한 경험은 학습에도 필수적이다(윤성철, 2018). 교육은 경험의 재구성이며(Dewey, 1916), 학습은 경험에 바탕을 둔 계속적인 과정이다(Kolb, 1984). 학습자는 경험을 통해 학습하고, 경험을 통해 성장한다.

이러한 교육적 경험에 기반을 두었을 때, 예비교사 양성 프로그램은 미래 교육의 질과 학습자의 성장에 영향을 미치는 중요한 요인으로 작용하게 될 것임을 예측할 수 있다. 따라서 교사양성 과정에서부터 교육자로서 올바른 가치관과 태도를 형성하고, 학습자들에게 긍정적 영향을 미칠 수 있는 실제적인 경험들이 제공되어야 한다. 이런 점에서 협동학습은 중요한 의미를 갖는다. 학습자 중심, 맞춤형 교육을 중시하는 교육의 패러다임은 교사가 학습자 주도적 지식 형성과정을 돕거나 촉진하는 역할을 해야 함을 강조한다(박민정, 2007). 즉, 교사의 일방향적 지식전달 교육에서 벗어나 학생 활동 중심의 수업으로 바뀌어야 하는 것이다(김영순 · 최희, 2018). 협동학습은 구성원들 간의 긍정적 상호작용에 기반한 공동의 목표 달성을 목적으로 하는 학습자 주도적, 활동중심 수업이다. 협동학습은 학습자의 직접 경험과 자발적 참여가 전제되어야 한다. 따라서 협동학습을 통해 협력의 교육적 가치를 경험한 예비교사들은 그러한 가치들을 반영한 수업을 미래 교육 현장에서 계획하고 실행할 수 있을 것으로 기대된다.

이번 장은 사회 변화에 대응할 수 있는 시민양성의 역할을 담당하는 교육의 중요성과, 미래 시민을 양성하는 책임을 맡게 될 예비교사 교육 전환의 필요성, 그리고 교육적 경험의 중요성에 대한 인식을 바탕으로 시작되었다.

본 연구는 인하대 사범대학 사회교육과 1학년의 전공기초 과목 '문화와 교육' 수업에 참여한 학습자들을 대상으로 한다. '문화와 교육' 강좌는 일반사회과 교사로서 갖추어야 할 지식과 능력을 함양하고자 하는 목적을 가진 사회문화 영역의 협동학습 수업이다. 이 교과는 고등학교 사회문화 교과를 교수할 예비 사회과 교사들에게 사회문화 교과의 기본지식을 교육학적으로 검토하도록 하는 데 목적을 둔다. 실제로 사회문화 교육과정의 성격과 목표는 다음과 같이 2015년 개정교육과정에 명시되어 있다. 사회문화 교과의 성격은 "다양한 사회 · 문화 현상을 대응하고 사회 문제를 해결하여 민주 시민으로서 참여할 수 있는 능력을 육성하기 위해 개설된 과목이다." 또한 사회문화 교육과정의 목표는 "현대 사회의 특성과 변화 양상을 파악하고 이에 대한 탐구 방법을 습득하여 스스로 사회 · 문화 현상에 대한 지식과 관점을 형성할 수 있는 능력을 함양한다"라고 명시적으로 밝히고 있다.

이러한 사회문화교육의 성격과 목표를 반영하여 수업을 설계하고 협동학습을 기본으로 하여 교수학습과정을 수행하였다. 연구수행을 위해 '문화와 교육' 수업을 수강한 예비교사들의 협동학습 수행과정과 협동학습 경험을 분석하고, 그러한 경험을 통해 미래 교사로서의 수업실행에 관한 인식에 어떠한 시사점을 얻었는지에 대해 고찰하고자 한다.

2. 협동학습과 사회과 교육과정

1) 협동학습과 사회과의 관계

인간은 사회적 존재로 상호의존적 관계를 맺고 살아간다. 특히, 오늘날과 같은 다문화적 환경은 사회를 함께 살아가고 있는 다른 문화권 사람들 간의 상호의존은 필수적이다. 사회적 상호작용은 다양한 개인들 간의 관계 형성에 긍정적으로 작용한다(김영순, 2017). 따라서 교육은 상호의존적 사회를 살아가는데 필요한 사고나 소통기술 등과 같은 사회적 기능을 신장시킬 수 있도록 변화해야 한다(배성호, 2004).

사회적 상호작용 상황 속에서 긍정적인 상호의존이 전제될 때, 그것은 협동이라 표현된다. 협동학습은 구성원들 간에 과제를 분배하여 개인의 책무성과 더불어 공동의 문제 해결을 위한 상호의존을 강조한다. 즉, 공동의 목표를 달성하기 위해 다른 사람들과 협력하고, 다양한 관계를 추구하며 학습 효과를 최대화하기 위한 목적을 갖는다(김영순, 2017). 또한 학습자의 긍정적 자아개념, 책임감, 학습동기 고취 등의 긍정적 효과를 나타낸다(권정화 · 이보영 · 배성호, 2004).

사회과의 목표는 사회 구성원으로서 살아가는 데 필요한 지식과 기능을 익혀 민주시민으로서의 자질과 태도를 갖출 수 있도록 하는 데 있다. 2015 개정 사회과 교육과정에서는 의사소통 및 협업능력을 새로운 민주시민의 자질로 제시하며, 타인과 긍정적으로 상호작용을 할 수 있는 민주시민 양성에 중점을 둔다(교육부, 2015).

사회과에서 강조하는 창의 사고력, 비판적 사고력, 문제해결력 및 의사결정력, 의사소통 및 협업 능력, 정보 활용 능력 등의 민주시민의 자질은 협동학습을 통해 길러질 수 있다. 강의식 수업은 정보전달에는 효과적이지만 교사와 학생, 학습자 간의 상호작용이 제한되는 한계가 있다. 협동학습은 학습자의 능동적 참여를 기반으로 경청, 토의와 토론, 상호작용, 존중과 배려 등의 사회적 기능들을 습득하게 한다(정문성 · 최현희 · 전영은, 2017). 따라서 협동학습은 학습자의 인지, 기능, 정의적 영역의 발전을 도모할 수 있는 효과적인 교수학습 방법이라 할 수 있다.

협동학습은 공동의 목표 달성을 위해 이질적인 구성원들이 긍정적으로 상호작용 하고 협동하는 기본 구조를 갖는다. 협동학습 주창자들은 '우리 사회는 경쟁 사회이며 학교도 학생 개개인의 경쟁력을 길러주는 장이 되어야 한다'는 인식을 불식시키기 위해 노력한다. 협동학습을 통해 학습자는 협동적 태도를 배우게 되며, 이를 통해 타인에 대한 배려와 존중, 관계 형성, 협동 등 정의적인 영역에 있어서도 긍정적인 효과를 보인다. 이러한 정의적 영역과 실천적 태도는 우리 생활에서 필요한 협동적 삶의 기본 바탕이 된다. 따라서 협동학습은 우리의 삶과 가장 가까우며 실제적인 교육이라 할 수 있다(정문성, 2000).

협동학습은 학습자의 정의적 영역의 성장뿐만 아니라 인지적 측면의 성장발달도 유도한다. 학습자의 인지 발달은 동료 학습자들과의 상호작용에 의한 지적 자극에 영향을 받는다(Vygotsky, 1978). 협동학습 중에는 학습자들 간의 소통과 협력을 바탕으로 한 긍정적 상호작용이 활발하기 때문에 동료로부터 받는 지적 자극이 활발하다. 또한 협동학습의 구조상 구성원들과 질문, 대답, 반론, 대안제시 등 의견을 자유롭게 표현할 수 있는 환경이 조성되어 있다. 이러한 협동의 과정은 학습자 주도의 지식 습득과 정교화로 이어지므로 학습자의 지적 성장과 연결된다(이바름 · 정문성, 2011).

협동학습은 협동학습을 수행하는 팀과 구성원의 관계형성을 통한 긍정적 상호작용을 가장 강조한다. 수업의 목표는 개인이 아닌 공동의 목표 달성을 위한 모두의 책임을 강조하는 데 있으며, 결과에 대한 책임을 개인이 아닌 집단에 부여함으로써 공동체적 의식과 태도 함양의 효과도 있다. 즉, 협동학습은 구성원 사이의 상호작용을 최대화시키는 역할을 하며, 협동학습의 특징이 많이 반영된 수업일수록 더 좋은 효과를 나타낼 가능성이 높다고 할 수 있다(정문성, 2008).

사회과교육에서 협동학습을 활용하는 수업에 관한 연구와 프로그램 개발은 다양하게 이루어져 왔지만 이를 교육현장에서 수행할 예비교사들에게 적용하는 사범대학의 전공 수업, 특히 교과내용학 수업에서의 협동학습 적용은 제한이 있어왔다. 그 이유는 대부분의 교과내용학 수업이 교사가 되기 위한 임용고시를 목적으로 두기 때문에 현지조사, 프로젝트 수업 등 협동학습 기법이 개입될 여지가 부족할 수밖에 없었기 때문이다. 그러나 최근 들어 임용고시 개선 방안 등을 모색하고 있고, 임용고사 2차 관문인 수업 설계 및 수업 실연 등이 있어서 협동학습 활용 혁신 교수방법이 주목받고 있다.

2) 협동학습과 열린 수업 모형

이 연구에서는 사회과 교육의 사회문화 교육 영역의 교과내용 기초 개념을 모둠별 협동학습을 통해 팀프로젝트 방식의 수업을 진행한 후 수업 과정에서 나타나는 대학생 학습자들의 경험과 각 차시별 이들 학습자들이 경험한 성찰일지를 분석하였다. 이를 위해 필자가 설계한 강의계획서의 개요를 기술하고자 한다.

본 강의의 목표는 다음과 같다. 본 교과목은 사회교육과 1학년 전공 기초 과목이다. 본 교과는 사회과교육의 사회-문화 교육영역 중 문화 관련 학문적 기초 지식을 함양하는 데 목적을 둔다. 이를 위해 본 교과는 사회문화현상을 문화인류학을 중심으로 탐구하며, 다양한 문화를 이해하기 위한 기초 이론과 이를 바탕으로 사회문화 현상의 이해를 통해 민주시민 교육을 담당할 예비교사로서의 자질 함양은 물론 세계시민 역량을 함양하고자 한다. 이를 위해 제공되는 문화 관련 교재에 대한 독·토·논(독서-토론-논술) 모둠 활동을 통해 비판적 리터러시 능력 함양은 물론 협동능력을 제고하는 것을 목표로 한다.

이 강의를 개설한 배경과 필요성은 다음과 같이 요약될 수 있다. 우리는 늘 일상적으로 문화와 접하며 살고 있다. 그래서 문화의 힘이나 영향에 대해 간과하고 있다. 본 수업은 사회교사로서 문화가 지니는 기능과 역할에 대해 살펴보고, 다양하게 펼쳐지는 우리 사회의 사회·문화 현상을 비판적으로 성찰하는 안목을 기르는 데 그 목적을 두고 있다. 또한 본 수업은 특정한 테마 위주의 강의식 수업이 아니라 함께 만들어 가는 '열린 수업'이라는 점에 주목해야 한다. 열린 수업에서 교수는 매개자이며 주체는 학생들이다. 열린 수업에서는 문제해결력, 의사소통능력, 팀 빌딩 능력을 배양할 수 있다. 팀에게 주어진 과제를 함께 수행하면서 창의성과 협동심을 기를 수 있을 것이다. 이 수업에서 얻어갈 수 있는 감동은 자신이 만들어 나가야 할 것이다. 적극적인 참여 자세와 협동 능력이 요구되며, 자기주도적 학습능력이 필요하다.

특히 플립 러닝(역전 학습) 기법을 도입하여 선진적인, 자기주도적인 학습방법을 구현하고자 한다. 역전학습이란 학습자들인 학생들이 미리 사전 학습, 조사 등을 통해 학습을 하고 수업 시간에 각 팀별로 공부해온 내용들을 확인하고 정리한다. 그런 다음 각 조의 발표자가 발표하고 교수가 코멘트 하고 정리하는 수업 방식이다.

매 시간마다 교수자는 다음 시간의 수업 주안점과 과제를 부여하고 과제 설명 등을 강의를 통해 알려 준다. 이런 역전 학습기법과 팀 기반 협동학습은 사회과의 특성인 민주시민 양성을 위한 교육에 기여할 것이라고 판단된다. 교수자와 학습자가 한 학기 동안 참여하는 '열린 수업'의 참맛을 느낄 수 있다. 이러한 강의 목표와 배경을 포함한 주차별 강의계획서는 다음 〈표 6-1〉과 같다.

〈표 6-1〉 사회과 열린 수업 강의계획서

주차	구분	내용
1주	강의주제	• 강의 오리엔테이션, 열린 수업이란? • 사회교육과의 문화 교과목 체계
	강의내용	• 연구, 학문 수행, 연구방법 • 사회문화현상의 이해
2주	강의주제	• 문화란 무엇인가, 문화의 상대성
	강의내용	• 왜 문화의 상대성이 중요한가
3주	강의주제	• 의사소통과 문화
	강의내용	• 문화이해의 두 가지 키워드: 커뮤니케이션과 의사소통
4주	강의주제	• 문화, 교육, 의사소통
	강의내용	• 몸짓기호와 소통으로서 교육 • 인간행동과 비언어 의사소통
5주	강의주제	• 대중문화, 패러디
	강의내용	• 대중문화 낯설게 읽기 • 패러디, 짝퉁에서 대중문화로
6주	강의주제	• 대중매체와 리터러시
	강의내용	• 대중 미디어, 교육과 만나다
7주	강의주제	• 문화와 한국문화
	강의내용	• 한국인의 문화유전자: 시대별 · 세대별
8주	-	• 중간고사
9주	강의주제	• 지역, 지역문화, 스토리텔링
	강의내용	• 인문콘텐츠와 스토리텔링(인물, 지역)
10주	강의주제	• 지역문화 현지조사(1)
	강의내용	• 지역문화 현지조사방법 개요 • 지역문화 현지조사 사례
11주	강의주제	• 지역문화 현지조사(2)
	강의내용	• 현지 예비 조사수행
12주	강의주제	• 지역문화 현지조사(3)
	강의내용	• 중간발표

주차	구분	내용
13주	강의주제	• 지역문화 현지조사(4)
	강의내용	• 사회과수업으로의 적용 방안
14주	강의주제	• 지역문화조사 보고서 발표(1)
	강의내용	• 발표 및 토론
15주	강의주제	• 지역문화조사 보고서 발표(2)
	강의내용	• 발표 및 토론, 보고서 제출

다음은 학습자들이 팀별 프로젝트를 시작하기 앞서 사회문화 교육과정을 2009년 개정 교육과정과 2015 개정 교육과정을 비교하게 하여 교육과정에서 제시한 사회문화교육의 방향성을 탐색하게 하였다. 이런 작업은 일단 가정학습에서 개인적으로 조사한 후 수업시간에 모둠별 활동을 통해 개인이 조사해온 내용들을 팀 구성원들 간의 협의를 통해 정리하도록 하였다. 첫 번째 단계는 '내가 조사한 내용'과 '우리 조에서 조사한 내용'을 비교하는 것이다. 두 번째 단계는 '내가 조사한 내용'과 '다른 조에서 조사한 내용'을 비교하는 것이다. 우선 첫 번째 단계를 다음 〈표 6-2〉를 통해 살펴보도록 한다.

〈표 6-2〉 '내가 조사한 내용'과 '우리 조에서 조사한 내용' 비교

	공통점	차이점	배운 점 혹은 느낀 점
성격	다양한 사회·문화 현상에 대응하고 사회 문제를 해결하여 민주 시민으로서 참여할 수 있는 능력을 육성하기 위해 개설된 과목이다.	조별 활동을 통해 2009년도에는 '자주적', '자아의식'과 같이 개인적인 단어를 사용함으로써 개인의 발달을 중시한 반면 2015년도에는 '참여하는 공동체'와 같이 공동체적인 단어를 사용함으로써 공동체의 발달을 중시하고 있다는 것을 확인할 수 있었다.	나는 발견하지 못한 단어들을 체크하면서 차이점을 찾아낸 조원들을 보며 본받아야겠다고 생각했다. 나도 더 자세하고 꼼꼼하게 공부를 해서 조원들에게 도움이 되는 조장이 되겠다고 다짐했다.
목표	현대 사회의 특성과 변화 양상을 파악하고 이에 대한 탐구 방법을 습득하여 스스로 사회·문화 현상에 대한 지식과 관점을 형성할 수 있는 능력을 함양한다.	내가 비교한 내용에서 2009년도에는 통찰력을 강조하였지만 2015년도에는 통찰력과 더불어 실천 의지를 강조했다는 것을 찾을 수 있었다.	내가 비교해서 찾아낸 내용이 차이점으로 추가되어 들어갈 수 있다는 것을 보고 뿌듯했다. 과제의 중요성을 몸소 깨달을 수 있었다.
내용체계	① 사회·문화 현상의 탐구, ② 개인과 사회구조, ③ 사회계층과 불평등, ④ 현대사회의 변동 이렇게 4가지 영역이 바뀌지 않았다.	나는 발견하지 못했던 내용이 조별 활동을 하면서 확인하게 되었다. 2009년도의 '문화와 사회'와 '일생생활과 사회제도'가 2015년도로 개정되면서 '문화와 일상생활'로 합쳐졌다는 내용이다.	앞에 있는 부분이 똑같아서 뒤에 있는 부분도 똑같을 것이라는 생각을 갖고 자세히 비교·분석하지 않았던 나를 반성하게 되었다.
교수·학습방법	차이점 부분에서 공통점을 찾을 수 있었다. 2009년도에는 간학문적 접근 방법 습득을 강조한 반면에 2015년도에는 다각직인 이해를 위한 활동을 강조했다는 부분이다.	조별 활동에서 차이점으로 더 다양성이 존중되게 개정된 것 같다는 내용을 찾았다.	내가 개인적으로 찾은 내용과 조별 활동을 통해 찾은 내용(차이점이라고 생각하며 찾은 내용이었다) 모두 공통점에 해당되는 내용이었다. 단어가 바뀌었다고 무조건 차이점이라고 생각하지 말고, 그 뜻을 이해하고 판단해야겠다.

	공통점	차이점	배운 점 혹은 느낀 점
평가	일관성을 유지하면서 평가를 진행하고, '사회 · 문화' 과목의 목표 특성에 따라 다양한 평가가 이루어질 수 있도록 한다. 그리고 기능 영역의 평가가 추가되었다.	나는 2009년도 평가에서는 영역을 나누지 않았지만 2015년도에서는 3개의 영역 평가로 나누었다는 것을 차이점으로 찾았다.	평가 부분에서는 공통점과 차이점이 비교적 뚜렷하게 나타나서 내가 개인적으로 한 과제와 조별 활동에서 한 내용이 많이 다르지 않았다.

〈표 6-2〉는 내가 조사한 내용을 같은 모둠 내에서 협의하고 공통점과 차이점을 도출하는 비교라면, 다음 〈표 6-3〉은 내가 조사한 내용과 다른 조에서 조사한 내용을 비교하는 것이다. 이를 통해서 자신이 조사한 내용, 같은 모둠이 조사한 내용, 다른 모둠이 조사한 내용을 대조함으로써 자신의 조사 결과에 대해 객관적일 수 있으며, 다른 의견에 대한 개방성을 가질 수 있다.

〈표 6-3〉 내가 조사한 내용과 다른 조에서 조사한 내용 비교하기

구분	공통점	차이점	배운 점 혹은 느낀 점
성격	성격에 대한 내용을 적지 않은 2조를 제외하고 나머지 조와 내용이 거의 비슷하다. 특히 민주 시민으로서의 자질을 갖추도록 하는 교과라는 부분에서 많이 겹친다.	나는 2009년은 선택이고 2015년은 선택이라는 말이 없었다는 점을 차이점으로 찾았다. 하지만 2조에서는 성격에 대해 차이점을 제시하지 않았다.	교육과정이 개정되면서 어떤 점이 바뀌었고, 생략되었는지 확실하게 비교 및 분석해야겠다. 그래도 모르겠으면 교수님께 질문을 해서 바로 해결할 수 있도록 노력해야겠다.

구분	공통점	차이점	배운 점 혹은 느낀 점
목표	1조가 차이점으로 찾은 부분이 내가 조사한 내용과의 공통점이다. 2009년도에서 2015년도로 개정되면서 실천의지를 강조한다는 내용이다.	2조에서 2009년도에는 다문화 시민이라는 단어를 사용하였지만 2015년도에는 세계시민이라는 단어를 사용함으로써 민주시민보다 더 확장된 개념으로 전 지구를 공동체로 규정했다는 내용을 차이점으로 찾았다.	비슷하다고 생각해서 무심코 지나쳤던 단어들을 2조에서는 의미를 두고 분석한 것을 보고 더 넓고 깊게 바라볼 수 있는 시각을 가질 수 있게 되었다.
내용체계	내용체계 부분이 2009년도와 2015년도를 비교했을 때, 공통점과 차이점을 뚜렷하게 볼 수 있기 때문에 거의 모든 조가 비슷하다. 특히 '일상생활과 사회제도' 영역 외에 다른 영역은 유지된다는 내용은 거의 모든 조가 똑같다.	내가 발견하지 못한 내용을 6조에서 찾았다. '문화와 사회'와 '일상생활과 사회제도' 두 단원이 '문화와 일상생활' 단원으로 축소된 내용이다.	공통점과 차이점을 가장 쉽게 확인할 수 있었던 부분이었는데 나의 실수로 빠뜨린 부분이 있었다. 이렇게 비교·분석을 할 때는 하나도 빠짐없이 정확하게 해야겠다. 그래서 이번 과제는 더 꼼꼼하게 비교하고 있다.
교수·학습방법	우리 조에서 차이점이라고 찾은 내용이 2조의 내용과 똑같았다. 2009년은 간학문적 접근 방법 습득을 강조하였지만 2015년은 다각적인 이해를 위한 활동을 강조했다는 내용이다.	우리 조에서 찾지 못했던 내용을 4조에서 찾아서 차이점으로 제시했다. 교수·학습 방법을 제시하는 것에서 그치지 않고 2015년도에는 교수학습 방향까지 제시되어 있다는 내용이다.	우리 조에서는 차이점이라고 찾았지만 2조에서는 공통점으로 보는 학우와 차이점이라고 보는 학우로 나뉘었다고 발표했다. 이에 대해 교수님께서 피드백을 해주셨는데 그 점이 인상 깊었다.
평가	1, 2, 3, 6조와 공통적인 부분이 있었다. 2009년도에서 2015년도로 개정되면서 개정교육과정의 평가에 기능 영역의 평가가 추가되었다는 내용과 2009년도와는 다르게 3개의 영역으로 나눠서 평가를 한다는 내용이다.	1조에서 차이점으로 교수학습의 효율성보다 창의성과 인성을 중시했다는 내용을 제시했는데, 이 점이 나의 과제와 다르다. 나는 2009년도와 2015년도 모두 창의성과 인성을 중요시했다고 분석했기 때문이다.	다른 조에서 조사한 내용과 내가 조사한 내용이 다를 경우 교재를 찾아보거나 학우들에게 물어보며 해결했다. 하지만 그래도 이해가 되지 않는 부분은 궁금증이 생기는 즉시 해당 조에게 물어보고 해결해야겠다.

3) 협동교육 경험 연구방법

본 연구는 인하대학교 사범대학 사회교육과의 2018년 1학기(3~6월, 총 15주) 1학년 교양 필수 수업인 '문화와 교육' 수업에 참여한 예비교사들의 협동학습 경험을 탐색하고, 이러한 경험을 통해 예비교사들이 얻은 교수자적 시사점에 관해 고찰해 보고자 하는 목적을 갖는다.

'문화와 교육'의 강의계획서에 따르면, 본 교과는 사회교육과 1학년 전공 기초 필수과목으로 사회과교육의 사회-문화 교육영역 중 문화 관련 학문적 기초 지식과 태도를 함양하는 데 목적을 둔다. 이를 통해 사회교사로서 문화가 지니는 기능과 역할에 대해 살펴보고, 다양하게 펼쳐지는 우리 사회의 사회문화 현상을 비판적으로 성찰할 수 있는 안목을 기르고자 한다.

수업의 목적을 달성하기 위해 수업 운영은 학생들과 함께 만들어 가는 '열린 수업'의 형태를 취한다. 열린 수업에서 교수는 매개자일 뿐이며 주체는 학습자들이다. 열린 수업을 위해 채택한 수업모형은 협동학습이다. 협동학습을 통해 문제해결력, 의사소통능력 등을 배양할 수 있으며, 팀원들과 주어진 과제를 함께 수행하면서 창의성과 협동심을 기를 수 있다. 따라서 학습자의 적극적인 참여 자세와 협동능력이 요구되며, 자기주도적 학습능력 또한 필요하다.

특히, 플립 러닝 기법을 도입하여 학습자들이 미리 사전 학습, 조사 등을 통해 수업 주제에 관해 학습을 하고, 수업 시간에는 사전 과제를 바탕으로 팀 활동이 이루어진다. 그런 다음 각 조의 발표, 교수의 코멘트와 정리가 이어지며 각 조의 활동에 대한 성찰의 시간을 갖는 패턴으로 수업이 진행된다.

예비교사들의 협동학습 경험을 분석하기 위해 '문화와 교육' 수강생 31명 중 18명을 연구참여자로 선정하여 그들의 수업성찰 일지에서 기초자료를 수집하였다. 연구참여자는 수업성찰일지 작성의 성실성을 기준으로 매주 수업성찰일지를 작성한 18명(남 10명, 여 8명)을 선정하였다. 연구참여자의 소속과 학년, 나이는 인하대학교 사범대학 사회교육과 1학년으로 대부분 20세이다.

연구참여자들로부터 수집된 자료는 매트릭스 방법을 적용하여 분석하였다. 1차적으로 수업성찰일지를 읽으며 유의미한 구절들에 표시를 하였고, 연구참여자별로 표를 작성하여 워딩으로 옮기며 초기 데이터 디스플레이를 마무리하였다. 이후, 연구자들 간의 2차 검토를 통해 코딩 자료를 범주화하고 2차 디스플레이 작업을 수행하였다. 정리된 내용은 3차 검토를 통해 범주별 소주제 추출 작업을 거쳐 최종 분석을 마무리하였다.

분석을 위한 틀로서 협동학습을 조직, 구성원, 수업운영, 평가 영역으로 구분하여 학습자 경험을 분석하도록 했다. 다음 〈표 6-4〉는 3절에서 제시된 연구결과 기술을 위해 활용되며 협동학습의 특징을 반영한 분석틀이다.

〈표 6-4〉 협동학습의 특징을 반영한 분석틀

영역		특징	내용
조직	탐구성	이질적인 소집단	협동학습은 팀을 이루는 구성원의 배경이나 특징이 다양하며, 이는 상호작용의 극대화, 학습자의 성장 촉진 요인으로 작용함
구성원	상호작용	긍정적 상호의존성	협동학습은 구성원들 간의 배려와 협동이 전제되어야만 공동의 목표를 달성할 수 있기 때문에 긍정적 상호의존이 돋보임
	관계	대면적 상호작용	협동학습은 구성원들 간의 물리적 · 심리적 밀접한 상호작용을 강조함
	책임	개별적 책무성	협동학습 구성원은 학습 공동체로서 동료들의 학습에도 사회적 책임을 지기 때문에 다 같이 좋은 결과를 얻을 수 있도록 노력함
	기회	성공기회의 균등	협동학습은 구성원 개인의 능력에 관계없이 누구나 공동 목표 달성에 기여할 수 있도록 기회를 부여함
수업운영	목표	구체적 수업목표 설정	협동학습에서는 공동과 개별 목표가 제시되기 때문에 분명한 목표 인식하에 학습자 주도로 학습활동을 전개함
	시간	충분한 학습시간	협동학습은 수업 이전에 협동학습을 위한 준비 시간이 많이 소요됨. 구성원들은 각자 맡은 부분에 대해 수업 이전에 충분히 준비하여, 수업 시간에는 협동활동 중심으로 진행함
	방법	팀의 단합 강조	협동학습은 팀의 단합을 강조하기 위해 팀별 경쟁을 도입하여 학습 동기를 촉진시킴
	과제	과제의 세분화	팀 구성원들이 개인별로 과제를 배분하여 맡음으로써 모든 학습자들이 협동학습에 참여하도록 함
	학습	동시다발적인 상호작용	협동학습은 팀별 활동이 이루어지므로 동시다발적 학습이 이루어짐
평가	반성	성찰	협동학습 팀은 활동이나 과제 완료 후 자신들의 활동을 반성하는 시간을 가짐
	보상	집단보상	협동학습에서는 개인의 목표달성이 집단의 공동목표 달성 여부에 달려 있으므로 집단 목표 달성을 위해 긍정적 상호작용이 일어남

출처: 정문성(2008) 재구성

이런 분석틀을 제시한 이유는 상기 내용들이 모든 협동학습 모형에서 공통적으로 나타나는 것이 아니지만 다양한 협동학습 유형에서 발견되는 특징들이기 때문이다. 협동학습은 수업목표 설정에서부터 조직, 구성원, 수업운영, 평가의 학습활동 전 단계를 관장하는 교수학습 방법으로서 그 자체로 인지·정서적 성장발달을 도모할 수 있다. 따라서 이러한 틀을 통해 한 단위의 협동학습을 총괄적으로 살펴볼 수 있는 계기를 갖게 되고 교수자 측면에서는 후속 협동학습 수업 설계에 피드백을 제공할 수 있는 이점을 갖게 한다.

또한 4절의 경우 열린 수업을 협동학습 요소별로 구분하여 분석한 내용을 정리하였다. 다음 〈표 6-5〉는 학습자 경험을 분석하기 위한 협동학습 요소에 대한 내용이다.

〈표 6-5〉 학습자 경험 분석을 위한 협동학습 요소

협동학습 요소	내 용
긍정적 상호의존성	• 집단 과제의 성공적 수행을 위해 구성원들의 상호연결성과 상호 간의 노력이 결합되어야 함을 인식하는 것 • 배려와 협동에 대한 인식과 실천
개별적 책무성	• 모둠 구성원 각자가 주어진 일에 기여해야 할 책임을 지니는 것과 동시에 다른 구성원의 학습을 도와주어야 하는 책임을 지는 것
대면적 상호작용	• 집단의 목표 달성을 위해 모둠 구성원 상호 간의 노력을 촉진하고 서로 격려하며 물리적·심리적으로 밀접한 상호작용을 강조하는 것
사회적 기술	• 협동학습의 목표 달성을 위해 구성원 간의 인간관계를 촉진하고 집단 내 성취도를 향상할 수 있는 사회적 기술을 익히는 것
성찰	• 상기 네 가지 요소가 집단 구성원 상호 간의 관계에서 나타나는 특성이라면, 성찰은 그러한 관계 속에서 나타나는 개인의 내적 반성과 그러 인한 성장이 일어나는 것 • 협동학습 활동이나 과제 완료 후 개인이나 집단 활동에 대해 반성하고 성장을 위한 다짐과 개선 의지를 보이는 것

3. 협동학습 과정 분석 결과

예비교사들의 '문화와 교육' 협동학습 수업경험을 분석하는 데 있어, 분석기준의 명확성과 결과의 신뢰도 제고를 위하여 〈표 6-4〉에서 제시된 협동학습의 특징을 분석의 기준으로 삼았다. 협동학습의 조직, 구성원, 수업운영, 평가 4개 영역 중 예비교사들의 경험과 관련되는 범주 5개를 추출하였으며, 각 범주에 속하는 주제와 세부내용으로 분석 결과를 정리하였다. 다음 〈표 6-6〉은 분석결과를 표로 제시한 내용이다.

〈표 6-6〉 협동학습 과정 분석 결과

	영역	범주	주제	내용
1	조직	준비	인식	협동학습에 대한 걱정과 두려움
2	구성원	관계	배려와 존중	더불어 함께 살아가는 삶을 배움
			상호작용	소통과 존중, 협력을 통한 긍정적 상호관계 형성
3	수업 운영	방법	준비	협동학습의 성공을 위한 철저한 수업 준비
			의사소통	지속적인 의견 교류를 통한 협력체제 구축
			상호교수	상호교수를 통한 지적 · 정의적 성장
		과제	역할분담	역할분담을 통한 책임의식 제고
4	평가	성찰	성찰	함께의 가치, 협력적 태도
			교육적 효과	민주시민 자질 함양

1) 협동학습 조직: 협동학습에 대한 걱정과 두려움

연구참여자들은 '문화와 교육' 수업 오리엔테이션에서 팀을 기반으로 한 협동학습이라는 안내를 받았을 때 걱정과 두려움이 앞섰다고 한다.

> "나는 처음 '문화와 교육' 수업을 들었을 때, 매우 당황했다. 주입식 교육이 만연한 고등학교를 갓 졸업한 새내기에게는 열린 수업, 플립러닝, 협동학습이라는 단어는 너무 생소했다. 학기 초반에는 다른 조원들과 협동해야 한다는 것이 어색했고 차라리 혼자 하는 게 더 나을 것이라는 생각을 했다." (연구참여자 1)

> "문화와 교육 수업방식을 처음 접했을 때는 당혹스러웠다. 세간에서 공포와 최악이라고 말해지는 팀플로 모든 수업이 이루어진다는 것을 들었을 때는 암담하기도 했다. 지금까지 수업은 나의 의견과 생각을 말하는 것이 아니라 개념을 듣고 외우는 수업이었기에 사실 이 수업의 틀이 나에게 어떤 도움을 줄지 의문이 들기도 했다." (연구참여자 14)

연구참여자들은 강의식 · 주입식 교육에 익숙해져 있었다. 협동학습이라는 새로운 수업방식은 설렘과 기대보다는 걱정과 거부감으로 표현되었다. 그러나 협동학습 참여 경험을 통해 협동학습의 가치와 교육적 효과를 직접 느끼게 되었으며, 그로 인한 여러 가지 변화도 관찰되었다.

2) 협동학습 구성원과의 관계 형성

(1) 배려와 존중

협동학습은 구성원들 간의 긍정적 상호작용과 관계 형성이 기반이 될 때 효율적으로 운영된다. 배려와 존중은 구성원 간 긍정적 관계를 형성하는 기반이 된다. 연구참여자들은 매주 수행되는 협동학습을 통해 누구보다 배려와 존중의 태도가 중요함을 인식하게 되었고, 그러한 깨달음은 실천으로 이어졌다.

> "조모임을 진행하면서 서로의 스케줄 조정을 배려하면서 하는 모습을 보였고, 조원들이 자신의 파트가 아니어도 서로 분량을 나누는 일을 도와주고 밤에도 메신저를 통해서 서로서로의 부족한 부분을 채워주는 모습을 보면서 서로에 대한 배려를 기반으로 협동학습이 잘 수행됐다고 느낍니다." (연구참여자 6)

> "제가 팀 프로젝트를 통해 얻은 가장 큰 가치는 바로 희생이었습니다. 배다리마을은 야외였고 날씨도 너무 더웠는데 한 조원이 오래 걸어서 조금 힘들어하자 조를 포함한 다른 나머지 조원들이 너도나도 그 친구의 가방을 들어주려고 하는 모습에서 조원들의 배려를 느낄 수 있었습니다." (연구참여자 9)

연구참여자들은 협동학습 팀에 대해서 '우리'로 인식하고 있었다. 이러한 공동체적 인식은 개인적 책임을 다하는 형태로 표현됨과 동시에 다른 사람을 배려하는 이타적 성향으로도 표출된다. 즉, 나와 남이 함께 만드는 조화로운 공동체를 지향하는 태도를 통해 더불어 살아가는 삶을 배우게 된다.

(2) 상호작용

협동학습은 구성원 간의 긍정적인 상호의존을 강조한다(Johnson & Johnson, 2002b). 긍정적인 상호의존의 관계는 구성원 간의 원활한 의사소통과 존중의 마음가짐이 전제될 때 가능하다.

> “중요한 의사결정을 내릴 때, 조원들의 의견을 하나하나 귀 기울여 들어보고 합리적이라면 적극적으로 반영하고, 조금은 엇나간 의견이라도 이를 존중하고 더 올바르게 나아갈 방향을 제시하였다. 서로의 의견을 존중하고 의사를 종합적으로 모으는 과정을 통해 더욱 끈끈한 팀워크를 만들어 나갈 수 있었다.” (연구참여자 5)

> “우리 조는 누군가 의견을 이야기하면 박수를 치면서 격려하고 칭찬합니다. 처음에는 내가 말하는 것을 조원들이 받아들여주지 않을까봐 얘기하는 것이 힘들었습니다. 그런데 이제는 무슨 말을 하던지 오~ 좋아 하면서 긍정적으로 받아들여준다는 것을 알기 때문에 조별활동이 즐겁습니다.” (연구참여자 14)

위의 사례에서처럼 상호 간의 존중은 긍정적 상호작용으로 표출되고, 긍정적 관계형성의 선순환으로 이어지며 인간관계를 촉진하는 요인으로도 작용한다.

3) 수업운영

(1) 수업운영 방식

협동학습은 학습자 주도적으로 진행되는 수업이기 때문에 수업을 위한 준비에 많은 시간이 소요된다(정문성, 2008). 수업준비는 원활한 협동학습 운영을 위해 선행되어야 하는 조건이다. '문화와 교육'에서는 수업 전 플립러닝을 필수 과제로 제출하여 학습자들이 수업 전에 선행지식을 형성할 수 있도록 하였다. 실제로 연구참여자들은 철저한 수업 준비를 통해 자신감이 높아지고 적극적 토론이 이루어지는 등 긍정적인 변화가 있었다고 말한다.

"현장답사를 할 때는 그 지역에 직접 살고 계시는 주민 분들의 의견을 직접 들어보는 것이 가장 중요하다고 생각했고 (중략) 충분한 현장조사 후 인터뷰를 진행하는 것이 옳다고 판단했고, 그를 위해 배다리마을에 세 차례나 현장답사를 다녀왔습니다." (연구참여자 11)

"처음에는 플립러닝 없이 문화란 무엇인가에 대해 쓰라고 하셨을 때 교과서에 나오는 것으로만 쓰고 마땅히 쓸 내용이 없었는데 플립러닝을 하고 난 후에는 자신감이 붙어서 조원들과 각자 조사해 온 알라가추라는 문화에 대해 토론을 하는 적극적인 학습 주체자가 되었다." (연구참여자 4)

(2) 의사소통

협동학습에서는 구성원의 다양한 생각과 의견 교환이 자유롭게 이루어지는 허용적인 분위기가 필요하다. 연구참여자들의 수업성찰일지에 나타난 협동학습 운영 방식은 토의였다. 토의는 대면이나 SNS

를 통해 지속적으로 이루어졌다.

"우리 조가 행한 팀플 방법은 주로 미디어를 통한 소통이었다. 따로 모여서 의견을 교류한 적도 많았지만 카카오톡 상에서 더 자주 모여 토의를 진행했다. 예를 들면 답사지 사전조사를 할 때 직접 모이기 전에 카카오톡에서 서로 찾은 자료들과 원하는 답사 방향을 말하고 먼저 읽어보았다. 그 방식을 통해 오프라인 모임을 가졌을 때 더 효율적이고 꼼꼼하게 진행할 수 있었다." (연구참여자 10)

"답사 후 각자 집에 돌아가 보고서를 작성한 후 취합할 수도 있었지만 저희는 그 대신 늦게까지 학교에 남아 조금 더디더라도 서로 의견을 공유해가며 함께 보고서를 작성하는 방법을 선택했습니다. 보고서라는 것이 단순히 사실들만 나열하는 것이 아니라 함께 답사를 다녀오면서 배웠던 태도, 가치도 묻어나야 한다고 생각했기 때문입니다. 그리고 발표가 끝난 후에는 카카오톡을 통해 어떤 부분을 어떻게 수정하면 좋을지에 대해 이야기를 나누었습니다. 카카오톡을 통해 생각을 실시간으로 공유하며 저희조의 부족했던 점을 하나하나 짚어볼 수 있었던 것 같습니다." (연구참여자 9)

연구참여자 9의 사례를 통해 구성원들 간의 의사소통은 단순한 언어적 소통만이 아닌 가치, 태도까지 공유하는 내면적 소통까지 이어짐을 알 수 있다. 협동학습에서 이루어지는 대부분의 소통은 조사내용 공유, 주제에 관한 의견 표현, 과제 수행방법 탐색 등 목표달성을 위한 지식과 의견을 교류하는 수준에 머무른다. 협동학습을 통해 느끼고 배웠던 가치나 태도에 대한 내적 소통은 협동학습에 대한 공동성찰의 기회가 될 수 있다. 즉, 내적 소통을 통해 협동학습에 대한 인식과 태도를 개선하고 발전시킬 수 있는 성찰의 계기를 마련할 수 있다.

(3) 상호교수

협동학습은 학습자 주도적으로 이루어지는 수업이기 때문에 교수자의 강의나 개입이 최소화 된다. 협동학습에서 구성원의 역할은 개인과제를 수행하고, 의견을 교환하는 수준에 머무르지 않는다. 팀의 공동 목표와 수업의 최종 목표를 달성하기 위한 지속적인 협력이 일어난다. 그러한 협력의 대표적인 예가 바로 상호교수이다.

> "내가 맡은 답사지는 수도국산달동네 박물관이어서 그 곳에서 알게 된 문화변동의 방식과, 문화의 흔적이 어떻게 발전되어 왔는지 팀원들에게 알려주었다. 나는 사전학습(플립러닝)을 통해 조원들이 맡은 답사지에 대한 역사적 배경에 대해서는 대략 알고 있었지만 조원들이 각자 설명해주는 추가적인 답사지 내용을 새롭게 알 수 있었다." (연구참여자 5)

협동학습을 위해 개인에게 주어지는 과제는 강한 책무성을 요구한다. 따라서 구성원 각자를 해당 분야에 대한 전문가로 만든다. 상호교수를 통해 동료들 간의 상호작용과 협동성을 극대화할 수 있으며, 학습자의 지식이 확장되는 지적 발달의 효과를 얻을 수 있다.

> "우리 조에 대한 중간발표뿐만 아니라 다른 조에 대한 중간발표를 들으며 저런 방식으로 문화를 나타낼 수 있구나…. 많이 느꼈고 다른 조가 지적받은 부분에 대해서는 그렇게 하지 않으려고 노력했다." (연구참여자 4)

또한, 팀별 과제수행에 관해 매시간 발표로 마무리함으로써 우리 팀의 수업 준비와 협동학습 진행상황, 협동학습에 참여하는 태도, 발표능력 등에 대한 성찰의 기회를 제공하였다. 이는 더 좋은 협동학습을 위해 필요한 조건이나 능력 등에 대해 간접적으로 학습하는 계기가 되었다. 협동학습에서 이루어지는 상호교수는 지식적 측면과 정의적 영역을 모두 포함하는 특성이 있다.

(4) 과제: 역할분담

협동학습에서는 모든 학습자들의 적극적인 참여를 위해 개인별 과제를 부여한다. 수업성찰일지를 분석한 결과, 연구참여자들은 역할분담의 공정성과 공평성에 대해 중요하게 인식하고 있었다.

"협동학습에 있어서는 모든 조원들이 동등한 입장에서 의견을 제시하고 역할 분담을 할 때에는 서로를 배려했으며 개개인이 모두 최선을 다했다. 조별 활동에 있어서 조장의 역할보다 중요한 것은 조장과 조원의 구분이 없어지는 것이 더 중요하다고 생각한다." (연구참여자 1)

"저는 조장으로서 활발한 팀플활동을 위해 행한 것은 역할의 분산이었습니다. 특정 조원에게 너무 많은 역할이 집중될 위험이 있기 때문에 역할의 분산이 필요하다고 생각했습니다. 그 덕분에 인터뷰를하는 데 있어서도 조장이 독단으로 섭외하는 것이 아닌 섭외, 인터뷰 질문지, 인터뷰 진행 등 각자 역할들이 존재했습니다. 덕분에 한가지 활동을 하는데 있어서 조원 모두가 그 내용을 숙지하고 있었으며 자신이 어떤 역할을 수행해야 하는지 잘 알고 있었습니다." (연구참여자 13)

협동학습이 전통적인 소집단 학습과 구별되는 중요한 특징 중 하나가 바로 개별적 책무성을 가진다는 점이다(배성호, 2004). 전통적인 소집단 학습에서는 개별적 책무성에 대한 기준이 없기 때문에 '무임승차'라 일컬어지는 비협력적 태도가 문제시 된다. 그러나 협동학습에서는 모두가 능력에 맞는 과제와 책임을 나눠지기 때문에 개인의 책임과 공동의 협력이 필수적이다.

4) 평가

(1) 개인적 차원의 성찰

연구참여자들은 처음에는 협동학습에 걱정과 두려움의 감정을 갖고 있었다. 그러나 협동학습의 경험은 기존의 인식과 태도를 변화시키는 계기로 작용하였다.

"개인적 삶에 익숙한 우리는 협동학습을 통해 상대방을 배려하는 태도를 보였고, 배려들이 모여 화합을 이루어낼 수 있었다. 지금까지의 나는 혼자, 스스로 하는 공부가 효율성이 높다고 생각했었다. 하지만 대학교에 입학하여 이렇게 조원들과 함께 활동을 하여보니 혼자 공부하는 것이 아닌 함께 공부하는 것의 효과를 몸소 체험할 수 있었다." (연구참여자 6)

"조별 보고서를 작성할 때 각자 작성한 방식이 달라 보고서 취합에 있어 어떻게 해야 하나 혼자 고민을 하고 있었다. 그 때 우리 조원들이 모여 '같이 하자'는 한마디를 내게 던졌고, 나는 잊고 있었던 나의 다짐을 떠올릴 수 있었다. 바로 '조원들과 함께하기'. 고등학교 시절, 조별과제를 나 혼자 해나가는 것에 익숙해진 탓에 또 모든 것을 나 혼자 해결하려 든 것이다. (중략) 팀 활동에 있어서 지난 경험상 혼자 하려고만 했던 내가 조원들과 함께하려는 그 가치관을 심어주었다. (연구참여자 8)

연구참여자들은 협동학습을 통해 함께의 가치를 깨닫고 협력적 태도를 배우게 되었다. 이러한 협력적 태도는 공동체의 조화와 화합이라는 진정한 공동체적 가치와 목표를 달성하는 성과로 이어졌다.

"팀 프로젝트는 모두가 함께 최선을 다했을 때 양질의 결과물이 나올 수 있음을 깨닫게 되었다. (…) 팀 프로젝트를 통해 개인이 아닌 더불어 살아가는 법을 배울 수 있었다." (연구참여자 3)

"이번 협동학습을 통해 지식은 남들과 공유할수록, 협업할수록 배가 된다는 사실을 깨달았습니다. 백짓장도 맞 들면 낫다라는 속담의 뜻을 깊이 깨달을 수 있었습니다. 또한 다른 조원들과 협동하며 조화를 이뤄내는 방법, 태도 등을 익혔습니다. 피해를 주지 않으려고 노력하고 같은 목표를 향해 같이 달려가며 끌어주고 밀어주는 모습에서 협력의 아름다운 가치를 깨달을 수 있었습니다." (연구참여자 12)

(2) 협동학습의 교육적 효과

협동학습은 학습자의 지식의 확장에 긍정적 영향을 미친다(이바름, 정문성, 2017). 전통적인 강의식 수업은 지식의 주입, 주입된 지식을 통한 지식의 확장은 학습자 개인의 몫으로 돌아간다. 그러나 협동학습은 동시다발적 학습으로 인해 동일한 학습목표라 할지라도 팀별로, 개인별로 과제와 목표가 다르기 때문에 구성원들의 학습은 팀 전체, 구성원 전체의 지식 확장에 기여한다.

"내가 맡은 답사지는 수도국산 달동네 박물관이어서 그 곳에서 알게 된 문화변동의 방식과, 문화의 흔적이 어떻게 발전되어 왔는지 팀원들에게 알려주었다. 나는 플립 러닝을 통해 조원들이 맡은 답사지에 대한 역사적 배경에 대해서는 대략 알고 있었지만 조원들이 각자 설명해주는 추가적인 답사지 내용을 새롭게 알 수 있었다." (연구참여자 4)

"조별 보고서를 작성해 보면서 자기주도적인 학습을 통한 지식의 습득을 경험할 수 있었고 조원들과 자주 토의를 해보면서 집단지성을 통한 지식의 습득 또한 경험해 볼 수 있었습니다." (연구참여자 7)

긍정적인 상호의존성을 기본전제로 하는 협동학습의 특징이 민주시민교육 원리와 유사하므로 협동학습을 통해 민주시민으로서의 자질을 함양할 수 있다(정문성, 최현희, 전영은, 2017). 본 연구에서도 협동학습이 민주시민적 자질을 함양하는 교육적 효과가 있는 것으로 분석되었다. 협동학습의 교육적 효과를 세부적으로 살펴보면, 협동학습 경험은 민주주의의 중요성에 대해 인식하게 하였다.

"조별 활동에 있어서 민주주의의 중요성을 깨달았습니다. 조장으로서 민주주의라는 가치를 제대로 이행하지 못한다면 조원들의 신뢰를 받지 못합니다. 하지만 민주주의가 제대로 시행되었을 때 조원들의 적극적인 참여와 조원 모두가 중요한 역할을 하고 있다는 만족감을 느낄 수 있음을 깨닫게 되었습니다." (연구참여자 13)

민주주의의 가치에 대한 인식은 올바른 민주시민 태도를 기르는데 긍정적으로 작용할 것이다. 협동학습 경험은 민주주의의 가치 뿐 아니라 민주시민적 자질 함양에도 영향을 미치는 것으로 드러났다.

첫째, 연구참여자들은 협동학습을 통해 적극적 참여와 비판적 태도의 중요성에 대한 인식과 태도를 형성하였다.

> "그동안은 학교에서 다른 사람이 시키는 일을 하는 수동적인 모습이 많았지만 협동학습을 하면서 능동적인 태도로 바뀌었습니다. 조장으로서 조원들을 이끌어나가고 의견을 수합하는 과정은 자신감과 적극적인 태도를 갖게 하는데 큰 도움이 되었습니다." (연구참여자 13)

> "최종 보고서를 보고 문화변동의 결과 등 사회교과 적용이 부족하다고 느꼈는데도 조원들의 눈치를 보며 나의 역할(피드백 해주기)을 다하지 못했다. 그것을 통해 수용하는 태도도 중요하지만 비판적 태도를 드러내는 것도 굉장히 중요하다는 생각이 들었다." (연구참여자 4)

둘째, 다양성을 존중하는 태도가 함양되었다. 연구참여자들은 공동체 구성원이 가진 개인적 다양성의 중요성과 가치에 대해 인식하였다. 이후 협동학습을 통해 학습의 범위와 내용이 확대되며 사회적 다양성을 보는 관점으로까지 시야가 확대되었다. 이러한 다양성에 대한 시각의 확대는 국가와 세계 차원의 다양성에 대해 생각하고 인정할 수 다문화적 태도 형성에 중요한 밑바탕이 될 것이다.

> "다양성에 대해 몸으로 직접 느낄 수 있었다. 개인의 다양성이 팀에 얼마나 많은 영향을 끼치고, 그러한 다양함을 하나의 의견으로 정리하는 과정에서 개인의 다양성 존중을 배울 수 있었다." (연구참여자 3)

> "조원들과 함께 하면서 얻은 것이 있다면 '우리나라의 다양한 지역문화를 존중해 주어야 한다'는 다양성 존중이라는 가치를 다시 한번 더 느꼈

다. 왜냐하면 부분인 지역문화에 전체인 우리나라의 문화가 녹아있구나 라는 것을 느꼈기 때문이다." (연구참여자 4)

셋째, 협동학습을 통해 타인존중, 갈등해결, 수용과 인정, 협동, 책임 등 다른 사람과 더불어 살아가는 삶의 태도를 기르게 되었다.

"협동학습을 하며 집단지성의 힘에 대해 생각해볼 수 있었다. 팀플이라 하면 그저 막연하고 겁나는 활동으로만 여겼었는데 문화와 교육 강의를 통해 특히 답사를 하며 함께함의 중요성을 깨달았다. 인간은 사회적 동물이라는 말처럼, 홀로 설 수 없는 인간의 부족함을 함께 채우며 지식탐구를 위해 힘을 합치는 팀플이라는 활동을 통해 더불어 살아가는 태도를 함양할 수 있었던 것 같다." (연구참여자 14)

"협동학습을 하면서 다른 사람의 의견에 더 귀 기울일 수 있는 태도를 배우게 되었고, 서로의 의견을 조율해 보면서 나와는 다른 생각을 가지고 있는 사람이 많다는 것을 알고 그들의 관점을 이해하고 받아들일 줄 아는 태도 또한 배울 수 있었습니다. 마지막으로 협동이라는 덕목을 갖추기 위해서는 개인의 책임감 또한 뒤따른다는 중요한 가치를 배울 수 있었습니다." (연구참여자 17)

이와 같이 협동학습은 연구참여자들의 개인적 차원의 변화와 더불어 여러 가지 교육적 효과를 통해 공동체를 유지하고 발전하는 역할을 한다.

본 연구에 참여한 연구참여자들은 예비교사로서 대학 졸업 후 중등 사회교사로 학생들을 가르치게 된다. 경험은 과거, 현재, 미래의 경험이 연관되어 있는 계속성을 지닌다. 즉, 과거의 경험은 현재와 미래를 형성하는 기초가 된다(Clandinin & Connelly, 2000). 이런 측면에서 예비교사들이 갖는 경험은 교육적으로 중요한 의의를 갖는다.

예비교사들의 협동학습 경험은 단순한 학습의 경험이 아니라, 미래 교수자로서 계획과 학습자의 수업실행, 학습효과 등에 대해 넓게 고려해 볼 수 있는 소중한 경험이 되었을 것이다. 연구참여자들이 협동학습 경험이 교육자라는 직업적 인식과 태도에 미친 영향을 분석한 결과 첫째, 연구참여자들은 협동학습의 중요성과 가치를 인식하였다. 협동학습 경험은 교수학습에 관한 새로운 관점을 형성하는 계기가 되었다.

> "협동학습에 있어서 가장 중요하다고 생각하는 것은 자유로운 분위기와 서로 배려하는 모습이라고 생각한다. 개개인의 학습 역량은 당연히 다를 수밖에 없다. 그러나 개인의 역량 차이를 극복하고 서로 도우며 누가 먼저 결승점에 도달하느냐 경쟁하는 것 없이 모두가 함께 결승선에 발을 딛을 수 있게끔 하는 것이 매우 중요하다. 학습이라는 것을 단지 학문적으로만 생각하지 않고 다른 사람들과 협력하는 것 또한 학습임을 알게 되었다." (연구참여자 1)

> "협동학습을 통해 교사의 자질(실력)을 키웠을 뿐만 아니라 나중에 어떤 교사가 될 것인지에 대해 생각해보는 계기가 되었다. 나도 문화와 교육처럼 협동학습, 사회교육과에서 공부하면서 얻는 나만의 방식으로 수업을 할 것이다." (연구참여자 4)

이러한 경험은 수업에서 자신이 직접 경험한 주제들을 바탕으로 어떻게 가르칠 것인가? 하는 구체적인 방법에 대한 고민으로 확산되고 있었다.

"통합사회나 세계지리 교과목에는 세계화 등에 의한 국가간 이민자들의 이동에 대한 학습내용이 있습니다. 현재는 북아프리카에서 유럽으로, 동남아에서 동아시아로, 라틴아메리카에서 북미로 경제적인 이유로 자발적 이동이 활발히 일어나고 있습니다. 그러나 학생들은 과거에 우리나라 국민이 생계 즉, 경제적 이유로 인해 중남미로 자발적 이동을 하였다는 역사는 모를 것입니다. 현재 우리나라는 인구의 사회적 순유입이 순유출보다 높고, 라틴아메리카는 그 반대이기 때문입니다. 이 점을 이용하여 학생들에게 중남미 한인 이민사에 대한 설명을 한다면, 학생들의 흥미를 끌 수 있고, 교과서 밖의 배경지식을 배양할 수 있을 것입니다." (연구참여자 2)

"배다리 마을과 수도국산 달동네 박물관을 답사하면서 가장 큰 핵심은 보존할 것이냐, 개발할 것이냐 라고 생각한다. (…) 나는 개발과 보존의 측면에서 배다리 마을과 수도국산 달동네 박물관 답사 결과를 사회과 교육에 적용할 것이다. 사회과에서는 학생들에게 자신의 주장과 근거를 정확히 밝히고 민주시민의 역할을 수행할 수 있는 세계시민을 양성해야 한다고 생각한다. 그래서 나는 이 답서결과를 토대로 한 수업에서 토론의 방법을 적용할 것이다. (…) 토론을 통해 학생들에게 수업하고 의견을 나누는 것에서 그치지 않고 지속 가능한 개발에 대해서도 언급할 것이다. (…) 이와 같은 학습활동을 통해 학생들의 개발과 보존에 대한 문제인식과 이를 해결하는 방안에 대해 생각하는 힘, 그리고 토론을 통한 민주시민의 양성을 기대할 수 있다고 생각한다." (연구참여자 3)

무엇보다 연구참여자들이 협동학습을 통해 가장 많이 느끼고 공감한 것은 경험의 중요성이었다. 이들은 경험이 자신의 지식의 확장은 물론 향후 교육 현장에서 활용할 수 있는 모티브를 제공해준다는 것을 인식하고 있었다.

"'체험을 통한 산 교육, 실천으로써 얻어가는 교육'이 중요하다고 생각한다. 교사가 학생들 앞에서 백날 배다리마을은 우리 역사에 있어서 중요하며, 한국 철도와 기독교 신학의 발원지이다 라는 사실을 전달해봤자 학생들에게는 크게 와 닿지 않을 것이다. 선생님이 앞에 나와서 또 지루하고 똑같은 이야기만을 반복한다고 생각할 것이다. (…) 그래서 학생들이 직접 보고 느낄 수 있게끔 하는 교육을 해야 한다고 생각한다." (연구참여자 5)

"지금 초 · 중등학교에서 배우는 사회과목은 이름만 탐구과목이고 대부분 암기를 위한 과목으로 수업이 진행되고 있다. 수능이라는 단기적인 목표를 두고 그저 개념과 문제를 외우기만 하는 방식의 수업이 현재 사회과 교육의 현실인데, 만약 내가 교사가 된다면 주입식 암기식 수업이 아니라 문화와 교육 강의처럼 몸으로 체험하고 창의적으로 사고하는 수업을 진행하며 진정으로 탐구하는 사회 과목으로 여기는 태도를 갖게 하고 싶다." (연구참여자 14)

연구참여자들은 사회교사를 위한 교직 기본 전공과목인 '문화와 교육' 협동학습을 통해 협동학습의 가치와 직접 경험의 중요성을 인식하였다. 이는 학생들에게 무엇을, 어떻게 가르칠 것인가에 대한 교육내용과 방법에 대한 새로운 아이디어를 생성하는 바탕이 되었다.

지금까지의 연구결과를 통해 연구참여자들의 협동학습 경험은 학습자로서의 배움과 미래 교수자로서의 배움 두 가지 측면의 효과와 의미를 가지는 것으로 분석되었다. 즉, 예비교사 양성과정에서 수행한 수업과정과 내용 들은 교사로서 길러야 할 교육적 가치관과 태도에 직간접적으로 영향을 미치는 요인으로 작용하고 있었다.

4. 협동학습 요소 경험 분석

이번 절에서는 예비교사 학습자들의 열린 수업 경험을 협동학습 요소를 중심으로 분석한 결과를 제시한다. 협동학습 교육론자들이 공통적으로 언급한 긍정적 상호의존성, 개별적 책무성, 대면적 상호작용, 사회적 기술, 성찰로 구분하여 학습자들의 협동학습 경험을 기술하였다.

1) 긍정적 상호의존성

협동학습에 참여한 학습자들은 모둠 활동에 있어서 긍정적인 상호의존성을 경험하는 데 구체적으로 친근함, 칭찬, 즐거움, 협력, 감탄, 책임감, 존중, 배려 등의 경험을 기술하였다. 친근감의 경우 다음의 경험으로 나타난다.

> "문화의 상대성에 대한 학습활동을 할 때도, 서로 뽑아온 문제들을 쓰고, 공통 질문을 추려 정리 하였다. 조원들이 각자의 말로 써온 문제들에 대해 이야기 하면서, 이것저것 서로 물어보기도 하며 조원들과도 친해졌고, 팀플 수업에 재미를 느끼게 된 것 같다." (연구참여자 3)

칭찬의 경우는 해당 모둠 내부와 모둠 간 선의의 경쟁을 통해 잘하는 조를 선발하고 상호 간 칭찬을 해주는 분위기를 느낄 수 있는 경험을 볼 수 있다.

“활동 후에 2009, 2015 개정 교육과정 차이점, 공통점에 관한 완성물에 대한 조별 발표 시간을 가진 후, 베스트 팀에 대한 투표를 했다. 한 명이 발표를 도맡아 하는 것이 아닌, 모든 조원들이 발표를 한 점이 좋았다. 투표는 그냥 잘하는 조를 뽑는 것이 아닌, 내용 충실성, 가독성, 협동성을 모두 고려해 체계적으로 투표하였다. 우리 조도 소중한 한 표를 받았는데, 발표 면에서 우수한 점수를 받아 조원들끼리 뿌듯함을 느꼈으며, ‘다음 시간에도 더 열심히 해야겠구나.’ 라는 의욕을 들게끔 해주었다.” (연구참여자 4)

즐거움의 경우 역시 협동학습의 긍정적인 상호의존성에 더할 나위 없는 중요한 요소이다. 특히 해당 모둠원들 간에 공동 논술 작업에서 협력의 즐거움을 느꼈을 뿐만 아니라 의견을 수렴하는 과정에서의 흥미로움이 학습동기를 자극한 것으로 판단할 수 있다.

“이번 문화와 교육 시간이, 지금까지 시간 중에 나는 가장 ‘재밌었다.’ 협력의 즐거움을 느낀 날이었다. 지금까지 나는 글을 쓰는 것을 좋아하지 않았었는데, 여러 사람의 의견을 모아 하나의 글을 쓰는 작업을 하면서 같이 의견을 나누는 것도 재밌었고, 고민하고 협동하면서 의견을 모은 과정도 굉장히 흥미로웠다.” (연구참여자 9)

“우리 모둠의 다른 파트를 맡고 있는 조원들의 의견을 듣고 파트를 구성하는 것을 돕는 과정에서 공동 논술이라는 것을 혼자 썼을땐 어떻게 구성해야하고 또 어떤 방식으로 써야 했는지 감이 잘 잡히지 않았었는데 함께 쓰다 보니 더 좋은 방향을 찾게되고 또 더 창의적이고 특색 있는 아이디어로 논술을 쓸 수 있는 것에 흥미로움을 느꼈다. 또 이번 논술 주제로 우리나라 여성에 대해 더 깊이 있게 알 수 있는 것에 뿌듯함을 느꼈다.” (연구참여자 10)

앞서 기술한 즐거움 요소에서도 협력에 관한 경험을 언급했다. 해당 모둠 구성원의 협력을 통해 구성원 모두 협력의 필요성과 존재가치에 관한 상호의존감을 경험하였다.

> 내가 스크린을 내리고 빔을 켰다. 각 모둠이 공동논술을 한 것을 스크린에 비추었다. 내가 목감기가 너무 심해서 부조장인 여원이가 나가서 발표해주었다. 굉장히 미안했다. 특히, 우리 조의 논리가 조금 맞지 않는 부분이 있어, 다른 조원들의 질문에 여원이가 나대신 시달렸다. 그래도 여원이가 더 단단해지는 계기가 될 것이다. (연구참여자 5)

> "이번 수업에서는 간단하거나 한명의 주도로 이루어졌던 발표자료 제작과정에서도 협력이 필요함을 느꼈다. 각자 글씨의 크기나 글 쓰는 습관이 있을 텐데 하나의 통합된 자료를 만들기 위해 양식을 통일하려고 노력하였다. 내용 면에 있어서도 자신이 써온 것을 바탕으로 모든 조원들의 의견이 들어갈 수 있도록 내용을 정리하였다. 발표자료의 모든 부분에 조원들의 손이 다 닿았고 따라서 발표 또한 각자 쓴 부분을 중심으로 분리해서 할 수 있었다." (연구참여자 7)

감탄 역시 협동학습 요소 중 긍정적인 상호의존감 형성에 영향을 준다. 감타이란 다른 사람들의 행위에 감동을 받아 발화하는 언어적, 비언어적 표현이다, 마치 문장부호의 느낌표처럼 말이다. 자신의 감동은 해당 학습자의 변화는 물론 모둠 내 구성원들 간의 관계를 긍정적으로 만들어 준다.

> "이번 시간이 새로웠던 점이 한 조씩 발표가 끝날 때마다 학우들이 활발하게 질문을 했다는 점이다. 나를 비롯한 많은 학우들이 질문을 하였는

데, 몇몇 학우들이 아주 좋으면서도 날카로운 질문들을 해 감탄했었다. 그 짧은 시간 안에 그런 질문이 떠올랐다는 점이 존경스러웠으며, 본받아야겠다고 생각했다." (연구참여자 4)

"교수님께서 내용에 대해 교수님께 할 질문을 각 조에서 2개씩 선정하라고 말씀하셨다. 딱 2개만 선정하는 것이기 때문에 신중한 토의를 걸쳐 질문을 정하였다. 개인적으로 우리 조가 선정한 질문들보다 더 중요해 보이고 수준 높아 보이는 질문들이 많아 감탄했었다." (연구참여자 4)

"문화와 교육 두 번째 시간에는 수업시간에 내준 과제물을 바탕으로 한 수업이었다. 먼저 각자 비교해온 교육과정의 차이점 과제물을 가지고 토의를 하였다. 그 후 바로 도화지에 절충한 내용을 바탕으로 마인드맵을 작성하였다. 큰 도화지에 어떻게 채울까 한명이 다 쓰기엔 버거울 것이고 한 명 한 명 돌아가며 쓰기엔 시간의 한계가 있지 않을까란 고민을 하였는데 ** 오빠가 마인드맵처럼 각자의 부분을 적기로 하였을 때 고민이 해소되어 좋았고 아이디어에 감탄했다. 그렇게 각자 맡은 부분을 자신 앞의 도화지 부분에 내용을 적게 되었다. 동시에 같이 적어가면서 협동심을 느끼게 되었던 시간이었다. 또한 내용구성에 각자의 개성이 드러나 다양성 있는 시간이었다고 확실하게 말할 수 있을 것 같다." (연구참여자 6)

책임감은 협동학습 요소 중 개별적 책무성에도 해당되지만 긍정적인 상호의존감 형성에도 중요한 역할을 한다. 무엇보다 선출된 조장이 모둠이 결정한 방식 즉 구성원들의 합의에 의해 정해진 룰에 따라 선발된 만큼 역할 책임을 다하고자 하는 해당 조장의 결심은 해당 모둠의 구성원 간 긍정적인 상호의존감 형성에 기여한다.

"지역, 성별을 고려하여 다양성을 갖춘 조를 구성하고 조 이름을 정하는 방법부터 조장 선출 법까지 조원의 의견을 수렴한 민주적인 조 활동을 했다. 귀찮고, 사소하다고 느껴질 수 있는 의견 통합의 모든 과정들을 조원들과 의견을 나누며 진행해나가면서 민주적이라는 것이 꼭 큰 단위로 국가, 정치와 연결 짓지 않더라도 생활 속에서 연습할 수 있는 것임을 깨달았다. 또한 우리가 결정한 방식으로 만들어낸 조 이름과 선출한 조장이기 때문에 이에 대한 책임감을 더욱 가져야겠다고 생각했다." (연구참여자 7)

학습자들이 서로 존중하고 배려하는 행태는 모둠 구성원 간 긍정적인 상호의존감 형성에 영향을 미친다. 이를테면 자신의 생각과 반대되는 입장을 지닌 구성원들을 존중하고, 다른 조원들에게 양보하고 배려하려 했다는 성찰일지 내용은 협동학습의 수행에 있어서 존중과 배려의 중요성을 나타내고 있다.

"무언가 명시되어 있는 역할을 가진 것은 아니지만 조장이 의견을 정리하고 발표하는 것을 돕기 위해 다양한 방향에서 생각하고 의견을 내며 정말 다양성을 존중하고 경험하는 수업이 되었으면 좋겠다. 이를 위해서 내 가치관이나 경험으로 떠오르는 생각을 넘어 반대되는 입장도 고려하고 다른 사람의 의견을 많이 듣는 태도를 가져야 한다고 생각한다. 점차 수업을 통해서 넓은 시선을 가지고 사회교사로 성장해가고 싶다." (연구참여자 7)

"수업은 교육과정을 비교하고 분석하는 것으로 이루어졌다. 차이점이라고 해서 가져온 과제는 눈에 띄게 생기거나 없어진 것으로 중심으로 했지만 활동지는 성격, 목표, 내용 체계, 교수학습 방법, 평가로 세분화 되어있었다. 이를 통해서 분석을 위해서는 각각의 내용을 먼저 요약하고 이를 비교하면서 공통점과 차이점을 찾는 것이 보다 정확함을 알게 되었다. 또한 내용정리를 하면서 나와 필기 스타일이나 요약 방법이 다른 조원들에게 양보하고 배려하는 태도를 가지기 위해 노력하였다.” (연구참여자 7)

2) 개별적 책무성

개별적 책무성은 협동학습에서 해당 모둠 구성원 각자가 주어진 일에 기여해야 할 책임을 지니는 것과 동시에 다른 구성원의 학습을 도와주어야 하는 책임을 지는 것을 의미한다. 자신의 역할 기여, 역할 분담, 과제 수행의 성실함, 최선을 다하는 태도로 구분하여 기술한다. 우선 자신의 역할 기여는 어떠한 경험으로 기술되는지 살펴보자.

“우리는 숙제를 단순히 피동적으로 ‘교수님이 해오라고 하셨으니까, 과제니까 한다.’라고 생각하면 안 된다. 나의 지식이 되고 성찰이 되어 우리의 사회, 조직, 팀에 기여한다고 생각해야 한다.” (연구참여자 1)

모둠에 배정된 과업을 완수하는 데 있어서 역할분담은 개별적 책무성의 전제가 되는 만큼 자신에게 맡겨진 역할이 해당 모둠원의 역량과 특성에 적합하게 정해질 필요가 있다. 역할분담 역시 모둔 구성원들 간 협력을 통해 정해져야 하며, 정해진 개별과제 수행이 해당 모둠을 성공으로 이끈다는 생각이 책임감을 갖게 한다고 볼 수 있다.

“공동 논술 파트는 서론 1명, 본론 2명, 결론 2명으로 구성했다. (…) 나는 본론1을 맡게 되었는데, 본론2를 맡은 조원과 함께 나눠서 쓸 내용을 협의했다. 5명의 조원들이 찾아온 사례들은 겹치는 것도 있었지만 새로운 것도 많았기에 사례로 제시할 내용들을 선택해야 했다. 나는 한국 역사를 시대적으로 쪼갰을 때 앞부분의 사례를 정리하기로 했다. 청동기부터 남성이 사회적 우위를 가지기 시작했다는 것을 먼저 제시하고, 삼국시대에서 백제와 고구려의 사례, 남북국시대의 발해까지를 정리하는 것이 내가 맡은 부분이다. 본론2를 맡은 조원은 고려, 조선, 일제강점기를 맡기로 했다." (연구참여자 3)

"교수님께서 지난 주에 내주신 과제로 정리해 온 8단원에 대해 서로 토론하고 이야기하는 시간을 가지라고 하셨다. 우리 일생일작 조는 이번에도 모두 열심히 과제를 준비해왔다. 다 같이 어떻게 토론할까 생각하다가 8단원 소단원 4개로 구분되어 있기에 각 단원당 한 명씩 정리한 내용을 발표하기로 하였다. 하지만 우리 조는 5명이기 때문에 내용이 가장 많은 2단원은 반으로 나눠 2명의 조원이 발표하기로 정하였다. 발표 부분은 공정하게 뽑기로 진행하였고 나는 1단원 발표를 하게 되었다. 내가 이해하고 정리해 온 내용을 토대로 조원 친구들에게 1단원 내용을 자세히 설명해주었다. 발표 후에 더 이야기하고 싶거나 다른 내용 위주로 정리한 조원이 있다면 추가로 그것에 대해 이야기하기로 하며 5명 모두 발표를 마쳤다. 그 뒤에 우리는 이번 8단원 전체 중에서 자신이 가장 중요하다고 생각하는 내용을 정리하여 또 토론하는 시간을 갖기로 하였다." (연구참여자 11)

해당 모둠 내에서 역할분담을 스스로 결정하고 발표방식 역시 다양성을 존중하는 과정에서 서로 배울 점을 찾을 수 있으며, 학습자들이 개인적인 책무성을 인식하는 계기를 갖는 다는 것을 알 수 있다.

"어떠한 방식으로 모둠을 정리한 내용을 정리할까 고민하다가 '마인드맵'형 방식을 채택하였다. 모둠원들이 대부분 비슷하게 정리했다. 지원이는 '성격', 경훈이형은 '목표', 나는 '내용체계', 여원이는 '교수 학습방법', 세원이는 '평가'를 맡았다. 각자의 글씨체와 정리 방식과 디자인을 바탕으로 마인드맵을 채워 나갔다. 굉장한 다양성이 묻어났다. 발표방식 또한 개개인마다 개성과 특징이 드러나게 발표했다. 다른 모둠원의 말하기 방식, 발표 방식들을 보면서 배울 점도 찾았다." (연구참여자 5)

"우리 조에서는 서론, 본론, 그리고 결론을 쓸 사람을 나누는 것이 굉장히 수월했다. 개인별로 논술 과제를 해올 때부터 개인별로 주제가 서론, 본론, 결론에 들어갈 내용이 나누어져 있었기 때문이다. 나와 유석이와 민주는 한국 역사적 흐름을 이야기하며 남성성과 여성성에 대한 논지를 써왔고, 혜리언니와 생언니는 남성성과 여성성에 관한 자신의 견해를 논술해 왔다. 그래서 혜리언니와 생언니가 서론과 결론을 맡고 우리가 본론을 맡기로 했다." (연구참여자 10)

"조별로 A4종이를 4개 이어 붙인 종이에 발표 자료를 만들면 되었다. 우리 조는 혜리언니가 키워드를 종이에 정리하는 일을 맡았고 나머지 4명은 서로 과제물을 비교하며 공통점과 차이점을 추합하고 그 키워드를 정리하여 혜리언니에게 전달하는 일을 맡았다. 다시 한 번 평화롭고 생산적인 조별 활동이 신기하게 느껴졌다." (연구참여자 10)

협동학습에 있어서 모둠 구성원들의 특성에 맞는 자율적인 역할분담도 중요하지만 성실한 역할수행도 개별적 책무감을 고양시키는데 기여를 한다. 모둠 구성원들이 제각기 자신의 과제수행을 성실하게 한다면 다시 말해 개인적 책무를 수행한다면 협동학습의 공동 목표의 실현은 수월해질 것이다.

“이번 시간에는 저번 시간보다 훨씬 협동이 필요한 활동을 하였다. 그 활동은 4절지 정도 되는 큰 종이에다가 2009, 2015 개정교육과정의 성격, 목표, 내용체계, 교수학습 방법, 평가의 차이점과 공통점을 정리하는 것이었다. 이번 시간까지의 과제가 2009, 2015 개정교육과정을 모두 정리해 오는 거였는데, 우리 조는 모든 학우가 해왔기 때문에 수월하게 진행할 수 있었다.” (연구참여자 4)

“오늘 수업 첫 토론은 각자가 비교해 온 교육과정 내용에 대해서 토론하고 공통점과 차이점을 비교하는 것이었다. 우리 ‘일생일작’조는 한 명도 빠지지 않고 모두 과제를 열심히 준비해왔다. 그래서 먼저 본인이 정리한 공통점과 차이점을 차례대로 말한 뒤, 각자 한 부분 씩 나눠서 종이에 알기 쉽게 정리하기로 하였다. 교육과정 사이에 공통점이 더 많기에 공통점은 조에서 겹치는 내용 위주로, 차이점은 찾아 온 내용 대부분을 적기로 하였다.” (연구참여자 11)

최선을 다하는 태도 역시 개인적 책무감을 향상시키는 데 기여한다. 학습자 스스로가 열심히 수업에 임해야 한다는 결심을 느낄 수 있는 것은 협동학습 수행과정에 참가한 경험에 의해 형성된 것이다. 자신에게 주어진 과제에 대해 최선을 다하는 것은 개인적인 책무감을 실천하는 행동인 것이다.

“자신의 의견이나 생각한 점을 발표하거나 조별과제를 작성하는 것이 주가 된 수업으로 개인 하나하나가 열심히 임해야 하는 수업으로 자신이 수동적으로 수업내용을 받아들이는 사람이라면 수업시간에 자신의 의견을 생각해보고 정리하는 습관을 들여야 하는 수업이었다.” (연구참여자 6)

3) 대면적 상호작용

대면적 상호작용이란 모둠 구성원 간의 다양한 상호작용을 의미한다. 흥미유발, 대화, 토의, 의견교환, 정보공유, 상호교수 등의 활동이 이에 해당된다. 우선 흥미유발은 자신의 조에서 논의했던 이야기가 아닌 새로운 내용이 발표됨으로 주의가 환기되고 이목이 집중되는 가운데서 학습이 시작되었다고 볼 수 있다.

> "제가 발표한 부분에서 다른 조에서 저희 조가 생각해보지 못한 차이점 부분을 찾아내어 발표한 것을 듣고 '저런 방향으로 생각해볼 수 있구나' 라는 생각이 들었습니다. 그러면서 저의 생각이 다른 조의 발표를 들으며 한 번 더 넓어진 느낌이 들었습니다." (연구참여자 2)

> "특히 4조의 논문이 인상 깊었다. 여성성 남성성을 의복문화와 연관지은 것과 남성, 여성을 이분법적으로 보지 말고 문화 상대주의적인 시각을 갖자는 생각이 흥미로웠다. 6조에서는 미드의 의견을 남성성, 여성성이란 것이 전적으로 문화에 의해 형성된다고 이해한 것과, 3조에서 남성성, 여성성이 초기에는 문화에 영향을 받기만 갈수록 오히려 문화에 영향을 준다는 것 또 우리 조에서는 나오지 않았던 이야기와 흥미로웠다."(연구참여자 8)

대면적 상호작용에는 대화, 토의, 의견교환 등이 나타난다. 모둠의 공동 목표를 수행해 나가면서 해당 모둠 구성원들 간 구두언어적으로 자신이 지닌 의견을 피력하는 것은 상호작용에 있어서 중요한 부분을 차지하며 학습의 효과가 보장되는 행위이다.

"오늘 수업에서는 6주 차 과제로 해온 의사소통과 교육 부분에 대하여 조원들과 함께 의논하는 시간을 가졌다. 단순히 내용정리를 하는 과제가 아니라 하나의 논의를 교육현장에 대입하여보고 그것과 연계하여 이해한 바를 적는 것이었기 때문에 나에게는 많이 어려웠다. 조원들과 서로 써온 생각들을 대비하여 토의하는 과정에서 스스로 생각하고 이해했던 과정에서 보다 훨씬 더 깊고 확실하게 이해할 수 있었던 것 같다." (연구참여자 2)

"모두 중요하다고 생각했던 부분이 비슷하였다. 조원들이 공통적으로 중요하다고 여긴 부분은 즉 문화 유전자와 관련된 내용이었다. 새로운 문화 유전자가 나타나기 위해서는 기존의 상태가 포화상태에 이르러야 한다는 조건이 필요한데 이러한 경우는 어떤 예시가 있을까 고민해보았고 그밖에 교재를 읽으며 예습했던 부분 중에서 스스로 이해하기 어려웠던 부분이나 아직까지 잘 이해가 되지 않았던 부분을 공유하여 조원끼리 이야기를 나누면서 해결해보았다. 이러한 방식으로 공부하다 보니 혼자서 공부하는 것보다 훨씬 더 이해가 잘 되었고 내가 잘못 이해한 부분을 수정할 수 있어 매우 보람찬 시간이었다." (연구참여자 3)

"저번 시간 과제 중 하나가 공동논술에 관해 생각해 오는 것이었는데, 난 좋은 아이디어가 떠오르지 않아서 걱정이 많았었다. 강의 시간이 시작되었을 때, 교수님은 생각할 시간 15분을 주셨다. 그 15분을 우리 조는 각자가 써온 개인 논술의 간략한 흐름을 돌아가면서 발표하고, 의견을 취합하기로 했다. 혼자서 생각할 때는 고민이 많았었는데 조원들의 개인 논술들을 들어보고 의견도 나누어 보니 공동논술의 흐름이 잡혔다. 혼자 막연하게 생각할 때 아이디어가 떠오르지 않는다면, 여러 사람들과 솔직하게 자신의 의견을 공유하며 토의할 시간을 가지는 것이 참 좋은 방법인 것 같다고 느꼈다." (연구참여자 4)

대면적 상호작용에는 정보를 공유하기 위한 행위들이 포함된다. 이를테면 해당 모둠 구성원들이 각기 자유롭게 의견을 개진하고 다양한 이야기를 꺼내어 구성원들의 입장이나 생각을 듣는 행위가 이에 해당된다. 이런 정보 공유 행위는 개별학습이나 경쟁학습의 구조에서 얻지 못하는 내적 자기 검토와 성장을 촉진하는 데 기여한다.

"나와 같이 결론을 쓰는 조원과 먼저 가장 큰 틀을 짜고 이것저것 생각나는 대로 말을 내뱉는 '브레인스토밍'을 하다 보니 금방 개요와 그에 들어가는 세부 사항들을 정할 수 있었다. 또한 수업시간에는 개조식으로만 적는 것이어서 빠르게 논술 결론의 글 짜임새를 마무리할 수 있었다." (연구참여자 6)

"우선 각자 개인적으로 공부 또는 예습을 한 내용을 공유하면서 내가 놓쳤던 부분이나 이해하기 어려웠던 부분을 해결할 수 있다. 그리고 우리 모두가 함께 성장하고 발전한다. 서로 피드백을 해주기 때문에 그러한 점을 하나씩 개선해 나갈 수 있기 때문이다." (연구참여자 1)

대면적 상호작용에서 상호교수는 동료 간 이루어지는 교수활동을 말한다. 동일 모둠 내 구성원들 간 함께 나누는 수업을 준비하기 위해 구성원들은 학습내용을 미리 숙지하는 예습의 시간을 갖기도 한다. "내가 미처 느끼지 못한 것, 조사하지 못한 것을 조원을 통해 습득하는 것의 즐거움은 가히 새롭고, 놀랍다"라고 고백하는 연구참여자도 있다. 이렇게 동료 상호교수는 협동학습의 강력한 장치이다.

"배워야 하는 내용을 미리 예습하고 수업 시간에 모둠원들과 서로 나누는 수업은 무척이나 즐거운 일이다. 서로가 부족한 부분을 채워주고, 가르쳐주는 과정에서 배움과 나눔의 기쁨을 느낄 수 있다."(연구참여자 5)

"오늘 모둠 토의 시간은 평소보다 왠지 모르게 잘 이루어졌고 즐거웠다. 서로 궁금했던 점, 다른 점을 나누는 것에 기쁨을 느꼈다. 내가 미처 느끼지 못한 것, 조사하지 못한 것을 조원을 통해 습득하는 것의 즐거움은 가히 새롭고, 놀랍다. 예를 들자면 내가 '의사소통 모형'에서 잡음의 구체적인 사례에 대해서 무척이나 궁금했다. 그랬더니 지원이가 딱 그것을 조사해주었다. 그래서 나에게 알려주었다. 나눔, 가르침, 배움의 삼박자가 실현되었다." (연구참여자 5)

"나 혼자만 이 교육과정에 대해 조사를 했을 때는 이렇게 다양하고 깊은 사실을 알 수 없었지만 우리 모둠원과 다른 모둠원과 비교하며 내가 놓친 부분이나 모둠원들이 놓친 부분을 알려주고 나 또한 배울 수 있는 기회가 되었습니다." (연구참여자 9)

4) 사회적 기술

사회적 기술은 모둠 활동을 통해 인간관계를 수련하는 것이다. 일반적으로 사회적 기술은 몇 가지 특징을 지닌다. 첫째, 개인이 다른 사람과의 상호작용에서 부정적인 반응을 피하고 긍정적인 반응을 이끌어 내는 행동이다. 둘째, 다른 사람에게 어떤 영향을 미치기 위하여 표출되는 행동으로 목표 지향적이고 도구적이다. 셋째, 그 사회의 특수한 상황이 반영된 것으로 사회적 맥락에 따라 변화된다. 이러한 특징들이 모둠 활동에서 다양한 행동으로 나타난다.

“오늘 문화와 교육 수업에서는 우선 지역, 성별을 조절하여 모두 고른 조를 편성하였습니다. 처음에는 조명을 정하는 시간을 가졌는데 그 전에 조명을 정하는 공정한 방법에 대하여 이야기를 나누는 시간을 가졌습니다. 저는 이런 시간을 가져본 일이 처음이어서 많이 놀라웠습니다. 처음에는 시간이 많이 걸리고 불편한 느낌도 들었지만 생각해보니 좋은 아이디어가 나와도 목소리가 큰 친구나 인기가 많은 친구들의 의견에 묻힐 수 있음을 방지할 수 있는 방법인 것을 깨달았습니다. 저희 조는 각자의 의견을 적고 그것을 투표하여 가장 많은 표를 받는 의견을 조명으로 정하기로 했고 다양한 의견을 가진 모든 팀원을 존중한다는 의미를 가진 ‘다양성 존중하조’가 뽑히게 되었습니다.” (연구참여자 2)

“나는 비언어 의사소통에 대해 과제를 할 때 어려운 부분도 많고 표나 도식이 이해가 안가서 난감했다. 그래서 조원들에게 과제를 하며 이해 안 갔던 부분에 대해 이야기를 하고 질문을 했더니, 조원들끼리 토론하여 답을 이끌어 냈다.” (연구참여자 9)

“우리 일생일작 조는 토의에 들어갔다. 사회자 친구의 주도 하에 우리 조의 토의는 원활하게 진행되었다. 1~6번까지 질문에 대해 차례대로 이야기를 나눴다. 토의 방식은 우선 한 사람이 대표로 자신이 정리해온 답을 조 친구들에게 읽어주고 설명한 뒤, 그 친구와 다른 부분이 있거나 자신이 더욱 보완해서 이야기 하고 싶은 것이 있는 사람이 이어서 말하기로 하였다. 또한 리딩 북을 읽고 자신만의 예시를 들어오는 문제는 모두가 다를 것이라고 생각하여 한 사람 씩 돌아가며 이야기하기로 했다.” (연구참여자 11)

“오늘은 모둠 활동으로 6주차 과제 낸 문제에 대해 토의하는 시간을 가졌다. 혼자 과제를 할 때 모형을 이해하는 것도 어렵고 그것을 교육현장에 대입하기 어려움을 가졌다. 하지만 모둠원들과 토의하며 조원들의 생각을 들으면서 의사소통 모델을 잘 이해할 수 있었고, 미처 내가 생각하지 못한 부분까지 알려줘서 조원들에게 고마웠다. 특히 6주차 과제 중 2번에서 기술적 문제와 의미적 문제의 개념 구분이 모호해서 과제할 때 힘들었지만 조원들과 논의과정과 교수님께 질의응답 하는 시간 덕분에 어느 정도 이 문제에 대해 이해할 수 있었다." (연구참여자 12)

사회적 기술의 영역에서 배려와 책임, 도와주기 등은 전형적인 긍정적인 인간관계의 맥락으로 이해할 수 있다. 배려와 책임, 동료 도와주기 등의 사회적 기술이 모둠 활동에서 어떻게 구체적으로 나타나는가를 연구참여자들의 인터뷰 내용을 통해 확인할 수 있다.

"나는 특별히 자신 있거나 하고 싶은 부분이 있는 것은 아니어서 어디를 하는 것이 좋을까 고민해보았다. 그때 친구들이 나는 서론과 결론이 특히 좋은 것 같으니까 둘 중에 하나를 맡아줄 수 있냐고 물었고 나는 도움이 된다면 뭐든 괜찮다고 대답했다. 상의 끝에 우리 조 친구들이 대체로 결론 부분이 약하기 때문에 그 부분을 가장 자세히 써 온 내가 '결론' 부분을 맡기로 했다. 다른 친구들이 쓴 내용도 일부 참고하며, 같이 결론을 쓰기로 한 친구랑 어떤 방식으로 진행하는 것이 좋을지 계속 이야기했다. 서론이랑 본론 부분을 맡은 친구들도 내 논술을 참고하고 싶은데 혹시 종이를 찢어서 나눠 보아도 괜찮냐고 물었고, 나는 흔쾌히 괜찮다고 대답해줬다. 다 같이 노력하고 모두의 논술에서 좋은 부분을 발췌해야 더 좋은 논술을 쓸 수 있을 것 같다는 생각이 들었기 때문이다." (연구참여자 11)

"내가 다소 어려웠던 질문을 매우 잘 정리해 온 같은 조 친구가 있어서 그 친구의 도움을 많이 받았다. 위에서 언급했던 교육현장에 대입하는 예시를 매우 잘 정리하고 우리에게 설명해 주어서 그에 맞는 모델을 이해하는데 정말 큰 도움이 되었다. 또 반대로 내가 잘 정리한 부분은 조 친구들에게 잘 설명해주고 도움을 주기도 하였다. 서로 상부상조하며 이 번 주 '의사소통과 교육' 부분에 대해서 다들 더욱 깊이 이해하는 데 큰 도움을 주고받았다." (연구참여자 11)

5) 성찰

앞서 기술한 네 가지 요소(긍정적 상호의존성, 개별적 책무성, 대면적 상호작용, 사회적 기술)들이 집단 구성원 상호 간의 관계에서 나타나는 특성이라면, 성찰은 그러한 관계 속에서 나타나는 개인의 내적 반성과 그로 인한 성장이 일어나는 것을 의미한다, 아울러 협동학습 활동이나 모둠별 과제 완료 후 개인이나 모둠 활동에 대해 반성하고 성장을 위한 다짐과 개선 의지를 보이는 것으로 파악될 수 있다. 우선 자신이 다른 모둠 구성원의 과제와 비교하고 성찰하고 개선하겠다는 의지의 내용을 살펴볼 수 있다.

"같은 모둠 학우는 사회 · 문화 교과를 배운 적이 없어 우선적으로 개념을 이해하기 위해 노력했다고 했다. 그리고 인터넷을 검색해서 사례를 찾고, 그 사례를 본인이 이해한 내용으로 바꿔서 본인만의 사례를 만들었다. 단순히 교과서를 그대로 가져온 나의 과제와는 완전히 다를 수밖에 없었던 것이다. 얕은 계곡물의 공부를 한 나와 넓고 깊은 바다의 공부를 한 사람들과의 과제 퀼리티는 다른 게 당연하다. 앞으로 나도 바다처럼 넓고 깊은 공부를 해서 뒤처지지 않게, 조원뿐만 아니라 학우들에게 도움을 줄 수 있는 김예진이 되어야겠다." (연구참여자 1)

> “조원들끼리 다른 조의 공동논술에 관해 간단히 이야기할 시간을 가졌다. 다른 조의 공동 논술에 대해 들으면서, 물론 우리랑 비슷하게 이야기를 풀어낸 조도 있었지만, 우리 조와 결말이 같은데도 중간 내용이 완전히 다른 조와 결말 자체도 조금 다른 조들도 있었다. 따라서 역시 사람의 생각은 다양하다고 느꼈고, 우리 조보다 창의적이게 쓰거나 내가 생각하지 못한 부분을 쓴 조를 보며 나도 좀 더 열린 사고를 하고 싶다. 또 해야겠다는 생각이 들었다.” (연구참여자 4)

몇몇 연구참여자들의 성찰의 경험은 다른 모둠 구성원들로부터 학습의 교훈을 받았으며, 그들의 성취 결과에 대해 존중하며 칭찬을 하는 사례를 통해 확인할 수 있었다. 나아가 모둠 동료들의 수행에 대해 자신을 돌아볼 수 있는 기회, 자신의 활동을 개선할 수 있는 계기가 되었다는 성찰을 보였다.

> “나는 과제를 그냥 정리만 했다면 다른 학우들은 내용, 가독성 등 여러 가지 부분을 고려해 어떻게 하면 읽기 쉽고 알아보기 쉬울까에 대해 많이 생각하고 고민하여 쓴 것 같다는 생각이 들었다. 과제를 내 준 그대로만 해가 내가 부끄러웠고 앞으로 과제를 할 때 과제의 본질, 의미를 고려해 베스트로 뽑힌 친구들처럼 다음 과제를 열심히 준비해야겠다라는 생각을 했다.” (연구참여자 8)

> “잠시 쉬는 시간을 갖고 난 뒤, 과제로 만들어 온 질문을 조원끼리 돌려보며 겹치는 질문을 추리는 시간을 가졌다. 친구들의 질문을 보면서 나는 별 생각 없이 지나간 부분에서 ‘저런 질문을 떠올려 볼 수 있겠구나. 꼼꼼히 잘 읽고 생각 해 온 것 같다’는 생각이 절로 들었다. 나도 나름 여러 번 읽고 많이 고민해봤는데 살짝 아쉽다는 생각이 들었다. 다음 주에는 좀 더 꼼꼼히 읽고서 깊게 고민해보아야겠다고 다짐했다.” (연구참여자 11)

모둠 구성원들은 자신과 타 구성원들 간 의 협업을 통해 스스로 성장을 자각하는 긍정적인 결과를 인식하고 있다. 자신의 모둠 동료들 간에 혹은 타 모둠의 구성원들의 성취를 자신과 비교함으로써 성장을 확인하는 모습은 성찰이 성장과도 연관이 있다는 사실을 보여준다.

> 공동 논술의 핵심은 나의 성장이다. 공동 논술을 통해 내가 쓴 것과 우리 조에서 쓴 것, 그리고 다른 조의 것을 비교하고 서로 다른 부분을 분석해 나의 것으로 만들어 나를 발전시키기 때문이다. 다른 조에서 공동 논술을 어떻게 했는지 발표한 것을 듣고 나와 다른 것은 무엇인지 확인하고 반성을 하는 시간을 가졌다. 우선 4조에서 의복을 예시로 들었는데, 나는 생각도 못했던 예시였다. 4조의 발표를 통해서 의복으로 남자와 여자의 성질을 구분할 수 있다는 생각을 할 수 있었다. 즉, 더 시야를 넓힐 수 있었다. (연구참여자 1)

협동학습 요소 중 성찰은 자기반성을 포함하여 개인의 내적 발전과 자기주도적 학습 활동을 촉진하는 계기가 되는 것은 자명하다. 모둠 구성원들로부터 자기모순 찾기를 넘어서는 자기반성의 과정은 성찰에 있어서 핵심적인 부분이다. 철저한 성찰이 없다면 자기 발전과 미래는 보장되지 않는다. 이러한 반성이 협동학습을 통해 일어날 수 있다는 사실을 이해함은 중요하다.

> "친구들과 토론을 하면서 하는 게 가장 효과적이다. 수준을 높이고 싶으면 본인이 열심히 공부하고, 본인이 수준이 그만큼 높아지면 다른 친구들에게 공유를 해야 한다. 그러면 그 모습을 본 친구들은 자신을 반성하고 성찰하여 스스로 공부를 해오면 서로 공유를 하면서 모두 다 같이 성장할 수 있다." (연구참여자 1)

"조이름을 정하는 과정에서 토론과 토의하는 시간을 나누는 동안 조원들과 다양한 의견을 주고받았습니다. 짧은 시간이었지만 조원들과 토의하는 과정 중에 의견충돌이 있었지만 어려움 없이 잘 해결해 나갈 수 있었습니다. 또한 이런 토론과 토의 방식이 기존에 제가 고등학교에서 경험했던 수업방식과는 차이가 많았습니다. 물론 시간과 개인 개인 마다의 의견을 주고 받아야하는 수고로움을 겪어야했지만, 그 경험이 모든 조원들이 동의하고 행복할 수 있는 방향으로 이끌 수 있다는 것을 깨닫고 미래 교사가 되었을 때 '이런 수업을 하고 싶다.'라는 생각을 하게 되었습니다."(연구참여자 9)

실패를 인정하고 반성하는 행위는 성찰의 전제적이기도 하며 전형적인 단계이다. 이 행위는 성찰을 위한 기초 단계이며, 개인 학습자가 긍정적인 상호의존성을 토대로 모둠 구성원들로부터 혹은 교수자로부터 교훈을 얻고 자신을 자각하는 행위이다.

"우리 조의 발표 이후 서론과 결론을 쓰인 말 그대로 극단적으로 받아들일 경우 생기는 오류에 대하여 다른 조들에게서 비슷한 맥락의 질문이 쇄도 하였다. 우리 조는 당황하해서 바로 답변을 하지 못하였고 후에 이에 대해서 흑백논리처럼 받아들이지 말아달라는 해명을 하였다. 하지만 논술의 진행이 매끄럽게 진행되도록 미처 확인을 하지 않은 것에 대한 후회를 느끼게 되었다. 각자의 강점대로 개별적 역할을 분담하였지만 논술의 전체적 흐름을 보지 못하였던 것 같다. 하지만 이런 일을 겪음으로써 더욱 성장해나갈 수 있다고 긍정적으로 생각하기로 하였다." (연구참여자 6)

"교수님의 잠깐 수업(교사와 학생과 교육과정 등의 관계) 후 학생에게 질문을 하는 식으로 초반에는 진행이 되었다. 특히 지역 학교와 협정을 왜 체결하는지에 대해 여러 학우들에게 질문을 하셨다. 교수님이 제대로 된 답이 나올 때 까지 다음 학생에게 질문하실 때마다 내가 걸리지 않아서 다행이라는 생각이 듦과 동시에 아직 고등학교 수업처럼 선생님의 말씀을 아무생각 없이 듣거나 받아 적고만 있던 나 자신을 발견하게 되었다. 또한, 모르겠다고 말한 학생을 교수님이 타박하는 것을 보고 나서야 이런 수동적인 나 자신의 수업태도를 반성하고 바꾸어나가야겠다는 생각이 들었다." (연구참여자 6)

5. 마무리

본 연구는 미래 시민을 양성하는 책임을 맡게 될 예비교사 교육의 문제점과 전환의 필요성에 대한 인식에서부터 출발하였다. 연구수행을 위해 예비교사들이 교사양성기관에서 수강한 교직 필수과목이 갖는 협동학습의 특징을 분석하고, 해당 수업을 수강한 예비교사들의 경험에 대해 고찰하고자 하는 두 가지 연구문제를 설정하였다. 하나는 협동학습 과정에서 나타나는 학습자 경험이며, 또 다른 연구문제는 협동학습수행 후 학습자들의 경험이 어떠한지에 관한 것이다. 구체화한 연구수행을 위해 인하대학교 사범대학 사회교육과 1학년의 교직전공 필수과목 중 '문화와 교육' 수업을 수강한 학생들의 협동학습 경험에 관해 분석하였다.

연구결과 3절에서는 학습자들의 협동학습 과정의 경험이 협동학습 조직, 구성원, 수업운영, 평가의 큰 영역 아래 인식, 배려와 존중, 상호작용, 수업준비, 의사소통, 상호교수, 역할분담, 협동학습을 통한 변화와 효과 등의 9가지 주제로 정리되었다.

연구결과 4절에서는 예비 사회과 교사 학습자들의 열린 수업 경험을 협동학습 요소를 중심으로 분석한 결과를 제시한다. 연구참여자들의 경험은 협동학습교육론자들이 공통적으로 언급한 긍정적 상호의존성, 개별적 책무성, 대면적 상호작용, 사회적 기술, 성찰로 구분하여 기술하였다.

연구결과로서 나타난 내용은 연구참여자들이 협동학습을 시작할 때는 생소한 학습방법에 대해 걱정과 두려움을 가지고 있었다는 점이다. 그러나 구성원들과의 상호작용을 통해 협동학습의 교육적 효과를 경험하면서 학습자, 교수자 모두에게 갖는 협동학습의 중요성을 인식하게 되었다. 특히, 사회과 예비교사들의 협동학습 경험은 협동학습의 가치와 필요성에 대해 인식하는 차원에서 더 나아가 그러한 학습자 중심의 활동을 사회 수업에서 어떻게 펼쳐낼 것인지에 대한 실제적인 수업에 관한 고민으로까지 이어지는 긍정적 효과를 나타내었다. 예비교사들에게 나타나는 학습효과는 미래 교수활동에 대한 인식과 태도에 영향을 미쳐 교육의 질적 성장을 도모할 수 있는 것이다. 이러한 연구결과를 통해 다음과 같은 시사점을 얻을 수 있다.

첫째, 연구참여자들은 협동학습을 통해 함께한다는 민주시민으로서의 가치를 재확인하였다. 따라서 예비교사들을 위한 교사양성기관의 교육과정은 교사로서의 올바른 교육관과 태도를 기를 수 있는 방향으로 설계되어야 한다.

둘째, 교사양성 프로그램은 교사들이 현장에 나가서 적용할 수 있는 다양한 수업기법들을 직접 경험해 볼 수 있도록 구성되어야 한다. 교사양성 시기에 직접 체험한 수업운영 방식은 경험과 재구성의 단계를 거쳐 자신에게 가장 적합한 새로운 교수형태로 발전될 수 있으며, 그러한 수업을 통해 학습자의 성장을 유도할 수 있다.

셋째, 예비교사들의 교육 프로그램은 실제 학교 현장과 연계될 필요가 있다. 미래 교수자인 예비교사들은 학습자의 입장에서 배우는 것뿐만 아니라 예비 교수자의 입장에서 교육현장 경험을 쌓는 것도 중요하다. 예비교사 양성과정에서의 현장 경험은 미래 교사가 되었을 때 겪을 수 있는 시행착오를 최소화 할 수 있다. 이는 교육의 질을 높이는 또 다른 방안이 된다.

학습자는 물론 교수자 차원에서 여러 이점이 있는 협동학습의 실천은 민주시민양성을 기치로 하고 있는 사회과는 물론 모든 교과에도 확산되어야 한다. 특히 이 연구결과가 고등교육 현장에서도 지식 이해 및 확장을 목표로 하는 강의식 수업을 협동학습으로 전환할 수 있는 계기가 되길 바라는 바이다.

참고문헌

강혜정, 임은미(2012). 「대학생용 다문화태도 척도의 한국판 타당화 연구」, 『아시아교육연구』13(4), 35-57.

교육부(2015). 「사회과 교육과정」, 교육부 고시 제2015-74호.

권정화, 이보영, 배성호(2004). 「협동학습을 활용한 고등학교 지리 수업의 개선 방안 연구(The Cooperative Learning in High School Geography Lessons)」, 『중등교육연구』 52(2), 183-217.

권종실, 남창우(2018). 「온라인 협동학습 환경에서 스캐폴딩 전략이 대학생의 교수실재감에 미치는 영향」, 『학습자중심교과교육연구』 18(20), 19-38.

김경호(2008). 「'의견표현'과 '사실적시' 이분법에 따른 대법원의 표현의 자유 보호법리에 관한 연구」. 『언론과학연구』 8(1), 39-80.

김기정(2003). 「대학생 집단에 있어서 학습자 중심의 협동학습전략이 학업성취도, 교과관련정의, 교우관계에 미치는 효과」, 『교육발전』22(1), 43-71.

김기화, 김영순, 오영섭(2019). 「필드웍 수업 참여 대학생의 협동학습 경험에 관한 질적 연구」, 『열린교육연구』 27(2), 1-21.

김명랑, 박인우(2009). 「웹기반 협동학습에서 상호의존성이 학업성취도에 미치는 영향」, 『교육과학연구』 40(1), 89-116.

김무길(2008), 「듀이의 흥미 개념 재이해와 그 교육적 함의」, 『교육철학』 42, 7-28.

김민정(2010). 「예비교사 교육을 위한 e-포트폴리오 시스템 설계기반 연구」, 『교육정보미디어연구』 16(4), 525-552.

김순희(2009). 「교사의 반성적 수업 실천을 위한 방안 탐색」, 『한국교원교육연구』 26(2),

101- 121.

김영순(2017a),『다문화 사회와 공존의 인문학』, 양주: 디비북스.

김영순(2017b).『다문화교육의 이론과 이론가들』, 성남: 북코리아.

김영순, 김기화, 오영섭(2018).「필드 웍(field work) 프로젝트 협동학습 수업모형 개발」, 인하대학교 교수학습개발센터.

김영순, 윤현희, 이영희(2018).「FGD 활용 교육 선진국의 미래 교육 동향 탐색」,『열린교육연구』26(4), 1-21.

김영순, 임지혜, 정경희, 박봉수(2014).「결혼이주여성의 초국적 유대관계에 나타난 정체성 협상의 커뮤니케이션」,『커뮤니케이션 이론』10(3), 36~96,

김영순, 정윤경, 김기화, 오영섭(2017).「INHA-MOOC의 b-러닝 교과 활용 협동학습 모형 개발」, 인하대학교 교수학습개발센터.

김영순, 최희(2018).「교양수업에 참여한 대학생의 협동학습 경험에 관한 연구」,『열린교육연구』26(1), 145-264.

김용주, 홍아정(2018).「대학생의 성찰학습이 다양성 수용정도에 미치는 영향과 협동학습 역량의 매개효과」,『학습자중심교과교육연구』18(14), 563-584.

김재은, 윤필규(2018).「협동학습구조의 교양체육수업 참여 대학생들의 경험과 의미: 요가 수업을 중심으로」,『한국스포츠학회지』16(4), 617-626.

김창아(2016).『교육연극을 통한 다문화 대안학교 초등학생의 협동학습』, 성남: 북코리아.

김창아, 김영순, 홍정훈(2014).「교육연극 활동에 참여한 다문화 대안학교 초등생의 협동학습 경험에 관한 연구」,『학습자중심교과교육연구』14(4), 177-205.

김현서(2003),「협동 학습에 대한 메타 분석: 사회과를 중심으로」, 경인교육대학교 교육대학원 석사학위논문.

김희필, 김영용, 김효심(2008).「예비 교사의 반성 사고 능력 강화를 위한 학습 포트폴리오 적용 프로그램의 효과」,『한국실과교육학회지』21(3), 257-276.

문용린(1988).「한국학습이론의 한계와 동향」, 한국교육개발원 전문잡지.

문지윤, 신태섭(2015).「대학 수업 조별과제의 집단효능감 경험에 대한 질적 연구」,『교육심리연구』29(1), 41-64.

박민정(2007).「프로젝트 기반 수업을 통한 대학원 학생들의 학습경험에 관한 연구」,『교육과정연구』25(3), 265-288.

박용상(2003).『표현의 자유』, 파주: 나남.

박용한(2010).「협동학습이 대학생의 성취목표지향성, 학습동기, 학업성취도에 미치는 영향」,『아시아교육연구』 11(1), 91-119.

박지회, 고장완(2016).「협동학습 맥락에서 대학생의 협력적 자기효능감과 문제해결능력 간의 관계: 의사소통능력의 매개효과」,『교육혁신연구』 26(1), 169-192.

배성호(2004).「협동 학습을 활용한 고등학교 지리 수업의 개선 방안 연구」, 경북대학교 대학원 석사학위논문.

선곡유화, 이영선, 서우석(2016).「청소년의 다문화 자기효능감 척도 개발 및 타당화」,『교육문화연구』 22(6), 483-511.

성열관(2005).「반성적 교사교육을 위한 교육과정 실천연구」,『교육과정연구』 23(1), 261-282.

손병노(1996).「사회과 협동학습의 의의와 이론적 토대」,『사회과교육』 29, 163-190.

손원선(1997).「사실의 주장과 의견의 표현」,『법과 사회』 15, 200-229.

손유진 (2004).「교사교육에서 디지털 포트폴리오의 활용이 비유아교사의 자기주도력에 미치는 영향」,『유아교육논총』13(1), 85-99.

송연숙(2004).「과학교수활동 포트폴리오 적용이 예비유아교사의 과학교수능력에 미치는 영향」. 부산대학교 대학원 박사학위논문.

안도희, 김유리(2015).「협동학습과 자기주도 학습이 대학생의 삶의 만족감에 미치는 영향」.『청소년학연구』 22(7), 1-30.

양은주, 임황룡(2010).「듀이의 흥미 개념과 초등교사의 실천적 과제」,『敎育思想硏究』 24(2), 105-127.

엄미리(2010).「e-포트폴리오 성찰일지 작성활동의 학습효과에 영향을 미치는 학습자 관련 변인에 관한 연구」, 고려대학교 대학원 박사학위논문.

오유라, 김효정(2017).「GI협동학습모형을 적용한 다문화 미술수업이 중학교 1학년의 다문화태도에 미치는 영향」,『문화예술교육연구』 12(1), 145-170.

윤성철(2018).「예비교사의 성찰 중심 경험학습(REL)에 대한 사례연구」, 한국교원대학교 대학원 박사학위논문.

이명관(2017).「대학 영어수업에서 협동학습이 학습동기에 미치는 영향」,『학습자중심교과교육연구』 17(10), 219-242.

이미아(2017).「대학생들이 인식한 협동학습 수행의 기본요소 반영 정도와 학습양식에 따른 수업만족도 차이 분석」.『교육혁신연구』 27(1), 115-132.

이바름, 정문성(2011).「협동학습이 다문화태도에 미치는 영향」,『다문화교육』 2(3), 107-132.

이바름, 정문성(2017).「사회과 기능 교육 내용 체계화 경향에 한 비교 분석」, 한국 사회과 교육학회 2017년도 연차학술대회 발표자료집(pp.197-215).

이수진(2012).「결혼이주여성의 문화적응문제와 한국어 학습에 관한 연구」. 군산대학교 교육대학원 석사학위논문.

이순덕, 김가연(2015).「학습공동체 활동이 의사소통능력과 자기주도적 학습능력에 미치는 효과」,『한국산학기술학회』16(2), 8249-8261.

이유택(2008).「책임에 관한 철학적 성찰 : 레비나스와 요나스를 중심으로」,『하이데거연구』17, 63-94.

이정선(2005).「교사의 실천적 교수지식 형성방안」,『교육인류학연구』8(2), 211-239.

이지은(2016),「대학 수업의 협동학습에서 집단자존감, 협동학습태도와 팀 과제성취의 관계 분석」,『학습자중심교과교육연구』16(12), 177-198.

이지현(2009).「예비교사의 실천적 지식 함양을 위한 수업 프로그램 연구」,『교육과학연구』40(1), 1-33.

이철현(2013).「다문화교육 강좌의 효과성 측정을 위한 다문화감수성 측정 도구 개발」,『다문화교육연구』6(3), 131-156.

이화도(2011).「포스트모더니즘 담론에 근거한 다문화교육의 이해」,『교육사상연구』25(2), 179-200.

임한나(2016).「청소년지도사의 다문화 인식 증진 방안에 관한 통합연구」, 인하대학교 대학원 박사학위논문.

장언효(2002).「교사교육 프로그램 교육과정의 문제점과 개선방안」,『교육논총』21, 65-79.

장인실 외(2012).『다문화교육의 이해와 실천』. 서울: 학지사.

정문성(1998).「사회과 협동학습구조에서의 의사결정모형이 학업성취에 미치는 효과 연구」.『시민교육연구』26(1), 185-206.

정문성(2000).「협동학습의 실제-simulation을 중심으로」,『열린교육연구』8(2), 35-49.

정문성(2002).『협동학습의 이해와 실천』, 서울: 교육과학사.

정문성(2008).『협동학습의 이해와 실천』, 서울: 교육과학사.

정문성, 최현희, 전영은(2017).「협동학습이 민주시민의식에 미치는 영향 -또래지지, 교사지지, 부모지지 및 사회 자아개념의 매개효과를 중심으로」,『시민교육』49(3), 127-145.

정은이(2016).「다양성 수용도와 협동학습 역량이 진로 적응성에 미치는 영향: 한국과 미국 대학생의 비교」, 『교육방법연구』 28(2), 307-337.

조덕주(2009). 「반성적 사고 중심 예비교사 교육 프로그램 개발을 한 기초연구」, 『한국교원교육연구』 26(2), 411−436.

조일현(2010). 「대학 프로젝트 수업 환경에서 분업화, 상호작용, 공유정신모형이 팀 수행성과와 개인 학습에 미치는 영향」, 『교육공학연구』 26(3), 1-20.

조현준(2009). 「프랑켄슈타인에 나타난 '낯선 두려움'」, 『19세기영어권문학』 13(1). 161-186.

최승은(2015). 「상호문화교육의 관점에서 본 초등교사의 음악교육 경험에 관한 연구」, 인하대학교 대학원 박사학위논문.

최충옥, 정은진(2010), 「협동학습을 활용한 수학과 다문화교육 프로그램 개발과 효과 연구」, 『다문화교육』 1(3), 115-132.

한승희(2000). 「교육학의 새로운 지표로서 내러티브(Narrative as A New Paradigm on Education)」, 『교육학연구』 38(4), 259-282.

홍순태, 이상국(2013). 「협동학습과정에서 나타난 한국 대학생들의 언어적 상호작용분석」, 『영어영문학연구』 55(3), 555-594.

홍지인, 배상훈(2018). 「학습공동체 참여가 대학생 학습 성과에 미치는 영향」, 『열린교육연구』 26(3), 79-108.

황정혜(2009), 「의사소통 불안에 따른 소집단 구성과 GI 협동학습 활용이 사회과 학업성취도와 학습 태도에 미치는 효과」, 광주교육대학교 교육대학원 석사학위논문.

Aronson, E., et al. (1978). *The jigsaw classroom*. Oxford, England: Sage.

Banks J. A. (2008). *An Introduction to Multicultural Education* (6th ed.). Boston: Pearson/Allyn and Bacon.

Bennett, T. (2007). The Work of Culture. Cultural Sociology, 1(1), 31−47.

Berlyne, D. E. (1966). Curiosity and exploration. Science, 153(3731), 25-33.

Berman, S. (1999). The reality of virtual learning. American Association of School Administrators. The School Administrator, 56(4), 6411.

Bruner, J. S. (1961). The act of discovery. Harvard Educational Review, 31, 21-32.

Buber, M. (1979). *Ich und Du*. 10 Aufl,. Heidelberg, Germany: Lambert Schneider.

Buber, M.(1962). Elemente der Zwischenmenschlichen. In Buber, M(1962), *Das Dialogische Printzip* (pp.269-298). Germany, Heidelberg: Lambert Schneider.

Buber, M.(1964). *Reden über Erziehung*. 8. Aufl.. Heidelberg, Germany :Lambert Schneider.

Buber, M.(1964). *Reden über Erziehung*. Heidelberg, Germany: Lambert Schneider, 우정길 역(2010), 『교육강연집』, 지식을만드는지식.

Campbell, D, E. (2010). Democratic Norms to Deliberative Forms: Managing Tools and Tradeoffs in Community-based Civic Engagement. *Public Administration and Management, 15*(1): 305-341.

Campbell, D. E. (2012a), Introduction. In D. E. Campbell, M. Levinson, & F. M. Hess (Eds.), Making civics count: Citizenship education for a new generation(pp. 1-13). Cambridge, MA:Harard Education Press.

Campbell, D. E. (2012b), Civic education in traditional public, charter, and private schools: Moving from comparison to explanation. In D. E. Campbell, M. Levinson, & F. M. Hess (Eds.), Making civics count: Citizenship education for a new generation(pp.229-246). Cambridge, MA: Harvard Education Press.

Clandinin, D. J. & Connelly, F. M (2000). Narrative inquiry Experience and Story in Qualitative Research. San Francisco: Jossey-Bass Publishers. 소경희, 강현석, 조덕주, 박민정 역. (2007). 내러티브 탐구-교육에서의 질적연구의 경험과 사례. 교육과학사.

Courtney, R. (2007). 연극은 지적 행위인가 [Drama and Intelligence: A Cognitive Theory]. (황정현, 양윤석 역). 서울: 평민사. (원서 1989 출판)

Courtney, R. (2010). 교육연극 교육과정 [The Dramatic Curriculum]. (황정현 역). 서울: 박이정. (원서 1980 출판).

Czikszentmihalyi, M. (1990). *Flow: The psychology of optimal experience*. New York: Harper & Row.

Deutsch, M. (1949). A theory of cooperation and competition. *Human Relations, 2*, 129-152.

Deutsch, M. (1973). The Resolution of Conflict: Constructive and Destructive Processes. American Behavioral Scientist, 17(2), 248-248.

Dewey, J. (1916). Democracy and Education. New York: Macmillan

Dewey, J. (1995), *Democracia y educación: una introducción a la filosofía de la educación* (6th ed.). Ediciones Morata.

Elliot, A. J., & Murayama, K. (2008). On the measurement of achievement goals:

Critique, illusion, and application. *Journal of Educational Psychology, 100,* 613-628.

Elliott, E. S. & Dweck, C. S. (1988). Goals: An approach to motivation and achievement. *Journal of Personality and Social Psychology, 54*, 5-12.

Erlandson, D. A., Harris, E. L., Skipper, B. L., & Allen, S. D. (2006).『살아 숨쉬는 현장 이해를 위한 자연주의적 연구방법 실천』, 경문사. (원전은 1993년에 출판).

Flick, U. (2009). Designing qualitative research. London: Sage Publicstions.

Galbraith, R. E., & Jones, T. M. (1975). Teaching Strategies for Moral Dilemmas: An Application of Kohlberg's Theory of Moral Development to the Social Studies Classroom. *Social Education, 39*(1), 16-22.

Garcia, R. L. (2011). Teaching for diversity: A guide to greater understanding. Solution Tree Press.

Geertz, C. (1973). *The Interpretation of Cultures: Selected Essays*, New York: Basic Books Inc.

Geertz, C. (1995). Disciplines- examing the social-sciences. Raritan-a quarterly review, 14(3), 65-102.

Giorgi, A. (1985). Phenomenology and psychological research. Duquesne. 신경림, 장연집, 박인숙 역(2004).『현상학과 심리학 연구』. 현문사.

Gläser, J., &Laudel, G. (2010). Experteninterviews und qualitative Inhaltsanalyse. Springer-Verlag. 우상수, 정수정 역(2012).『전문가 인터뷰와 질적 내용분석』. 커뮤니케이션북스..

Glasser, W. (1986). *Control theory in the classroom*. New York, US: Perennial Library/Harper & Row Publishers.

Gollnick, D. M. & Chinn, P. C. (2009). *Multicultural Education in a Pluralistic Society* (8th ed.). Upper Saddle River, N.J. : Pearson Merril.

Goodenough, W. H. (1976). Multiculturalism as the Normal Human Experience, Anthropology and Education Quarterly, *American Anthropological Association 7*(4), 4-7.

Grant C. A. & Sleeter C. E. (2011), *Doing Multicultural Education for Achievement and Equity* (2nd ed.), New York: Routledge.

Hall, S. (1977), Culture, the Media and the "Ideological Effect"', in J. Curran, M. Gurevitch and J. Wollacott (eds), Mass Communication and Society(pp.

315-348). London, England: Edward Arnold.

Hansen, J. F. (1979). Sociocultural perspectives on human learning: An introduction to educational anthropology. Prentice Hall.

Hawley, R. C., & Hawley, I. L. (1975). Human values in the classroom: A handbook for teachers. Haywards Heath, England: Hart Publishing Company.

Hoffman, L. & Maier, N. (1972). Sex differences, sex composition and group problem solving. Journal of Abnormal and Social Psychology. 63, 453-456.

Holzbrecher, A. (2004). Interkulturelle Pädagogik. Cornelsen Scriptor. 정기섭, 오영훈, 김영순, 이문기, 변경원 역(2014). 『상호문화교육의 이해』, 북코리아.

Honneth. A. (1992). Kampf um Anerkennung, Frankfurt am Main: Suhrkamp Verlag, 문성훈 외 역(2011). 『인정투쟁: 사회적 갈등의 도덕적 형식론』, 사월의 책.

Jackson, S. A., & Marsh, H. W. (1996). Development and validation of a scale to measure optimal experience: The Flow State Scale, *Journal of sport and exercise psychology, 18*(1), 17-35.

Janis, I. L. (1982). Groupthink: Psychological Studies of Policy Decisions and Fiascos. Boston, MA: Houghton Mifflin.

Janz, T., & Tjosvold, D. (1985). Costing effective versus ineffective work relationships: a method and a first look. Canadian Journal of Administrative Sciences, 2(1), 43-51.

Johnson, D. W. & Johnson R. T., 김영순 외 역(2010). 『다문화교육과 인간관계』, 파주: 교육과학사.

Johnson, D. W. & Johnson, R. T. (1975). *Learning together and alone: cooperation, competition and individualization*. Englewood Cliffs, NJ: Prentice Hall.

Johnson, D. W. & Johnson, R. T. (1989). Cooperation and competition: Theory and research. Edina, MN: Interaction Book Company.

Johnson, D. W. & Johnson, R. T. (1999). Making cooperative learning work. Theory into Practice, 38(2), 67-73.

Johnson, D. W. & Johnson, R. T. (2002a). *Joining together: Group theory and group skills* (8th ed.). Boston: Allyn & Bacon.

Johnson, D. W. & Johnson, R. T. (2002b). *Multicultural Education and Human Relations: Valuing Diversity*. Boston: Allyn and Bacon.

Johnson, D. W. & Johnson, R. T. (2010). Peace education in the classroom: Creating effective peace education programs. In G. Salomon & E. Cairns (Eds.), *Handbook of Peace Education*(pp. 223-240). New York: Psychology Press.

Johnson, D. W. (1993). Reaching Out: Interpersonal Effectiveness and Self-Actualization (5th ed.). Needham Heights, MA: Allyn and Bacon.

Johnson, D. W. (2000). *Reaching out: Interpersonal effectiveness and self-actualization* (6th ed.). Englewood Cliffs, NJ: Prentice-Hall.

Johnson, D. W., & Johnson, F. (2000). Joining together: Group therapy and group skills (6th ed.). Englewood cliffs, NJ: Prentice-Hall.

Johnson, D. W., & Johnson, R. T. (1992). Approaches to implementing cooperative learning in the social studies classroom. Cooperative Learning in Social Studies Classroom, an Introduction to Social Study, 44-51.

Johnson, D. W., & Johnson, R. T.(1994a). *Leading the cooperative school* (2nd ed.). Edina, MN: Interaction Book Company.

Johnson, D. W., & Johnson, R. T.(1994b). Cooperative learning and American values. *The Cooperative Link, 9*(3), 3-4.

Johnson, D. W., & Johnson, R. T.(1995a). Teaching students to be peacemakers. Edina, MN: Interaction Book Company.

Johnson, D. W., & Johnson, R. T.(1995b). My mediation notebook(3rd ed.). Edina, MN: Interaction Book Company.

johnson, D. W., & Johnson, R. T.(1995c). Creative controversy: Intellectual challenge in the classroom. Edina, MN: Interaction Book Company.

Johnson, D. W., Johnson, R. T. & Holubec, E. (1998a). *Cooperation in the classroom* (6th ed.). Edina, MN: Interaction Book Company.

Johnson, D. W., Johnson, R. T. & Holubec, E. (1998b). *Advanced cooperative learning* (3rd ed.). Edina, MN: Interaction Book Company.

Johnson, D. W., Johnson, R. T. & Smith, K. (1998). *Active learning: Cooperation in the college classroom* (2nd ed.). Edina, MN: Interaction Book Company.

Johnson, D. W., Johnson, R. T., & Holubec, E. J. (1992). Advanced Cooperafive Learning. Edina. MN: Interaction Book Company.

Johnson, R. T. & Johnson, D. W. (1983), Effects of cooperative, competitive, and individualistic learning experiences on social development. *Exceptional Children, 49*(4), 323-329.

Johnson, R. T. & Johnson, D. W. (Eds.). (1984), *Structuring cooperative learning: Lesson plans for teachers*. Edina, MN: Interaction Book Company.

Kagan, S. (1985). Dimensions of cooperative classroom structures. In R. Slavin, S. Sharan, S. Kagan, R. Hertz Lazarowitz, C. Webb, & R. Schmuck (Eds.), Learning to cooperate, cooperating to learn (pp. 67-96). New York: Plenum Press.

Kagan, S. (1986). Cooperative learning and sociocultural factors in schooling. In California Department on Education, Bilingual Education Office, *Beyond language: Social and cultural factors in schooling of language minority students* (pp. 231-298). Los Angeles, CA: Evaluation, Dissermination, and Assessment Center, California State University.

Kagan, S. (1994). *Cooperative Learning*. San Clemente, CA: Resources for Teachers, Inc.

Kohlberg, L. (1969). Stage and sequence: The cognitive development approach to socialization. In D. A. Goslin (Ed.). Handbook of socialization theory (pp. 347-480). Chicago, IL: Rand McNally.

Kolb, D. A. (1984). Experiential learning: Experience as The Source of Learning and Development. Englewood Cliffs, NJ: Prentice Hall.

Ladson-Billings, G. (1994). *The dreamkeepers: Successful teachers of African American children*. San Francisco, CA: Jossey-Bass.

Levinas, E.(1979). Le temps et l'autre. 강영안 역(1996), 『시간과 타자』, 문예출판사.

Levinson, D. & Ember, M. (1996), *Encyclopedia of cultural anthropology*. New York: Henry Holt and Co.

Lévi-Strauss, C. (1955). Tristes tropiques(1973 English translation by John and Doreen Weightman). New York: Atheneum.

Marshall, C., & Rossman, G. B. (1995). Designing qualitative research. Los Angeles: Sage Publications.

Miller, J. P. (1976). Humanizing the classroom: Models of teaching in affective education (Vol. 854). New York: Praeger Publishers.

Mueller, A. & Flaming, T. (2001). Cooperative Learning: Listening To How Children Work at School. Journal of Educational Research, 94(5), 295-65.

Munroe, A. & Pearson, C. (2006). The Munroe Multicultural Attitude Scale Questionnaire: A New Instrument for Multicultural Studies. *Educational and*

Psychological Measurement, 66(5), 819-834.

Nussbaum, M. C. (1997). *Cultivating Humanity: A Classical Defense of Reform in Liberal Education*. Cambridge, Mass: Harvard University Press.

Patterson C. H. (1973). *Theories of counseling and psychotherapy* (2nd ed.). New York: Harper & Row.

Peters, R. S. (1966). *Ethics and Education*. London, England :Allen & Unwin.

Piaget, J. (1926). *The language and thought of the child*. London, England : Kegan Paul, Trench & Trubner.

Piaget, J. (1950). The Psychology of Intelligence. London, England: Routledge.

Ricoeur, P. (2006). Percurso do reconhecimento. Ipiranga, Brazil: Edições Loyola.

Rosenshine, B. & Stevens, R. (1986). Teaching functions. In M. C. Wittrock (Ed.), Handbook of research on teaching, 3rd ed. (pp. 376-391). New York: Macmillan.

Schwandt, T. A. (2007). The SAGE dictionary of qualitative inquiry (Vols. 1-0). Thousand Oaks, CA: SAGE Publications, Inc.

Sharan, Y., & Sharan, S. (1980). Group investigtation expands cooperative learning. Educational leadership:Journal of the department of supervision and curriculum development, 47(4), 17-21.

Sharan, Y., & Sharan, S. (1994). What do we want to study? How should we go about it? Group Investigation in the Cooperative Social Studies Classroom. In R. J. Stahl (Ed.), Cooperative Learning in Social Studies : A Handbook for Teachers. New York : Addison- Wesley Publishing Company, 257-276.

Slavin, R. E. (1978). Cooperative learning and intergroup relations. In J. A. Banks & C. A. M. Banks (Eds.), H*andbook of research on multicultural education* (pp. 628-634). New York: Simon & Schuster/Macmillan.

Slavin, R. E. (1989). Cooperative learning and student achievement: Six theoretical perspectives. Advances in motivation and achievement, 6, 161-177.

Slavin, R. E. (1990). Achievement Effects of Ability Grouping in Secondary Schools: A Best-Evidence Synthesis. *Review of Educational Research, 60*(3), 471–499.

Slavin, R. E. (1995). *Cooperative Learning: Theory. Research and Practice* (2nd ed.). Boston: Allyn & Bacon.

Slavin, R. E. (2001), Putting the School Back in School Reform. *Educational*

Leadership, 58(4), 22-27.

Sleeter C. E. & Grant C. A. (2009), *Making Choices for Multicultural Education* (6th ed.). New York: Wiley.

Spradley J. P. & McCurdy D. W. (1975), *Anthropology: the cultural perspective*. New York: Wiley.

Spradley J. P. & McCurdy D. W. (1994), *Conformity and Conflict: Readings in Cultural Anthropology* (8th ed.), HarperCollins College Publishers.

Spradley, J. P. (1980). Doing participant observation. New York: Holt, Rinehart and Winston.

Spradley, J. P. (2006). 『참여관찰법』, 시그마프레스. (원전은 1980년에 출간).

Taylor, E. B. (1871). Primitive Culture: researches into the Development of Mythology. Berkeley, CA: University of California Press.

Tomas, R. M.(2000). Comparing theories of child development (5th ed.), Belmont, CA: Wadsworth.

Vygotsky, L. S. (1978), *Mind in society: The development of higher psychological processes*. (M. Cole, V. John-Steiner, S. Scribner, & E. Souberman, Eds.). Cambridge, Mass: Harvard University Press.

Vygotsky, L. S. (1986). Thought and language. Cambridge, MA: MIT Press.

Vygotsky, L. S., 정회욱 역(2009), 『마인드 인 소사이어티: 비고츠키의 인간 고등심리 과정의 형성과 교육』, 서울: 학이시습.

Webb, N. (1985). "Student Interaction and Learn-ing in Small Groups: A Research Sum-mary." In R. E. Slavin, S. Sharan, S. Kagan, R. Hertz-Lazarowitz, C. Webb, and R. Schmuck,(Eds.), Learning to Cooperate, Coop-erating to Learn (pp.147-172). New York: Plenum.

Weller, S. D. V. (1976). Co-operation in the care of handicapped children. Public health, 90(4), 187-190.

West, S. G., Finch, J. F., & Curran, P. J. (1995). Structural equation models with nonnormal variables: Problems and remedies. In R. H. Hoyle (Ed.), *Structural equation modeling: Concepts, issues and applications* (pp. 56-75). Newbury Park, CA: Sage.

Wittrock, M. C. (1978). The cognitive movement in instruction. *Educational Psychologist, 13*(1), 15-29.

찾아보기

ㄱ